공무원 **1위**

에듀윌 공무원 한국사 온라인 수강생 기준(22.10~25.06)

키워드로 쉽게 암기하는
한유진 한국사
키워드 암기장

공무원 합격의 러닝메이트 **한유진 한국사**
한유진 편저

 | **eduwill** 동영상 강의 www.eduwill.net

CONTENTS

Ⅰ 우리 역사의 기원과 형성 ······ 6

Ⅱ 고대의 우리 역사 ······ 14

Ⅲ 중세의 우리 역사 ······ 30

Ⅳ 근세와 근대 태동기의 우리 역사 ······ 50

Ⅴ 근대사(개항기) ······ 84

Ⅵ 일제 강점기 ······ 122

Ⅶ 현대 사회의 발전 ······ 164

한유진 한국사 키워드 암기장

우리 역사의 기원과 형성

I 우리 역사의 기원과 형성

ANSWER

001 랑케는 "역사가는 자신을 숨기고 사실로 하여금 이야기하게 해야 한다."라고 하며 _____(으)로서의 역사를 강조하고, 카는 "역사란 과거와 현재 사이의 끊임없는 대화이다."라고 하며 _____(으)로서의 역사를 강조했다.

사실,
기록

002 구석기인들은 무리를 지어 생활하였으며, 열매를 채집하거나 _____ 와 _____ 를 사용하여 짐승을 사냥하였다. 또한 식량을 찾아 _____ 생활을 하였고, 경험이 많거나 지혜로운 자가 무리를 이끌었으며, 구성원 간의 관계는 _____ 하였다.

뼈도구,
뗀석기,
이동,
평등

003 구석기인들은 주로 _____ 이나 _____ 에 거주하였고, 강가에 _____ 을 짓고 살기도 하였다.

동굴,
바위 그늘,
막집

004 • 구석기 전기에는 하나의 석기를 다양한 용도로 사용 (2가지)
• 구석기 중기에는 용도에 따라 사용, 하나의 석기가 하나의 쓰임새 (3가지)
• 구석기 후기에는 돌조각이나 돌날 등을 이용하여 만든 작고 날카로운 석기 사용 (1가지)

주먹도끼, 찍개
긁개, 밀개, 자르개
슴베찌르개

005 구석기인들은 사냥감의 번성과 자신들의 안전을 기원하는 예술품들을 만들었다. _____ 와 _____ 유적에서는 고래와 물고기 등을 새긴 조각이 발견되었고, _____ 에서는 사람 얼굴을 새긴 사슴 뼈가 발견되었다.

공주 석장리,
단양 수양개,
청원 두루봉 동굴

006 아슐리안형 주먹도끼가 발견된 구석기 유적지는?

연천 전곡리

007 5세가량의 어린아이 유골인 '흥수 아이'가 발견된 구석기 유적지는?

청원 두루봉 동굴

008 신석기 시대에는 _____ 이 시작되었지만, 여전히 채집과 사냥, 고기잡이가 식량을 얻는 데 큰 비중을 차지하였다.

농경과 목축

009 신석기 시대에는 돌괭이, 돌보습, 돌낫과 같은 도구를 비롯하여 화살촉, 돌창, 그물추 등의 _____ 를 제작하였으며, 동물 뼈를 이용하여 낚시 도구, 뼈바늘 등을 만들었다.

간석기

		ANSWER
010	탄화된 좁쌀이 발견되어 신석기 시대에 잡곡류를 경작하였음을 알려주는 유적지는?	황해도 봉산 지탑리
011	신석기 시대의 토기를 시기 순서대로 쓰시오. (4가지)	이른 민무늬 토기, 덧무늬 토기, 눌러찍기무늬 토기, 빗살무늬 토기
012	신석기 인들은 강가나 바닷가 등에 _____ 하여 생활하였으며, 4~5명 정도의 가족이 거주할 수 있는 규모의 _____ 을 짓고 살았다.	정착, 움집
013	신석기 시대에 원시적 수공업 생산이 이루어졌다는 것을 알 수 있는 유물 2가지는?	가락바퀴, 뼈바늘
014	신석기 시대에는 자연 현상이나 태양, 물 등 자연물에도 정령이 있다고 믿는 _____, 하늘이나 영혼을 인간과 연결해주는 무당과 무당의 주술을 믿는 _____, 자기 부족의 기원을 특정한 동식물과 연결해 그 동식물을 숭배하는 _____ 과 조상 숭배 신앙이 나타났다.	애니미즘, 샤머니즘, 토테미즘
015	청동기 시대 청동기는 주로 무기나 의식용 도구로 사용되었으며, 대표적인 유물로는 _____ 과 _____ 등이 있다.	비파형 동검, 거친무늬 거울
016	청동기 시대 사용된 대표적 토기 3가지는?	민무늬 토기, 붉은 간토기, 미송리식 토기
017	중앙에 있는 구멍에 끈을 꿰어 끈 사이로 손가락을 넣어 쥐고, 곡식의 이삭을 자르는데 사용한 청동기 시대의 수확용 도구는?	반달 돌칼
018	청동기 시대에는 농경의 발달로 생산물이 증가하자 잉여 생산물을 개인적으로 소유하면서 빈부의 차이가 발생하여 _____ 이 형성되었고, _____ 이라 불리는 지배자가 등장하였다.	계급, 군장
019	청동기 시대 무덤 형태 2가지는?	고인돌, 돌널무덤
020	청동기 시대에는 평탄한 곳이나 구릉에 밭을 일구어 조, 수수, 콩, 보리 등을 경작하였고, 일부 저습지에서는 _____ 를 시작하였다.	벼농사
021	_____ 에는 고래, 사슴, 호랑이, 새 등이 새겨져 있어 사냥과 고기잡이의 성공을 기원한 것으로 보인다.	울주 반구대 바위그림

022 _____ 에는 태양을 상징하는 동심원, 십자형, 삼각형 등의 기하학적인 무늬가 새겨져 있어 이곳이 풍성한 생산을 기원하는 제사 터였던 것으로 추정된다.
→ 고령 장기리 바위그림

023 _____ 시대에서 _____ 시대를 거치면서 농경 문화와 청동기 문화를 바탕으로 우리 민족 고유의 독자적인 문화가 성립되었다.
→ 신석기, 청동기

024 _____ 의 사용으로 농업 생산력이 높아지고 인구가 증가하면서 사회 계층 간의 분화가 더욱 뚜렷해져 갔다. 또한, _____ 가 만들어지면서 부족 간의 싸움도 빈번하게 일어났다.
→ 철제 농기구, 철제 무기

025 철기 시대에는 _____ , _____ 등의 청동기 문화도 더욱 발달하였다.
→ 세형동검, 잔무늬 거울

026 청동 제품을 제작하는 틀인 _____ 이 전국의 여러 유적에서 발견되어 우리나라에서 청동기를 독자적으로 제작하였다는 것을 알 수 있다.
→ 거푸집

027 철기 시대 유적 중 당시 중국과 활발히 교류하였음을 알 수 있는 유물 4가지는?
→ 명도전, 반량전, 오수전, 창원 다호리 붓

028 철기 시대 무덤 형태 2가지는?
→ 널무덤, 독무덤

029 철기 시대 사용된 대표적 토기 3가지는?
→ 민무늬 토기, 덧띠 토기, 검은 간토기

030 우리 역사상 최초의 국가인 고조선은 _____ 문화를 바탕으로 성립하였다.
→ 청동기

031 _____ 와 _____ 등에 고조선의 건국과 관련된 단군 신화가 전해지고 있다.
→ 삼국유사, 동국통감

032 단군왕검은 제사장과 정치적 지배자가 일치하는 _____ 사회의 지배자였음을 알 수 있다.
→ 제정일치

033 고조선의 문화 범위를 짐작할 수 있는 유물 3가지는?
→ 비파형 동검, 탁자식 고인돌, 미송리식 토기

034 고조선은 _____ 지방과 _____ 유역을 중심으로 독자적인 문화를 이루면서 발전하였다.
→ 랴오닝, 대동강

		ANSWER
035	고조선은 기원전 3세기경에 부왕과 준왕 같은 강력한 왕이 등장하여 왕위를 세습하였고, _____ 등의 관직도 두었다.	상·대부·장군
036	"환웅은 풍백, 우사, 운사를 거느리고 곡식, 수명, 질병, 형벌, 선악 등을 주관하였다."를 통해 알 수 있는 고조선 사회 모습은?	농경사회였고, 제도가 있었다.
037	"환웅이 임시로 변하여 웅녀와 결혼하였다."를 통해 알 수 있는 고조선 모습은?	환웅 부족이 토착 부족과의 연맹을 통해 국가를 형성하였음을 암시하고 있다. (토테미즘)
038	고조선은 한때 중국의 _____ 과 대립할 정도로 강성하여 이 나라를 공격하기도 하였다. 고조선의 대외적 영향력이 커지자 이 나라는 고조선을 침략해 왔으며, 이 과정에서 고조선은 서쪽의 넓은 영토를 상실하기도 하였다.	연
039	고조선으로 들어올 때 상투를 하고 고조선인의 옷을 입고 있었다고 기록되어 있어, 고조선과 같은 계통으로 짐작되는 인물은?	위만
040	위만 조선은 _____ 를 본격적으로 받아들여 주변 지역을 정복해 영역을 넓혔으며, 한반도 남부에 있던 진과 중국 한 사이의 교역을 차단하고 _____ 으로 이익을 얻었다.	철기 문화, 중계 무역
041	고조선의 성장에 불안을 느낀 _____ 는 대군을 보내 왕검성을 공격하였고, 고조선은 한의 침략을 격퇴한 후 1년 이상을 항전하였으나, 결국 내분으로 기원전 108년 왕검성이 함락되었다.	한 무제
042	고조선을 멸망시키고, 고조선의 옛 땅에 설치한 한의 4군은?	진번군, 임둔군, 현도군, 낙랑군
043	고조선은 사회 질서를 유지하기 위해 _____ 을 제정하였는데, 현재는 세 조항만 전해지고 있다.	8조의 법
044	"대개 사람을 죽인 자는 즉시 죽이고, 남에게 상처를 입힌 자는 곡식으로 배상한다. 도둑질을 한 자는 노비로 삼는다. 단, 스스로 용서받고자 하는 자는 1인당 50만 전을 내야 한다. 부인은 곧고 믿음이 있어 음란하지 않았다."는 고조선의 법을 통해 알 수 있는 고조선 사회의 특징은?	개인의 생명 존중, 사유 재산 인정, 계급 사회 형성, 남성 위주의 가부장적 사회

ANSWER

045 고조선의 멸망을 전후하여 만주와 한반도 지역에는 부여, 고구려, 옥저, 동예, 마한, 변한, 진한 등 여러 나라가 　　　　를 기반으로 발전하였다. → 철기 문화

046 다음 여러 나라의 특징들과 관련 있는 나라를 쓰시오.

- 단궁·과하마·반어피 → 동예
- 약탈 경제, 부경(창고) → 고구려
- 순장, 우제점법 → 부여
- 철 생산 → 변한
- 사출도(마가, 우가, 저가, 구가) → 부여
- 민며느리제 → 옥저
- 군장 국가(읍군, 삼로) → 옥저, 동예
- 1책 12법 → 부여, 고구려
- 반농반목, 말·모피·주옥 → 부여
- 무천(10월) → 동예
- 제정 분리 사회 → 삼한
- 책화 → 동예
- 동맹(10월) → 고구려
- 서옥제 → 고구려
- 가족 공동 무덤(골장제) → 옥저
- 5월제(수릿날), 10월제(계절제) → 삼한

- 천군, 소도 — 삼한

- 상가, 고추가 — 고구려

- 영고(12월) — 부여

- 족외혼 — 동예

- 신지, 읍차 — 삼한

- 벼농사(저수지) — 삼한

- 고구려에 공납 — 옥저, 동예

- 형사취수제 — 부여, 고구려

- 제가회의 — 고구려

한유진 한국사 키워드 암기장

고대의 우리 역사

Ⅱ 고대의 우리 역사

		ANSWER
001	1세기 후반 요동 지방 진출, 옥저 복속, 계루부 고씨의 독점적 왕위 세습과 관련된 고구려왕은?	태조왕
002	2세기 후반 _____ 때에는 왕위 계승이 형제 상속에서 부자 상속으로 바뀌었고, 부족적 성격의 5부가 행정적 성격의 5부로 개편되었다.	고국천왕
003	4세기 초 _____ 때에는 낙랑군을 완전히 몰아내고, 대동강 유역을 확보하여 대외 진출의 발판을 마련하였다.	미천왕
004	_____ 때 전연의 침략을 받았으며, 백제의 공격으로 왕이 전사하는 등 큰 위기를 맞았다.	고국원왕
005	4세기 후반 소수림왕의 업적 3가지는?	불교 수용, 태학 설립, 율령 반포
006	백제의 초기 도읍인 한강 유역에서도 고구려식의 _____ 양식이 나타나고 있다. 백제의 초기 무덤이 고구려의 무덤을 닮은 것은 백제를 건국한 중심 세력이 고구려와 같은 계통의 집단이라는 사실을 고고학적으로 증명해주고 있다.	계단식 돌무지무덤
007	백제 _____ 때에는 영토를 크게 확장하고, 통치 조직을 정비하였다. 왕 아래 좌평을 비롯한 16등급의 관리를 두고 관리의 복색을 제정하였으며, 율령을 반포하였다. 이로써 백제는 고대 국가로 발전할 수 있는 기틀을 마련하였다.	고이왕
008	신라는 _____ 씨가 교대로 이사금(왕)에 선출되다가 4세기 후반 _____ 때 김씨가 왕위를 독점하기 시작하였고, 왕을 부르는 칭호도 대군장이라는 뜻의 _____ 으로 바뀌었다.	박·석·김, 내물왕, 마립간
009	내물왕 때 신라를 침입해 온 왜를 물리치는 과정에서 고구려 _____ 의 군대가 신라를 지원하였고, 이를 계기로 신라는 고구려의 정치적 간섭을 받기도 하였다.	광개토대왕
010	위 9번에서 당시 신라와 고구려의 관계를 알 수 있는 유물은?	광개토대왕릉비, 호우명 그릇

		ANSWER
011	신라의 왕호 변화를 쓰시오.	거서간(군장) – 차차웅(무당) – 이사금(연장자) – 마립간(대군장) – 왕(중국식 칭호)
012	3세기 경 전기 가야 연맹을 주도했던 가야는?	금관가야(김해)
013	5세기 후반 후기 가야 연맹을 주도했던 가야는?	대가야(고령)
014	가야의 소국들은 변한 시대부터 발달하였던 우수한 ▨▨▨ 기술과 편리한 해상 교통의 이점을 이용하여 낙랑군, 왜를 연결하는 중계 무역을 발전시켰다. ▨▨▨는 낙랑군, 왜와 교류할 때 화폐처럼 사용되기도 하였다.	철기, 덩이쇠
015	금관가야는 신라 ▨▨▨ 때, 대가야는 신라 ▨▨▨ 때 멸망하였다.	법흥왕, 진흥왕
016	삼국에서 고대 국가 기틀을 마련한 왕을 쓰시오. (고구려, 백제, 신라 순으로)	고 – 태조왕, 백 – 고이왕, 신 – 내물왕
017	삼국의 귀족 회의 이름을 쓰시오.	고 – 제가 회의 백 – 정사암 회의 신 – 화백 회의
018	삼국 수상의 명칭 쓰시오.	고 – 대대로(막리지) 백 – 상좌평 신 – 상대등
019	삼국의 관등을 쓰시오.	고 – 10여 관등 백 – 16관등 신 – 17관등
020	삼국의 중앙, 지방 행정조직을 쓰시오.	고 – 5부 5부 백 – 5부 5방 신 – 6부 5주
021	백제는 4세기 후반 ▨▨▨ 때 전성기를 맞았다. 업적 : 왕위의 부자 상속, 평양성을 공격하여 고국원왕 전사시킴, 황해도 일대까지 진출, 마한을 통합하여 전라도 지역 차지, 낙동강 유역의 가야에 대해서도 지배권 행사, 요서, 산둥, 동진, 일본의 규슈 지역과 교류	근초고왕
022	백제 ▨▨▨ 때에는 동진으로부터 불교를 수용하여 사상적 통합을 꾀하고 문화를 더욱 발전시켰다.	침류왕

Ⅱ 고대의 우리 역사

		ANSWER
023	칼의 양 날 부분에 6개의 가지가 뻗어 나와 있는 칼로 백제와 왜의 관계를 알려주는 중요한 자료는?	칠지도
024	근초고왕 때 고흥은 ____ 라는 역사서를 편찬하였다.	『서기』
025	백제 수도 천도 순서를 쓰시오.	한성(하남 위례성) – 웅진성(공주 공산성) – 사비성(부여 부소산성)
026	백제는 ____ 때 웅진성으로, ____ 때 사비성으로 천도하였다.	문주왕, 성왕
027	____ 때 백제를 공격하여 한강 이북 지역을 차지하였으며, 5만의 군사를 신라에 파견하여 신라 영역을 침입해 온 왜를 물리치고 한반도 남부 지역에까지 영향력을 확대하였다. 후연과 거란을 격파하여 요동을 포함한 만주 지배권을 확대하였고, ____ 이라는 독자적인 연호를 사용하였다.	광개토대왕, 영락
028	장수왕 때에는 수도를 국내성에서 ____ 으로 옮긴 뒤 ____ 을 추진하였다. 이에 신라와 백제는 ____ 을 맺어 고구려에 대항하였다.	평양, 남진정책, 나·제 동맹
029	장수왕 때 고구려가 남한강 유역까지 진출한 사실을 알려주는 비석은?	충주 고구려비
030	무령왕은 ____ 에 왕족을 파견하여 지방에 대한 통제를 강화하였다.	22담로
031	백제가 중국 남조와 활발히 교류했음을 알 수 있는 무덤은?	무령왕릉(벽돌무덤)
032	____ 은 백제를 중흥시키기 위해 사비로 천도하였고, 국호를 ____ 로 바꾸었다.	성왕, 남부여
033	성왕은 신라의 진흥왕과 연합하여 일시적으로 한강 하류 지역을 수복하였으나 이를 다시 신라에 빼앗겼다. 이에 신라와의 동맹을 파기하고 신라를 공격하였으나 ____ 에서 패하고, 성왕은 전사하였다	관산성(옥천) 전투
034	신라 ____ 때 왕이라는 칭호를 사용하고, 국호를 ____ 로 정하였다. ____ 보급을 통해 농업의 발달을 꾀하였으며, 지금의 울릉도 일원인 ____ 을 정벌하였다.	지증왕, 신라, 우경, 우산국

| 035 | 지증왕 때 시장을 감독하는 관청으로 설치한 것은? | 동시전 |

036 _____ 때에는 상대등과 병부를 설치하였으며, 관리들의 등급을 17등급으로 나누어 복색으로 서열을 구분하는 등 통치 체제를 정비해 나갔다. 또한 _____ 을 마련하고, _____ 를 공인하였으며, _____ 를 병합하였다.

법흥왕, 율령, 불교, 금관가야

037 법흥왕 때 율령이 반포되었다는 것을 짐작하게 해주는 비석은?

울진 봉평 신라비

038 _____ 은 _____ 를 국가적 조직으로 개편하여 인재 양성에 주력하였으며, 황룡사를 건립하였다. 또한 한강 유역을 모두 차지하고 _____ 를 정복하였다.

진흥왕, 화랑도, 대가야

039 진흥왕은 영토 확장을 기념하기 위해 세운 비석은?

단양 적성비, 4개의 순수비 (북한산비, 창녕비, 황초령비, 마운령비)

040 수 양제가 30만의 별동대로 평양성을 공격하였으나, 을지문덕이 이끄는 고구려군이 살수에서 이들을 크게 물리친 전투는?

살수대첩

041 수가 멸망하고 뒤를 이은 당 역시 고구려를 압박해오자 당의 침입에 대비하여 부여성에서 비사성까지 _____ 을 쌓았다.

천리장성

042 당 태종은 _____ 을 구실 삼아 고구려를 침략하였다.

연개소문의 정변

043 고구려는 요동성, 개모성, 비사성, 백암성 등 여러 성이 함락되는 어려움을 겪었으나, 당의 군대를 _____ 에서 물리쳤다.

안시성 싸움

044 7세기 동북아시아는 _____ 를 잇는 남북 세력과 _____ 를 잇는 동서 세력의 외교적 축이 형성되었다.

돌궐 – 고구려 – 백제 – 왜 / 수·당 – 신라

045 신라의 삼국 통일 과정을 순서대로 쓰시오.

나·당 연합 –
백제 멸망(사비성 함락) –
　↳ 백제 부흥 운동
고구려 멸망(평양성 함락) –
　↳ 고구려 부흥 운동
나·당 전쟁 –
　↳ 매소성·기벌포 전투
신라의 삼국 통일

		ANSWER
046	계백이 이끄는 결사대가 ◯◯◯ 에서 저항하였으나 패하였고, 결국 백제는 멸망하였다(660).	황산벌
047	고구려는 ◯◯◯◯ 이 사망한 뒤 세 아들 간의 권력 다툼이 일어나 혼란이 계속되었고, 이 틈을 타 나·당 연합군이 평양성을 공격하여 고구려를 멸망시켰다(668).	연개소문
048	백제 멸망 이후 주류성과 임존성을 거점으로 백제 부흥 운동을 전개한 인물들은?	복신, 도침, 흑치상지, 부여풍
049	고구려 멸망 이후 한성, 오골성 등에서 고구려 부흥 운동을 전개한 인물들은?	검모잠, 안승, 고연무
050	왜의 수군이 백제 부흥군을 지원하기 위해 백강 입구까지 왔으나 패하여 쫓겨 간 전투는?	백강 전투
051	당은 백제와 고구려를 멸망시킨 후에 백제의 옛 땅에 ◯◯◯◯, 고구려의 옛 땅에 ◯◯◯◯, 신라에 ◯◯◯◯ 를 두어 한반도 전체를 지배하려는 야욕을 드러냈다.	웅진 도독부, 안동 도호부, 계림 도독부
052	당의 야욕에 위기를 느낀 신라는 고구려와 백제의 유민과 연합하여 당에 맞섰다. 신라는 사비를 공략하여 ◯◯◯◯ 를 설치함으로써 백제 땅에 대한 지배권을 확보하였고, 금마저에 ◯◯◯ 을 세우고 안승을 왕으로 임명하여 고구려 부흥 운동을 후원하였다.	소부리주, 보덕국
053	나·당 전쟁의 대표적인 전투 2가지를 쓰시오.	매소성 전투, 기벌포 전투
054	신라의 삼국 통일의 의의를 서술하시오. 신라의 삼국 통일은 우리 민족의 문화가 단일한 기반 위에서 발전할 수 있는 기틀을 마련하였으며, 고구려와 백제의 유민들과 결합하여 당을 축출함으로써 자주적 통일을 이룩하였다는 데 의의가 있다.	① 나·당 전쟁을 통해 외세를 몰아낸 자주적인 성격 ② 삼국 문화를 융합함으로써 민족 문화 발전의 토대 마련
055	신라의 삼국 통일의 한계를 서술하시오. 대동강 이북의 고구려 땅을 상실하였으므로 불완전한 통일에 머물렀다는 한계를 안고 있다.	① 통일 과정에서 당의 세력을 이용 ② 대동강에서 원산만 이남의 불완전한 통일

		ANSWER
056	삼국은 중앙 집권 체제를 정비하면서 조세 제도를 마련하였다. _____는 재산의 정도에 따라 호를 상·중·하로 나누어 곡물과 포를 거둔 것이고, _____은 해당 지역의 특산물을 거둔 것이다. _____은 노동력을 동원하는 것으로 15세 이상의 남자에게 부과되었다.	조세, 공납, 역
057	고구려 고국천왕 때에는 춘궁기에 곡식을 빌려 주었다가 수확 후 갚게 하는 _____을 실시하였다. 이것은 가난한 농민을 구제함으로써 국가 재정과 국방력을 유지하고, 귀족 세력이 커지는 것을 막는 기능을 하였다.	진대법
058	지증왕 때 농업 생산력을 높이기 위해 소를 이용하여 경작하는 _____이 장려되었다.	우경
059	지증왕 때 동시를 감독하는 관청인 _____을 설치하고 다음 해 동시를 개설하였다.	동시전
060	진흥왕은 한강 유역을 장악하고 경기도 남양만 쪽의 _____을 통해 중국과의 직접 교역하였다.	당항성
061	_____은 관료 귀족에게, _____은 왕족이나 공신에게 지급된 것으로 수조지에서 조세 수취뿐 아니라 노동력까지 징발할 수 있는 권리가 부여되었다.	녹읍, 식읍
062	삼국 시대의 신분은 _____, _____, _____으로 구분되었고, 고구려의 고분 벽화에서는 신분의 귀천에 따라 인물 크기가 다르게 묘사되어 있어 신분적 차별이 있었음을 알 수 있다.	귀족, 평민, 천민
063	산간 지역에서 성장한 _____는 식량 생산이 충분하지 못해 일찍부터 대외 정복에 나섰고, 씩씩한 상무적 기풍을 지니게 되었다.	고구려
064	백제의 지배층은 왕족인 부여씨와 _____의 귀족으로 이루어졌는데, _____ 관등제를 시행하면서 그 품계에 따라 옷의 색을 구별하여 입었다.	8성, 16
065	신라의 _____는 계층 간의 대립과 갈등을 조절하는 기능을 하였고, 진흥왕 때 국가 차원에서 조직이 확대되었다.	화랑도

		ANSWER
066	신라의 _____ 는 혈연에 따라 개인의 사회 활동과 정치 활동을 엄격하게 규제하는 폐쇄적인 신분 제도로 신라인의 일상생활까지 규제하였다.	골품제
067	6두품은 아무리 능력이 뛰어나도 관직은 6등급의 _____ 까지밖에 오를 수 없었다.	아찬
068	고구려 초기의 무덤은 주로 _____ 이 만들어졌으나, 점차 _____ 으로 바뀌었다.	돌무지무덤, 굴식 돌방무덤
069	굴식 돌방무덤 널방의 벽과 천장에 벽화를 그리기도 하였다. O X	O
070	금동 연가 7년명 여래 입상은 6세기 말 대표적인 _____ 의 불상이다.	고구려
071	서울 석촌동 계단식 돌무지무덤을 통해 알 수 있는 사실은?	백제 건국 세력이 고구려와 같은 계통이다.
072	무령왕릉은 중국 남조의 영향을 받은 _____ 양식이다.	벽돌무덤
073	'_____ 의 미소'라고도 불리는 서산 용현리 마애 여래 삼존상은 _____ 의 불상이다.	백제
074	백제의 대표적인 석탑 2가지는?	익산 미륵사지 석탑, 부여 정림사지 5층 석탑
075	부여 능산리 절터에서 출토된 _____ 는 뛰어난 금속 공예 기술을 보여준다.	백제 금동 대향로
076	신라는 돌널방이 없이 나무로 곽을 짜고 그 위에 돌을 쌓는 양식인 _____ 을 많이 만들었다. (벽화 X, 껴묻거리 O)	돌무지덧널무덤
077	신라의 탑으로는 신라 선덕 여왕이 호국의 염원을 담아 세운 _____ 과 석재를 벽돌 모양으로 쌓은 _____ 유명하다.	황룡사 9층 목탑, 경주 분황사 모전 석탑
078	7세기 선덕 여왕 때에는 _____ 를 세워 천체를 관측하였다.	첨성대
079	삼국에서 불교를 공인한 왕을 각각 쓰시오.	고 – 소수림왕 백 – 침류왕 신 – 법흥왕

		ANSWER
080	신라에서 불교를 공인하게 된 사건은?	이차돈의 순교
081	불교의 _____ 사상은 왕권 중심의 국가 형성이라는 정치적 목적으로 사용되었다.	왕즉불
082	백제 산수무늬 벽돌, 백제 금동 대향로, 고구려 강서대묘 사신도에 나타난 공통적인 사상은?	도교
083	고구려는 수도에 _____ 을 세워 유교 경전과 역사서를 가르쳤고, 지방에는 _____ 을 세워 청소년들에게 유학과 무술도 가르쳤다.	태학, 경당
084	_____ 는 오경박사, 의박사, 역박사 등을 두어 유교 경전과 기술학 등을 가르쳤다.	백제
085	_____ 에는 신라 화랑들이 _____ 경전을 열심히 공부할 것을 맹세하는 내용이 새겨져 있다.	임신서기석, 유교
086	삼국의 역사서를 각각 쓰시오.	고 - 유기 100권, 신집 5권 (영양왕 - 이문진) 백 - 서기(근초고왕 - 고흥) 신 - 국사(진흥왕 - 거칠부)
087	삼국의 선진 문화를 왜에 전해준 백제의 인물들과 활동을 쓰시오.	아직기(한자) 왕인(천자문, 논어) 노리사치계(성왕 때 불경과 불상)
088	삼국의 선진 문화를 왜에 전해준 고구려의 인물들과 활동을 쓰시오.	담징(종이, 먹, 호류사 금당 벽화) 혜자(쇼토쿠태자 스승) 혜관(불교)
089	신라는 왜에 _____ 만드는 기술과 제방 쌓는 기술을 전했고, 가야는 토기 제작 기술을 전하여 일본 _____ 토기에 영향을 미쳤다.	배, 스에키
090	삼국 문화의 왜 전파와 함께 왜로 이주한 도왜인들은 야마토 정권의 성립과 _____ 문화의 형성에 큰 영향을 끼쳤다.	아스카 문화
091	최초의 진골 출신 왕은?	태종 무열왕(김춘추)

		ANSWER
092	삼국 통일을 완성한 왕은?	문무왕
093	▭ 은 전제 왕권을 확립하기 위해 노력하였다. 이에 따라 집사부의 장관인 ▭ 의 권한을 강화되었고, 귀족 세력을 대표하던 ▭ 의 권한이 약화되었다.	신문왕, 중시(시중), 상대등
094	통일 신라는 감찰기구인 ▭ 를 두어 관리의 비리를 방지하고, 유교 정치 이념을 확립하기 위해 교육 기관인 ▭ 을 설립하였다.	사정부, 국학
095	통일 신라 지방 행정 조직은?	9주 5소경
096	군사·행정상의 요지에 5소경을 설치한 목적은?	수도의 편재성 보완, 지방의 균형 있는 발전 도모
097	통일 신라 때 시행된 제도로 지방의 유력자를 중앙으로 데려와 살게 하는 일종의 인질 제도는?	상수리 제도
098	통일 신라 군사 조직 중앙군과 지방군을 쓰시오.	9서당, 10정
099	▭ 은 신라인뿐만 아니라 고구려 유민, 백제 유민, 말갈족 부대도 조직하여 민족 융합을 꾀하였다.	9서당
100	지방군은 주마다 1정씩 배치하였고, 북쪽 국경 지대인 ▭ 에는 2정을 두었다.	한주
101	당에는 신라인 집단 거주지인 ▭, 자치 기구인 ▭, 숙박소인 ▭, 사찰인 ▭, 등이 만들어졌다.	신라방·신라촌, 신라소, 신라관, 신라원
102	장보고가 산둥 반도의 적산촌에 세운 신라원은?	법화원
103	장보고는 흥덕왕 때 완도에 ▭ 을 설치하고 해적을 소탕하여 남해와 황해의 해상 무역권을 장악하였다.	청해진
104	통일 신라 말 왕위 다툼과 관련된 난 2가지를 쓰시오.	김헌창의 난, 장보고의 난

		ANSWER
105	진성 여왕 때는 무리하게 조세를 강요하여 _____ 과 같은 농민 봉기가 발생하였다.	원종과 애노의 난
106	지방의 촌주 출신, 군진 세력 등으로 구성된 _____ 은 성을 쌓고 사병을 보유하여 성주·장군이라고 칭하면서 지방의 행정권과 군사권을 장악하고 경제적 지배력도 행사하였다.	호족
107	당에 유학하였다가 돌아온 _____ 출신과 _____ 승려 들은 신라 골품제 사회를 비판하면서 개혁을 주장하였다.	6두품, 선종
108	견훤은 전라도 일대의 군사력과 호족 세력을 토대로 _____ 에 도읍을 정하고 _____ 를 세웠다.	완산주, 후백제
109	신라 왕족의 후예였던 궁예는 _____ 에 도읍을 정하고 _____ 를 세웠다.	송악, 후고구려
110	궁예는 도읍을 _____ 으로 옮기면서 국호를 _____, _____ 으로 바꾸었다.	철원, 마진, 태봉
111	_____ 은 고구려 유민과 말갈족을 이끌고 _____ 기슭에 진을 건국하였다가 국호를 _____ 로 개칭하고, _____ 이라는 연호를 사용하였다.	대조영, 동모산, 발해, 천통
112	발해의 중앙 정치 조직은 당의 _____ 를 수용하였다.	3성 6부제
113	발해의 _____ 은 국가의 중대사를 의결하고, 이를 관장하는 _____ 이 국정을 총괄하였다.	정당성, 대내상
114	발해에는 감찰 기구인 _____ 와 교육 기관인 _____ 이 있었다.	중정대, 주자감
115	발해의 지방 행정 구역은?	5경 15부 62주
116	발해의 왕궁과 수도를 경비하는 중앙군은?	10위
117	장문휴로 하여금 수군을 거느리고 산둥 반도를 공격하게 하였으며 요서 지역까지 진출하였던 발해의 왕은?	무왕

| 118 | _____ 은 당과 친선 관계를 맺으며 당의 제도와 문물을 받아들였다. | 문왕 |

| 119 | 무왕 때에는 _____, 문왕 때에는 _____ 이라는 독자적인 연호를 사용하였다. | 인안, 대흥 |

| 120 | 전성기를 맞은 9세기 전반 _____ 때에 당은 발해를 바다 건너 동쪽의 융성한 나라라는 의미로 _____ 이라 불렀다. | 선왕, 해동성국 |

| 121 | 발해는 _____ 의 침략을 받아 멸망하였다. 이후 _____ 을 세우는 등 발해 부흥 운동을 벌였지만 실패하였다. | 거란, 정안국 |

| 122 | _____ 는 조세, 공물, 부역 징수를 위한 기초 자료로 3년을 주기로 작성되었다. 한 마을의 인구수, 토지, 뽕나무 수 등이 자세히 기록되어 있고, 사람의 나이에 따라 6등급으로 호는 9등급으로 나누었다. | 민정문서(신라 촌락 문서) |

| 123 | 삼국 통일 후 신라 신문왕 때 왕권을 강화하기 위해 식읍을 제한하고 _____ 을 지급하였으며, 귀족의 경제적 기반인 _____ 을 폐지하였다. | 관료전, 녹읍 |

| 124 | 성덕왕 때는 농민 생활을 안정시키기 위해서 백성에게는 _____ 을 지급하였다. | 정전 |

| 125 | 발해는 신라와는 _____ 를 통해, 일본과는 _____ 를 통해 활발하게 교류하였다. | 신라도, 일본도 |

| 126 | 경주 동궁과 월지, 무구정광대다라니경, 불국사, 석굴암은 _____ 시대의 문화유산이다. | 통일 신라 |

| 127 | _____ 에서 세계에서 가장 오래된 목판 인쇄물인 _____ 이 발견되었다. | 경주 불국사 3층 석탑(석가탑), 무구정광대다라니경 |

| 128 | 경주 감은사지 동·서 3층 석탑, 경주 불국사 3층 석탑, 다보탑, 양양 진전사지 3층 석탑, 화순 쌍봉사 철감선사탑, 상원사 동종, 성덕 대왕 신종은 모두 _____ 시대의 문화유산이다. | 통일 신라 |

		ANSWER
129	통일 신라에서 신문왕은 유학 교육 기관인 _____을 설립하였고, 원성왕은 유교 경전의 이해 수준을 시험하여 관리로 등용하는 _____를 마련하였다.	국학, 독서삼품과
130	6두품 출신의 유학자 중 _____는 외교 문서를 잘 지었고, _____은 이두를 정리하여 유교 경전을 우리말로 쉽게 풀이하였다. _____은 화랑세기, 고승전, 한산기 등을 지었다.	강수, 설총, 김대문
131	굴식 돌방무덤인 _____에 보이는 모줄임천장 구조는 고구려의 굴식 돌방무덤에서도 볼 수 있다.	정혜공주 묘
132	_____에서는 묘지와 벽화가 발굴되었는데, 무덤 양식과 벽화는 당의 영향을 받았지만 천장은 고구려에서 많이 나타나는 평행 고임 구조를 지니고 있다.	정효공주 묘
133	발해의 상경은 _____의 수도 장안을 본떠 건설한 것이다.	당
134	발해 석등, 온돌, 용머리, 정혜 공주 묘 돌사자상, 정효 공주 묘의 천장 구조(평행 고임 구조), 이불병좌상, 연꽃무늬 수막새 등은 발해가 _____를 계승하였음을 보여 준다.	고구려
135	6두품 출신 _____은 빈공과에 합격한 뒤 황소의 난을 맞아 황소를 격퇴하는 글을 써서 당에서 명문장가로 이름을 떨쳤다(토황소 격문). _____을 저술하였고, 신라 귀국 후 진성 여왕에게 개혁안 10여 조를 올렸으나 받아들여지지 않자 은둔 생활을 하였다.	최치원, 계원필경
136	통일 신라의 불교와 유교 문화는 7세기 후반 일본 _____의 성립에 이바지 하였다.	하쿠호 문화
137	원성왕릉과 흥덕왕릉의 무인 석상, 발해에서 출토된 은화 등을 통해 _____와 발해는 중앙아시아, 이슬람 세계와 활발하게 교류하였음을 알 수 있다.	통일 신라
138	경주 계림로 보검, 서역에서 온 유리병, 우즈베키스탄의 아프라시압 궁전 벽에 그려져 있는 고구려 사절도 등은 _____에 동서 문화 교류가 활발하였음을 보여 준다.	삼국 시대

139 _____는 일심 사상, 화쟁 사상, 아미타 신앙을 직접 전도하며 불교의 대중화에 기여하였고, _____, _____ 등을 저술하였다.

ANSWER
원효,
십문화쟁론,
대승기신론소

140 _____은 화엄일승법계도를 저술하여 _____ 사상을 정립하였고, _____을 통해 불교 대중화에도 이바지하였다.

의상,
화엄,
관음 신앙

141 _____는 인도와 중앙아시아 여러 나라의 풍물을 생생하게 기록한 _____을 남겼다.

혜초,
왕오천축국전

142 신라 하대에는 경전의 이해를 통해 깨달음을 추구하는 교종과 달리 실천 수행을 통해 깨달음을 구하는 _____이 널리 퍼졌다. 이것은 지방 호족과 결합하여 각 지방에 근거지를 마련하였는데, 그중 대표적인 9개의 선종 사원이 _____이다.

선종,
9산선문

143 신라 말 도선은 중국에서 유행한 _____을 들여왔는데, 이것은 경주 중심의 지리 개념에서 벗어나 다른 지방의 중요성을 자각하는 계기를 마련하였다.

풍수지리설

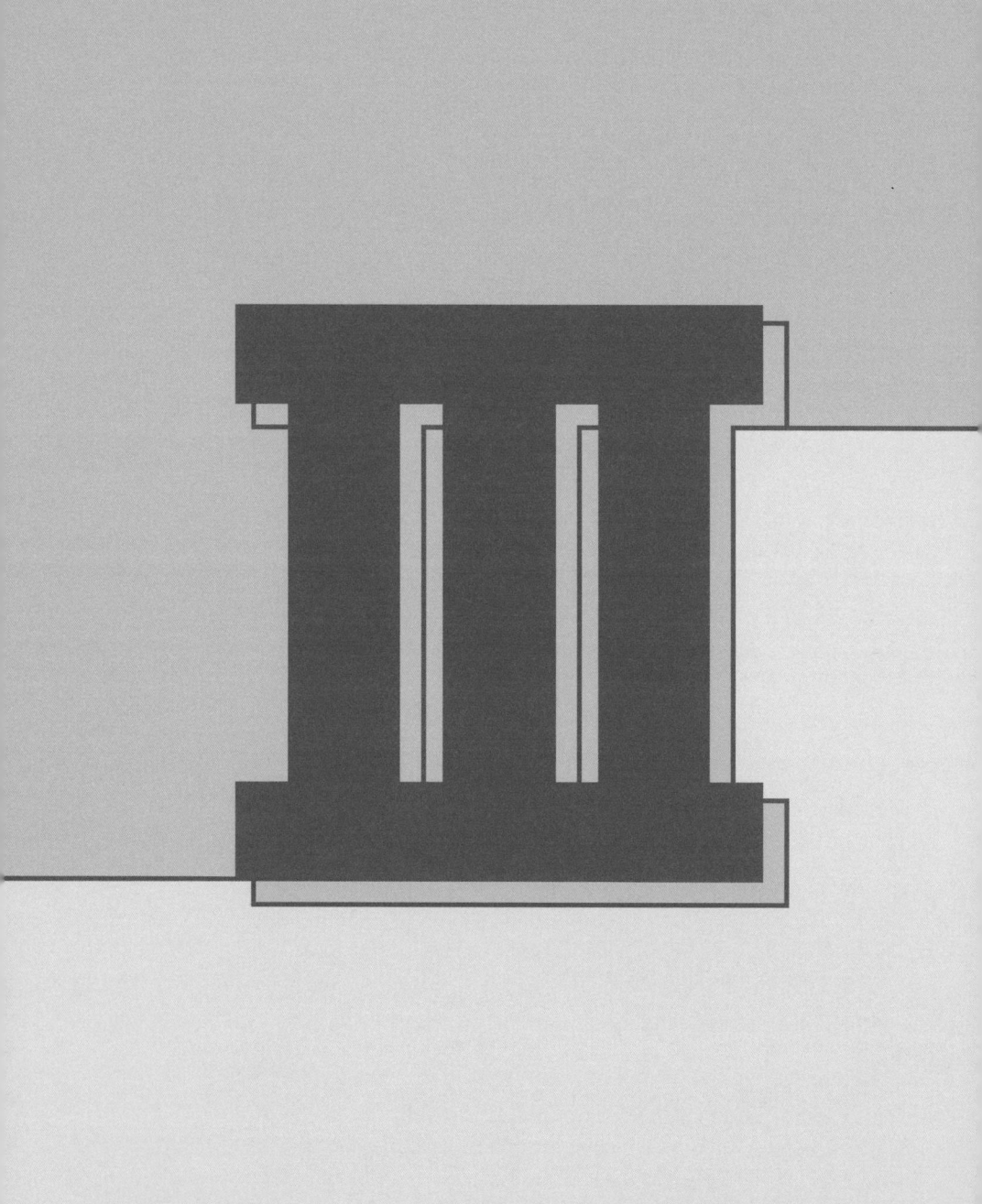

한유진 한국사 키워드 암기장

중세의 우리 역사

Ⅲ 중세의 우리 역사

001 10세기에 들어서면서 중국에서는 당이 멸망한 뒤 등장한 ▢▢▢▢ 이 힘을 겨루었다.
→ 5대 10국

002 10세기에 들어서면서 북방에서는 ▢▢▢ 이 성장하여 나라를 세우고 중국과 발해를 압박하였다.
→ 거란

003 10세기에 들어서면서 신라에서는 ▢▢▢ 이 성장하고 ▢▢▢ 가 일어났다.
→ 호족, 농민 봉기

004 900년, ▢▢ 은 ▢▢▢ 를 도읍으로 후백제를 건국하였다.
→ 견훤, 완산주

005 901년, ▢▢ 는 ▢▢ 을 도읍으로 후고구려를 건국하였다가 ▢▢ 으로 천도하였고, 국호를 ▢▢ , ▢▢ 으로 변경하였다.
→ 궁예, 송악, 철원, 마진, 태봉

006 918년, ▢▢ 은 궁예를 축출하고 고구려 계승을 내세워 고려를 건국하였다. 도읍을 철원에서 ▢▢ 으로 옮기고, 연호를 ▢▢ 로 정하였다.
→ 왕건, 송악, 천수

007 왕건은 해상 무역으로 성장한 ▢▢ 으로, 궁예의 부하가 되어 후백제의 ▢▢ 를 점령하는 등 많은 전공을 세우며 점차 주변의 신망을 얻었다.
→ 호족, 나주

008 태조 왕건은 호족 세력을 적극 통합하는 한편, 중국 5대의 여러 나라와 교류하면서 ▢▢▢ 와 경쟁하였다.
→ 후백제

009 고려는 신라에 우호적이었고, ▢▢▢ 의 항복으로 전쟁을 치르지 않고 신라를 병합하였다.
→ 경순왕

010 후삼국 건국과 통일 과정을 순서대로 나열하시오.
> 보기
> 고려 건국, 신라 항복, 후삼국 통일, 후백제 건국, 송악 천도, 발해 멸망, 고창 전투, 후백제 멸망, 후고구려 건국, 공산전투, 견훤 귀순, 대광현 귀순

→ 후백제 건국 - 후고구려 건국 - 고려 건국 - 송악 천도 - 발해 멸망 - 공산 전투 - 고창 전투 - 대광현 귀순 - 견훤 귀순 - 신라 항복 - 후백제 멸망 - 후삼국 통일

011 발해가 ▢▢ 에 멸망한 뒤, 왕자 ▢▢▢ 이 고구려계를 포함한 많은 유민을 이끌고 고려에 망명해 오자, 태조 왕건은 이들을 우대하여 받아들였다.
→ 거란, 대광현

		ANSWER
012	태조 왕건은 국가의 기틀을 다지는 과정에서 안으로는 민생 안정과 ▒▒ 통합을 중시하고 밖으로는 ▒▒ 정책을 추진하였다.	호족, 북진
013	태조 왕건은 ▒▒ 를 내세워 백성의 조세 부담을 가볍게 해 주고, ▒▒ 을 설치하여 빈민 구제에 힘썼다.	취민유도, 흑창
014	태조 왕건은 ▒▒ 를 숭상하고 ▒▒ 와 ▒▒ 등의 전통을 중시하였다.	불교, 연등회, 팔관회
015	태조 왕건의 호족 포섭 정책을 쓰시오.	혼인 정책, 사성 정책 등
016	태조 왕건의 호족 견제 정책을 쓰시오.	기인 제도, 사심관 제도
017	태조 왕건은 고구려의 옛 땅을 회복하겠다는 의지로 평양을 ▒▒ 으로 삼아 중시하면서 북진 정책을 적극 추진하였다.	서경
018	태조 왕건은 ▒▒ 을 통해 청천강에서 영흥만까지 영토를 넓힐 수 있었다.	북진 정책
019	▒▒ 는 태조가 후대 왕들에게 내린 가르침으로 왕실과 국가의 안녕을 바라는 태조 왕건의 사상과 정책 방향이 담겨 있다.	훈요 10조
020	태조 사후 왕위 계승을 둘러싼 외척의 다툼이 일어나 한동안 왕권이 불안정하자, ▒▒ 은 호족 세력을 강력히 억압하고 왕권을 강화하기 위한 정책을 추진하였다.	광종
021	광종은 ▒▒ 을 시행하여 호족들이 불법적으로 가진 노비를 해방시켰으며, 중국 후주에서 귀화한 쌍기의 건의에 따라 ▒▒ 를 실시하였다. 이렇게 왕권을 강화한 광종은 자신을 황제라 칭하고, 광덕, 준풍 등의 연호를 사용하였다.	노비안검법, 과거제
022	광종은 왕권을 강화하기 위해 공신과 호족 세력을 숙청하고, 관리의 ▒▒ 을 제정하여 관리의 기강을 확립하였다.	공복
023	성종 때에는 신라 ▒▒ 출신의 유학자가 정치에 많이 참여하였다.	6두품

024 성종 때 최승로는 _____를 올려 _____ 이념을 바탕으로 국가를 운영할 것을 주장하였다.
  시무 28조, 유교

025 성종은 _____의 중앙 관제를 마련하고, _____에 지방관을 파견하여 중앙집권화의 기초를 세웠다. 또한, _____을 설치하고 지방에 경학박사를 파견하여 유학 교육을 장려하였다.
  2성 6부, 12목, 국자감

026 고려는 신라의 골품제 사회보다 개인의 능력이 중시되었다. ○ ✕
  ○

027 성종은 당의 3성 6부제를 받아들여 고려의 실정에 맞게 2성 6부로 고쳐 운영하였다.
  2성 중 _____은 국가 정책을 계획하여 결정하였고, 문하시중이 국정을 총괄하였다. _____은 6부를 통해 실제 정무를 나누어 집행하였다.
  중서문하성, 상서성

028 _____은 왕명 전달과 군사 기밀, 궁궐의 숙위를 맡았고, _____는 관리들의 감찰을 담당하였으며, _____는 화폐와 곡식의 출납에 대한 회계를 맡았다.
  중추원, 어사대, 삼사

029 중서문하성은 2품 이상의 고위 관리로 구성되는 _____과 3품 이하의 관리로 구성되는 _____로 구분되어 있었다.
  재신, 낭사

030 어사대는 중서문하성의 낭사와 함께 _____으로 불렸다. 이들은 간쟁, 봉박, 서경권을 행사하며 정치권력의 균형을 잡는 역할을 하였다.
  대간

031 고려의 독자적인 기구로 국방 문제를 담당하는 _____와 대내적인 법률, 제도 등을 제정하는 _____이 있었다. 두 기구는 중서문하성과 중추원의 고관인 재신과 추밀의 합의제로 운영되었고, 이러한 회의 기구는 고려 귀족 정치의 특징을 잘 보여 준다.
  도병마사, 식목도감

032 고려는 전국을 _____와 _____로 크게 나누고, 그 안에 3경, 4도호부, 8목을 비롯하여 군·현·진을 설치하였다.
  5도, 양계, 경기

033 고려는 수도 개경(개성)과 함께 서경(평양), 동경(경주)을 3경이라 하여 중시하였다. 문종 때 지금의 서울에 _____을 설치하여 동경 대신 포함시켰다.
  남경

		ANSWER
034	일반 행정 구역인 5도에는 ____를 파견하여 행정을 살폈다. 군사적으로 중요한 지역에는 북계와 동계를 두고 ____를 파견하였다. 양계의 국방상 요충지에는 군사적 특수 지역인 진을 설치하였다.	안찰사, 병마사
035	지방관이 파견된 ____은 주위의 지방관이 파견되지 않은 ____을 통솔하였다.	주현, 속현
036	고려에는 주현보다 속현이 더 많았다. ⭕ ❌	○
037	특수 행정 구역인 ____은 일반 양민에 비해 많은 세금 부담, 거주 이전 금지, 과거 응시 불가 등의 차별을 받았다.	향·부곡·소
038	지방에서 실제적인 행정 사무는 중소 호족 출신인 ____가 담당하였다.	향리
039	향리는 조세·공물의 징수와 노역 징발의 실무를 담당하였고, 세습 가능한 ____이라는 토지를 지급받았다.	외역전
040	고려의 중앙군으로는 ____가 있었다. 2군은 국왕의 친위 부대이고, 6위는 수도 경비와 국경 방어를 맡았다.	2군 6위
041	직업 군인으로 편성된 중앙군은 군적에 올라 ____을 지급받았고, 그 역은 자손에게 세습되었다. 또한 군공을 세워 ____으로 신분이 상승할 수도 있었다.	군인전, 무신
042	고려의 지방군으로는 5도의 일반 군현에 주둔하는 ____과 국경 지대인 양계에 주둔하는 ____이 있었다.	주현군, 주진군
043	고려 시대의 관리 등용 제도로는 ____와 ____가 있었다.	과거, 음서
044	과거는 문관을 뽑는 ____와 ____, 기술관을 뽑는 ____, 승직자를 뽑는 ____ 등으로 나뉘었다. 무신을 뽑는 무과는 시행되지 않았다.	제술과, 명경과, 잡과, 승과
045	법제적으로 ____ 이상은 과거에 응시할 수 있었지만, 실제로는 일반 농민 출신이 과거를 통해 관료로 진출하는 경우는 거의 없었고, 무관들은 주로 세습을 통해 충원되었다.	양인

		ANSWER
046	공신과 종실의 자손, 5품 이상의 고위 관료의 자손 등은 과거를 거치지 않고도 관료가 될 수 있는 _____ 의 혜택을 받아 관료로서의 지위를 세습하기도 하였다.	음서
047	중앙 집권 체제가 정비되면서 새로운 지배층을 형성한 호족과 신라 6두품 출신의 유학자들 중 일부가 여러 대에 걸쳐 고위 관리를 배출했는데, 이들을 _____ 이라고 한다.	문벌 귀족
048	문벌 귀족은 _____ 와 _____ 를 통해 자손들이 관직에 진출하여 정치 권력을 독점해 갔다. 또한, 관직에 따라 _____ 을 받고, 자손에게 세습이 허용되는 _____ 의 혜택을 받아 정치권력과 함께 경제력까지 독점하였다.	과거, 음서, 과전, 공음전
049	문벌 귀족은 비슷한 부류끼리 _____ 관계를 맺어 권력을 강화하였는데, 특히 왕실과 _____ 관계를 맺어 자신들의 가문을 높이고 정치권력을 장악하기도 하였다.	혼인
050	경원 이씨는 왕실과의 중첩된 혼인을 통해 성장한 집안이었다. _____ 은 예종이 죽자 인종을 어린 나이에 즉위시킨 후 실권을 장악하였다.	이자겸
051	_____ (1126)은 중앙 지배층 사이의 분열을 드러냄으로써 문벌 귀족사회의 붕괴를 촉진하였다.	이자겸의 난
052	서경파는 _____ 을 내세워 서경으로 도읍을 옮길 것을 건의하였고, 서경에 대화궁이라는 궁궐을 짓고, _____ 과 _____ 정벌을 주장하였다.	풍수지리설, 칭제건원, 금국
053	묘청 세력은 서경 천도가 어렵게 되자 서경에서 나라 이름을 _____ 이라 하고 연호를 _____ 라 하면서 난을 일으켰다(1135).	대위국, 천개
054	묘청의 난은 개경파 _____ 이 이끈 관군의 공격으로 약 1년 만에 진압되었다. 그 후 인종은 _____ 등에게 명하여 "삼국사기"를 편찬하게 하였는데, "삼국사기"에는 신라 계승 의식이 강하게 반영되어 있다.	김부식

		ANSWER
055	_____은 문벌 귀족 사회 내부의 분열과 지역 세력 간의 대립, 풍수지리설이 결부된 자주적 전통 사상과 사대적 유교 정치사상의 충돌, 고구려 계승 이념에 대한 이견과 갈등 등이 얽혀 일어난 것으로 문벌 귀족 사회의 붕괴를 촉진하였다.	묘청의 서경 천도 운동
056	_____는 묘청의 서경 천도 운동 실패를 일천년래 제일 대사건이라 하였다.	신채호
057	문신 우대, 무신 차별, 의종의 사치와 향락, 군인전 미지급 등으로 무신들의 불만이 커졌다. 결국 정중부, 이의방 등의 무신들은 보현원에서 _____을 일으켜 많은 문신을 죽이고 의종을 폐위한 후 명종을 세워 정권을 장악하였다(1170).	무신 정변
058	무신집권 초기에는 _____이 핵심 권력 기구로 활용되었다. 이들은 고위 관직을 독점하고 토지와 노비를 불법적으로 늘렸으며, 저마다 사병을 길러 세력을 강화하였다.	중방
059	무신들의 과도한 토지 소유는 _____ 체제를 붕괴시켰고 농민을 궁핍하게 만들었다. 또한 _____ 출신 최고 권력자의 등장은 하층민들의 사회의식을 변화시켜 농민과 천민의 대규모 봉기가 곳곳에서 일어났다.	전시과, 천민
060	무신 정권에 반발하여 서경 유수 _____이 서경에서 반란을 일으키자 많은 농민이 가세하여 지방관의 탐학을 국가에 호소하였다.	조위총
061	명종 때 특수행정구역인 _____에서 망이·망소이 형제가 과도한 수취에 반발하여 봉기하였다.	공주 명학소
062	운문과 초전에서는 _____와 _____이 지나친 수탈에 저항하며, 신라 부흥을 기치로 봉기하였다.	김사미, 효심
063	최충헌의 사노비였던 _____은 _____에서 누구나 공경대부(公卿大夫)가 될 수 있다고 부르짖으며 노비들을 모았지만 내부자의 밀고로 실패하였다.	만적, 개경

064 최충헌은 사회 개혁안인 봉사 10조를 제시하였고, 국정을 총괄하는 최고 정치 기구로 _____ 을 설치하였다. 그 우두머리인 _____ 이 되어 최고의 권력을 행사하였으며, 경대승 사후 폐지되었던 사병집단 _____ 을 부활시켜 군사 기반으로 삼았다.
→ 교정도감, 교정별감, 도방

065 최우는 자신의 집에 _____ 을 설치하여 인사권을 장악하였다. 또한 군사 기구로 좌별초, 우별초, 신의군으로 편성된 _____ 를 조직하였다.
→ 정방, 삼별초

066 최우는 _____ 을 설치하여 문학과 행정 능력을 갖춘 문신들이 정책을 자문하도록 하였으며, 이들 중 일부를 관료로 추천하였다.
→ 서방

067 고려가 북진 정책과 친송 정책을 계속 추진하자 거란이 침입해 왔다. 거란의 1차 침입 때는 서희가 소손녕과의 외교 담판으로 _____ 를 확보하였다.
→ 강동 6주

068 _____ 을 구실로 거란 2차 침입이 발생하였다. 거란의 2차 침입 때는 _____ 이 함락되는 어려움을 겪기도 하였으나, 배후에서 _____ 가 선전하자 거란군은 고려와 강화하고 물러갔다.
→ 강조의 정변, 개경, 양규

069 거란의 3차 침입 때에는 _____ 이 이끄는 고려군이 귀주에서 대승을 거두었다(귀주대첩, 1019).
→ 강감찬

070 거란 3차 침입 이후 고려는 개경에 _____ 을 쌓아 도성 수비를 강화하였고, 북쪽 국경 일대에는 압록강에서 동해안의 도련포에 이르는 _____ 을 쌓아 거란과 여진의 침입에 대비하였다.
→ 나성, 천리장성

071 고려는 윤관의 건의에 따라 특수 부대인 _____ 을 편성하여 여진을 정벌하고 동북 지방 일대에 _____ 을 쌓았다(1107). 그러나 여진의 간청과 방비의 어려움으로 1년 뒤 9성을 반환하였다.
→ 별무반, 9성

072 별무반은 기병인 _____, 보병인 _____, 승려군인 _____ 으로 편성되었다.
→ 신기군, 신보군, 항마군

073 세력이 커진 여진은 금을 세우고 고려에 군신 관계를 요구하였다. 당시 집권자였던 _____ 은 정권 유지를 위해 금의 사대 요구를 수용하였다. 이후 금에 대한 사대에 반발하여 묘청이 서경 천도운동을 일으키기도 하였다.
→ 이자겸

074 몽골에 쫓겨 고려에 침입한 _____을 _____에서 고려와 몽골이 연합하여 격퇴하였다(강동의 역). 이후 몽골은 고려에 막대한 공물을 요구하였다.

거란족, 강동성

075 몽골 사신 _____가 귀국 길에 피살된 것을 계기로 몽골은 고려를 침략하였다(1231).

저고여

076 몽골군은 _____에서 박서의 완강한 저항에 부딪히자 길을 돌려 개경을 포위하였다. 이에 고려는 몽골과 강화를 체결하였다.

귀주성

077 최우는 _____로 천도하고 장기 항전을 위한 방비를 강화하였다. 이에 몽골이 다시 침입(2차)해 왔으나 처인성 전투에서 승려 _____가 부곡민들과 합세하여 몽골 장수 살리타를 사살하고 몽골군을 퇴각시켰다.

강화도, 김윤후

078 몽골 침입 때 부처의 힘으로 외적을 방어하겠다는 마음으로 _____을 조판하였다.

팔만대장경

079 몽골의 침입으로 _____, _____ 등의 문화재가 소실되었다.

초조대장경, 황룡사 9층 목탑

080 최씨 정권 몰락 후 고려 정부가 개경으로 환도하자(1270) _____는 이에 반기를 들고 _____ → _____ → _____로 근거지를 옮기며 항전하였지만 여·몽연합군에게 진압되었다. (배중손, 김통정의 지휘)

삼별초, 강화도, 진도, 제주도

081 원은 고려에 _____을 설치하고 일본 원정을 단행하였지만 실패하였다. 이후 _____은 고려의 내정을 간섭하는 기구로 변하였다.

정동행성

082 원은 고종 말년에 화주에 _____를 설치하여 철령 이북을 직속령으로 편입하였고, 자비령 이북을 차지하여 서경에 _____를 설치하였다. 또 삼별초의 항쟁을 진압한 뒤 제주도에 _____를 설치하고 목마장을 경영하였다.

쌍성총관부, 동녕부, 탐라총관부

083 동녕부와 탐라총관부는 _____ 때 다시 되찾았으나, 쌍성총관부는 _____이 무력으로 회복할 때까지 원의 지배를 받았다.

충렬왕, 공민왕

		ANSWER
084	고려는 오랜 항쟁의 결과, 고려 국왕이 원의 공주와 결혼하여 원의 _____이 되었다.	부마국
085	원의 내정 간섭으로 왕실의 호칭이 격하되고, 관제의 격도 낮아졌다. 중서문하성과 상서성은 _____로 합쳐지고 6부는 4사로, 중추원은 밀직사로, 어사대는 감찰사로 개편되었다.	첨의부
086	원은 군사적으로는 _____를 설치하여 고려의 군사 조직에 영향력을 행사하고, _____라는 감찰관을 파견하여 내정을 간섭하였다.	만호부, 다루가치
087	고려는 매를 징발하기 위해 _____이라는 특수 기관을 설치하기도 하였다.	응방
088	충렬왕 때 안향에 의해 _____이 수용되었다.	성리학
089	충선왕은 _____을 설치하여 왕명 출납과 문서 작성, 인사행정을 관장하게 하였다.	사림원
090	충선왕은 왕위를 충숙왕에게 물려주고 백이정, 이제현, 박충좌와 함께 원나라(연경)에서 _____이라는 학문 연구 기관을 설립하였다.	만권당
091	원의 내정 간섭을 받게 되면서 _____이 새로운 지배층으로 등장하였다. 이들은 주로 _____를 통해 관직에 진출했고, _____를 장악하여 국정을 좌우하였다.	권문세족, 음서, 도평의사사
092	_____은 원·명 교체기를 이용하여 반원 자주 개혁과 왕권 강화를 이루려 하였다.	공민왕
093	공민왕의 반원 자주 정책으로 _____로 대표되는 친원 세력 숙청, _____ 폐지, 관제 복구, 몽골풍 폐지, _____ 공격(철령 이북 땅 수복), 요동 공략 등이 있다.	기철, 정동행성 이문소, 쌍성총관부
094	공민왕은 왕권을 제약하고 신진 사대부의 진출을 억제하고 있던 _____을 폐지하였다.	정방

		ANSWER
095	공민왕은 _____ 을 등용하여 _____ 을 설치하고 권문세족이 부당하게 빼앗은 토지와 노비를 본래의 주인에게 돌려주고, 불법적으로 노비가 된 자를 양민으로 해방시켰다. 이를 통해 _____ 의 경제 기반을 약화시키고 국가재정 수업의 기반을 확대하고자 하였다.	신돈, 전민변정도감, 권문세족
096	_____ 는 과거를 통해 중앙 정계에 진출한 향리 출신으로 성리학을 수용하고 불교의 폐단을 비판하였다. 또한, 권문세족의 비리와 불법을 견제하고 비판하며 사회 개혁을 추구하였으나 아직 세력이 미약하였다.	신진 사대부
097	14세기 후반에는 _____ 과 _____ 가 고려에 침입하여 국토가 황폐해졌다.	홍건적, 왜구
098	고려 말 외적의 침입을 격퇴하는 과정에서 최영과 이성계 등의 _____ 이 성장하였으며, 이들은 _____ 와 손잡고 조선 건국 세력이 된다.	신흥 무인 세력, 신진 사대부
099	명이 철령 이북의 땅을 차지하려 하자 우왕과 최영은 이성계 등을 시켜 _____ 을 단행하였다.	요동 정벌
100	이성계는 _____ 에서 회군하여 최영을 제거하고, 우왕과 창왕을 잇달아 폐위한 뒤 공양왕을 세웠다.	위화도
101	조준 등의 신진 사대부는 권문세족의 대토지 소유로 국가 재정이 어려워지자 이를 해결하기 위해 _____ 을 단행하였고, 이는 신진 사대부의 경제적 기반이 되었다.	과전법
102	태조는 후삼국 통일 과정에서 공을 세운 사람들에게 _____ 을 지급하였다. 공로와 인품만을 따져 토지를 지급하여 _____ 의 성격이 강하였다.	역분전, 논공행상
103	경종 때에는 관리들에게 토지를 나누어 주는 _____ 를 시행하였다. 국가는 문무 관리로부터 군인, 한인에 이르기까지 _____ 으로 나누어 곡물을 수취할 수 있는 _____ 와 땔감을 얻을 수 있는 _____ 를 주었다.	전시과, 18등급, 전지, 시지
104	지급된 토지는 _____ 만 갖는 토지였으며, 토지를 받은 자가 죽거나 관직에서 물러날 때에는 토지를 국가에 _____ 하도록 하였다.	수조권, 반납

		ANSWER
105	경종 때에는 관계의 높고 낮음과 함께 인품을 반영하여 토지를 지급한 _____를, 이후 목종 때는 관직만을 고려하여 지급하는 _____를, 문종 때에는 현직 관료에게만 토지를 지급하는 _____를 실시하였다.	시정 전시과, 개정 전시과, 경정 전시과
106	5품 이상의 관료에게 지급되었던 _____은 자손에게 세습할 수 있어서 문벌귀족의 세습적인 경제 기반이 되었다.	공음전
107	_____은 6품 이하 하급 관료의 자제 가운데 아직 관직을 제수받지 못한 사람에게 지급한 토지이다. 이는 관인 신분의 세습을 위한 것이었다.	한인전
108	_____은 중앙군인 2군 6위에 복무하는 군인에게 군역의 대가로 지급한 토지로 군역과 함께 자손에게 세습되었다.	군인전
109	_____은 지방 향리에게 지급된 토지로 향리의 직역과 함께 세습되었다.	외역전
110	_____은 하급 관료와 군인의 유가족에게 생활 대책을 마련해 주기위해 지급한 토지이다.	구분전
111	_____은 왕실의 경비에 쓰기 위한 토지이고, _____은 관청의 경비를 조달하기 위한 토지이며, _____은 사찰의 경비를 충당하기 위한 토지이다.	내장전, 공해전, 사원전
112	_____은 매매, 상속, 기증, 임대 등이 가능한 사유지로서, 귀족이나 일반 농민의 상속, 매매, 개간을 통해 형성되었다.	민전
113	_____ 소유자는 국가에 일정한 세금을 내야했다. 대부분의 경작지는 개인 소유지였지만, 왕실이나 관청의 소유지도 있었다.	민전
114	고려는 토지 대장인 _____과 호구 장부인 _____을 작성하고 이것을 근거로 조세, 공물, 역을 부과하였다.	양안, 호적
115	우경에 의한 심경법이 일반화되고 _____이 발달하면서 묵은땅이 줄어들어 계속 경작할 수 있는 토지가 늘어났다.	시비법

		ANSWER
116	밭농사에는 _____ 이 점차 보급되었고, 논농사에서는 직파법이 주류를 이루었으나, 고려 말에는 이앙법(모내기법)이 남부 지방 일부에 보급되었다.	2년 3작의 윤작법
117	고려 후기에는 이암이 중국의 농서인 _____ 를 소개하였고, _____ 이 목화씨를 가져와 목화 재배가 이루어졌다.	농상집요, 문익점
118	대도시에는 서적점과 약점, 술을 파는 주점, 차를 파는 다점 등 _____ 도 열었다.	관영 상점
119	개경에는 시전과 관영 상점의 상행위를 감독하고 물가를 조절하기 위해 _____ 라는 관청을 두었다.	경시서
120	_____ 때에는 사원과 권문세족이 소금을 독점하여 폭리를 취하는 것을 막고 재정 수입을 늘리기 위해 소금의 _____ 를 시행하였다.	충선왕, 전매제
121	성종 때 철전인 우리나라 최초의 화폐 _____ 를 발행하였으나 널리 이용되지는 못하였다.	건원중보
122	_____ 은 의천의 건의에 따라 주전도감을 설치하고 삼한통보, 해동통보, 해동중보 등의 동전과 _____ 라는 은전을 만들었으나 널리 유통되지는 못하였다.	숙종, 활구(은병)
123	공양왕 때에는 우리나라 최초의 지폐인 _____ 를 만들었다.	저화
124	고려 전기에는 _____ 수공업과 _____ 수공업이 주를 이루었으나 후기에는 _____ 수공업과 _____ 수공업이 발달하였다.	관청, 소, 민간, 사원
125	중앙과 지방의 관청에서는 기술자를 _____ 에 올려 물품을 생산하게 하였고, 농민을 부역으로 동원하여 보조하게 하였다.	공장안
126	예성강 어귀의 _____ 는 중국, 일본, 아라비아 상인들이 드나드는 국제적인 무역항으로 번성하였다.	벽란도
127	고려는 _____ 과 가장 활발하게 교역했는데 각종 비단과 약재, 서적 등 왕실과 귀족의 수요품을 수입하고 종이, 인삼 등을 수출하였다.	송

		ANSWER
128	고려의 사회 신분은 〇〇〇, 〇〇〇, 〇〇〇, 〇〇〇 의 4계층으로 구성되었는데, 신라의 골품제와는 달리 한층 개방된 모습을 보였다.	귀족, 중류층, 양민, 천민
129	중앙 관청의 말단 서리인 〇〇〇, 궁중의 실무 관리인 〇〇〇, 지방 행정의 실무를 담당한 〇〇〇, 하급 장교, 지방의 역(驛)을 관리하는 역리 등 중류층은 직역을 세습적으로 물려받았고, 국가로부터 토지도 받았다.	잡류, 남반, 향리
130	양민은 주·부·군·현에 거주하면서 농업이나 상공업에 종사하였다. 양민의 대다수는 농민이었는데, 이들을 〇〇〇 이라고도 불렀다.	백정
131	양민이면서도 군·현의 주민과 구별되는 특수 행정 구역인 〇〇〇 에 거주하는 사람들도 있었다. 이들은 군·현의 주민에 비해 더 많은 세금을 부담하였고, 거주 이전의 자유도 없었다.	향·부곡·소
132	향이나 부곡에 거주하는 사람은 〇〇〇 에, 소에 거주하는 사람은 〇〇〇 이나 광업에 주로 종사하였다.	농업, 수공업
133	천민의 대다수는 노비였다. 귀족은 노비를 늘리기 위해 부모 가운데 한 쪽이 노비이면 그 자식도 노비가 되게 하였다(〇〇〇). 또 노비 사이에서 태어난 자식은 어머니 쪽의 소유가 되도록 하였다(〇〇〇).	일천즉천, 천자수모법
134	공노비에는 궁중 중앙 관청, 지방 관아에서 잡역에 종사하는 〇〇〇 와 농경을 하여 얻은 수입 중에서 규정된 액수를 관청에 납부하는 〇〇〇 가 있었다.	입역 노비, 외거 노비
135	사노비에는 귀족이나 사원에서 직접 부리는 〇〇〇 와 주인과 따로 사는 〇〇〇 가 있었다. 외거 노비는 주로 농업 등의 일에 종사하고 일정량의 신공을 바쳤다.	솔거 노비, 외거 노비
136	성종 때는 춘대 추납의 빈민 구제 제도로 〇〇〇 을 설치하였다.	의창
137	〇〇〇 는 기금을 모아 그 이자로 빈민을 구휼하는 기관이다.	제위보
138	물가를 조절하여 농민의 생활을 안정시키기 위해 개경과 서경, 지방 12목에 〇〇〇 을 설치하였다.	상평창

		ANSWER
139	개경의 동쪽과 서쪽에는 _____ 이라는 국립 의료 기관을 두었고, 서민들에게 약을 제공하는 _____, 질병 치료를 위한 임시 기관인 구제도감, 재난 구호를 위한 임시 기관인 구급도감을 설치하였다.	동·서 대비원, 혜민국
140	고려 전기에 _____ 는 주로 불교 신앙을 위한 종교 조직으로 향나무를 바닷가나 마을 한구석에 묻고 국태민안을 비는 _____ 이라는 행사를 치렀다.	향도, 매향
141	_____ 는 불상·석탑·사찰 건립 등에서 주도적 역할을 하였는데, 고려 후기에는 신앙적 색채가 약화되고, 점차 상장제례와 같은 행사를 도와주는 농민 공동체 조직으로 변하였다.	향도
142	고려 시대에는 남녀 균분 상속, 여성의 재가 허용, 처가살이, 호적에 연령 순 등재, 여성 호주 가능 등 여성의 가정 내 지위가 높았다 / 낮았다 .	높았다
143	고려 시대 국립대학인 _____ 에는 국자학, 태학, 사문학과 같은 유학부와 율학(법률), 서학(서예), 산학(산술)등의 기술학부가 있었다.	국자감
144	최충의 _____ 을 비롯한 사학 12도가 융성하자 국자감의 관학 교육은 위축되었다.	9재 학당(문헌공도)
145	관학 진흥을 위해 숙종 때 _____ 와 같은 출판부를 설치하였다. 예종 때 _____ 라는 전문 강좌를 개설하였으며, _____ 라는 장학 재단을 두기도 하였고, 학문 연구소인 _____, _____ 을 설치하였다.	서적포, 7재, 양현고, 청연각, 보문각
146	인간의 심성과 우주의 원리를 탐구하는 성리학을 우리나라에 처음 소개한 사람은 충렬왕 때 _____ 이었다.	안향
147	충선왕 때 이제현은 원의 수도에 설립된 _____ 에서 원의 학자들과 교류하면서 성리학에 대한 이해를 심화하였다.	만권당
148	공민왕 때에는 이제현의 문인인 이색이 정몽주, 권근, 정도전 등을 가르쳐 성리학을 더욱 확산시켰다. 성리학을 수용한 사람은 대부분 _____ 였다.	신진 사대부

		ANSWER
149	인종 때에는 김부식 등이 왕명을 받아 _____ 를 편찬하였다. 이는 유교적 합리주의 사관에 기초하여 쓰인 현존하는 우리나라 최고(最古)의 역사서이다. _____ 방식으로 쓰여진 이 책은 본기(왕조 역사), 연표, 지(제도사), 열전(신하의 전기)으로 구성되어 있다. 본기는 삼국 역사를 균형 있게 기록하였으나 연표, 지, 열전 등은 신라사에 치중하여 신라 계승 의식을 반영하고 있다.	삼국사기, 기전체
150	무신 집권기에는 몽골의 침략을 겪은 후 민족의 전통을 강조 하는 역사서가 등장하였는데, 삼국 시대의 승려 30여 명의 전기가 수록된 각훈의 _____ 과 고구려 계승 의식을 반영한 이규보의 _____ 등이 있다.	해동고승전, 동명왕편
151	원 간섭기에는 우리의 유구한 역사를 강조한 역사서들이 나왔다. 이승휴의 _____ 와 일연의 _____ 는 공통으로 고조선의 단군을 서술하여 우리 역사를 중국사와 대등하게 파악하는 자주성을 나타냈다.	제왕운기, 삼국유사
152	고려 말기에는 성리학이 수용되면서 성리학적 유교 사관이 대두하였다. 이를 대표하는 사서로 이제현의 _____ 이 있다.	사략
153	광종의 왕권 강화 정책과 관련하여 화엄 사상을 정비하고 보살의 실천행을 폈던 _____ 의 화엄종이 성행하였다. _____ 는 보현십원가등 불교 교리를 담은 향가를 지어 대중에게 전파하는 데 힘썼다.	균여
154	시간이 지나면서 왕실의 지원을 받던 화엄종과 문벌 귀족의 지원을 받던 _____ 이 융성하여 교종의 양대 종파가 되었다.	법상종
155	고려 중기에는 의천은 흥왕사를 근거지로 삼아 화엄종을 중심으로 교종을 통합하려 하였으며, 국청사를 중심으로 _____ 을 창시하여 _____ 의 입장에서 _____ 을 통합하고자 하였다. 교선 통합을 사상적으로 뒷받침하기 위해 의천은 이론의 연마와 실천을 아울러 강조하는 _____ 를 제창하였다.	천태종, 교종, 선종, 교관겸수
156	무신 집권기 지눌은 _____ 을 창시하여 _____ 을 중심으로 _____ 을 통합하고자 하였다. 지눌은 먼저 불성을 깨달은 다음에 점진적인 수행으로 깨달음을 확인해야 한다는 _____ 를 강조하였고, 선과 교학을 나란히 수행하자는 _____ 를 내세웠다.	조계종, 선종, 교종, 돈오점수, 정혜쌍수

		ANSWER
157	지눌은 당시 불교계의 타락상을 비판하면서 순천 송광사를 중심으로 불교 개혁 운동인 _____ 를 제창하였다.	수선사 결사
158	지눌의 제자인 혜심은 유교나 불교 모두 도를 추구하는 점에서 서로 일치한다는 _____ 을 주장하였는데, 이는 고려 후기 성리학 수용의 사상적 토대를 마련한다.	유불 일치설
159	천태종에서도 결사 운동이 일어났다. 요세는 자신의 행동을 참회하는 법화 신앙에 중점을 둔 _____ 를 제창하였다.	백련 결사
160	고려 최초의 대장경은 거란의 침입을 받았던 현종 때 부처의 힘을 빌려 이를 물리치기 위해 만들기 시작하였다. 70여 년에 걸쳐 목판에 새겨 간행한 이 _____ 은 개경에 보관하였다가 대구 부인사로 옮겼는데 _____ 침입 때 불타 버리고 현재는 인쇄본의 일부만 남아 있다.	초조대장경, 몽골
161	의천은 초조대장경의 내용을 보완하기 위해 _____ 을 설치하여 흔히 속장경이라 일컬어지는 불교 경전 주석서인 _____ 을 편찬하였다.	교장도감, 교장
162	부처의 힘으로 몽골의 침입을 극복하려는 의지로 대장도감을 설치하여 16년에 걸쳐 _____ 을 새로 판각하였다. 현재 합천 해인사에 보관되고 있다.	재조대장경(팔만대장경)
163	불로장생과 현세의 구복을 추구하는 것을 특징으로 하는 _____ 는 여러 신을 모시면서 재앙을 물리치고 나라의 안녕과 왕실의 번영을 기원하였다. 궁중에서는 하늘에 제사를 지내는 _____ 를 빈번히 거행하였다.	도교, 초제
164	고려 사회에는 _____ 이 유행하여 변발, 몽골 복장, 몽골어가 궁중과 지배층을 중심으로 널리 퍼졌다. 몽골에 건너간 고려 사람들에 의해 고려의 의복, 그릇, 음식 등의 풍습이 몽골에 전해졌는데 이를 _____ 이라고 한다.	몽골풍, 고려양
165	13세기 이후에 지은 _____ 의 목조 건물이 현재 일부 남아 있는데 안동 봉정사 극락전, 영주 부석사 무량수전, 예산 수덕사 대웅전 등이 대표적이다.	주심포 양식

		ANSWER
166	고려 후기에는 공포를 기둥뿐 아니라 기둥 사이에도 설치한 _____의 건물도 등장하여 조선 시대 건축에 큰 영향을 끼쳤는데 황해도 사리원의 성불사 응진전이 대표적이다.	다포 양식
167	고려 시대의 석탑은 개성 불일사 5층 석탑, 개성 현화사 7층 석탑이 유명하다. 송의 영향을 받아 평창 _____과 같은 다각 다층탑이 제작되기도 하였다.	월정사 팔각 9층 석탑
168	고려 후기의 개성 _____은 원의 석탑을 본뜬 것으로, 조선 세조 때 만든 원각사지 10층 석탑에 영향을 주었다.	경천사지 10층 석탑
169	고려 시대 _____으로 여주 고달사지 _____, 원주 법천사지 지광국사탑 등이 있다.	승탑
170	고려 초기에는 대형 _____이 많이 조성되었는데, 하남 하사창동 철조 석가여래 좌상이 대표적이다.	철불
171	고려 초기는 _____처럼 지역 특색이 잘 드러난 거대한 불상이 건립되기도 하였다. 신라 이래의 전통 양식을 계승한 작품으로는 영주 부석사 소조여래좌상과 같은 걸작이 있다.	논산 관촉사 석조 미륵보살 입상
172	고려 후기에는 수월관음도와 같은 _____가 많이 제작되었다.	불화
173	12세기에는 그릇 표면을 파낸 자리에 백토나 흑토를 메워 무늬를 내는 기법으로 _____가 만들어졌다.	상감 청자
174	몽골과 전쟁 중이던 강화도 피난 시에 세계 최초의 금속 활자로 _____을 인쇄하였지만 이 책은 오늘날 전해지지 않고 있다.	상정고금예문
175	청주 흥덕사에서 간행한 _____이 현존하는 세계에서 가장 오래된 금속 활자본이고, 2011년 세계 기록 유산에 등재되었으며, 현재 프랑스 국립 도서관에서 보관하고 있다.	직지심체요절

176 최무선은 왜구의 침입을 격퇴하기 위해서 _____ 을 설치하고 화약과 화포를 제작하여 _____ 해전에서 왜구를 크게 격퇴하였다.

ANSWER
화통도감, 진포

177 _____ 은 현존하는 우리나라 최고(最古)의 의학 서적으로서 각종 질병에 대한 처방과 국산 약재 180여 종이 소개되어 있다.

향약구급방

한유진 한국사 키워드 암기장

근세와 근대 태동기의 우리 역사

Ⅳ 근세와 근대 태동기의 우리 역사

001 조선의 건국 과정을 순서대로 배열하시오.
① 요동 정벌 ② 한양 천도 ③ 반대파 제거 ④ 명의 철령위 설치 요구 ⑤ 위화도 회군 ⑥ 과전법 실시 ⑦ 조선 건국

> ANSWER
> ④ - ① - ⑤ - ⑥ - ③ - ⑦ - ②

002 정도전은 민본 사상을 강조하고, 의정부를 국정 운영의 중심으로 하는 _____ 중심의 관료 체제를 갖추었다.

> 재상

003 정도전은 _____ 을 편찬하여 조선 왕조의 통치 규범을 종합적으로 제시하였고, _____ 을 저술하여 불교의 폐단을 비판하고, 성리학을 통치 이념으로 확립시켰다.

> 조선경국전, 불씨잡변

004 두 차례 왕자의 난을 통해 왕위에 오른 _____ 은 국왕 중심의 통치 체제를 정비하였다.

> 태종(이방원)

005 태종은 _____ 를 시행하여 6조에서 의정부를 거치지 않고 곧바로 왕에게 재가를 받도록 함으로써 의정부의 힘을 약화시켰다.

> 6조 직계제

006 태종은 언론 기관인 _____ 을 독립시켜 대신들을 견제하였으며, _____ 을 없애고 국왕의 친위 군사를 늘렸다.

> 사간원, 사병

007 태종은 세금과 군역을 확보하기 위해 양전 사업과 호구 파악에 노력하였고, _____ 을 시행하였다.

> 호패법

008 세종은 6조의 모든 업무를 먼저 의정부에 보고하도록 하는 _____ 를 시행하여 왕권과 신권의 조화를 꾀하였다.

> 의정부 서사제

009 세종은 _____ 을 설치하여 신숙주, 정인지, 성삼문 등의 학자들과 많은 토론을 거쳐 정책을 시행하였다.

> 집현전

010 세종은 _____ 을 개척하여 오늘날과 같은 국경선을 확보하였고, 왜구의 소굴인 _____ 을 정벌하였다.

> 4군 6진, 쓰시마섬

011 계유정난으로 왕위에 오른 세조는 강력한 왕권을 행사하기 위해 통치 체제를 다시 _____ 로 고치고, 언관의 활동을 억제하기 위해 _____ 을 폐지하였다. 또한 경연을 열지 않았으며 종친들을 등용하기도 하였다.

> 6조 직계제, 집현전

		ANSWER
012	성종은 ____ 을 활성화하였고, 집현전을 계승하여 ____ (옥당)을 설치하였다.	경연, 홍문관
013	조선 왕조의 기본 법전인 ____ 은 세조 때부터 편찬하기 시작하여 성종 때 완성되었다. 이로써 조선의 통치 체제가 완비되었다.	경국대전
014	조선을 건국한 혁명파 사대부들은 관학파(세조 이후 ____)가 되어 중앙 관직을 차지하면서 중앙집권과 부국강병을 추구하였다. ____ 는 대농장을 소유하였고, 타 사상에도 포용적이었으며, 기술을 중시하고 시와 글 쓰는 것(사장)을 좋아하였다.	훈구파
015	조선의 건국에 참여하지 않은 ____ 파는 ____ 때 본격적으로 중앙 정계에 진출하여 훈구파와 대립하였다. ____ 파는 중소 지주 출신으로 향촌 자치를 주장하였고 왕도 정치를 내세웠다. 이들은 경학을 중시하며 기술을 천시하였고, 성리학 이외의 사상을 배격하였다.	사림, 성종, 사림
016	사림은 주로 3사에 배치되어 훈구 세력의 잘못을 비판하였고, 이로써 훈구와 사림 세력 사이의 대립이 표면화되어 ____ 가 일어났다.	사화
017	연산군 때 김종직의 제자였던 사관 김일손이 사초에 조의제문을 실은 것이 문제가 되어 사림 대부분이 사형당하거나 파직된 사화는 ____ 이다.	무오사화
018	연산군의 생모 윤씨의 폐위, 사사와 관련된 사화는 ____ 이다.	갑자사화
019	기묘사화는 중종 때 ____ 의 급진적인 개혁 정책(현량과 실시, 경연 강화, 소격서 폐지, 방납의 폐단 시정, 위훈 삭제 등)에 반대하여 일어났다.	조광조
020	조광조는 천거제의 일종인 ____ 를 통해 사림 세력을 확대하였으며, 향약을 시행하고 주자가례, 소학 등을 보급하여 사림의 향촌 지배력을 확대하려 하였다.	현량과
021	명종 때 왕실의 외척인 대윤(윤임)과 소윤(윤원형)의 권력다툼에 의해 발생한 사화는 ____ 이다.	을사사화

		ANSWER
022	▢▢▢ 때에는 윤원형 등 중신들의 부패가 극심하여 ▢▢▢ 과 같은 도적 떼들이 나타나기도 하였다.	명종, 임꺽정
023	사림은 네 차례에 걸친 사화로 큰 어려움을 겪었지만 지방의 ▢▢ 과 ▢▢ 을 기반으로 계속 성장해 16세기 후반 선조 때에 정치의 주도권을 잡게 되었다.	서원, 향약
024	사림은 학문과 정치 성향이 같은 사람들끼리 ▢▢ 을 이루었는데, 이후 중앙 정계의 주도권을 잡기 위해 서로 경쟁하였다.	붕당
025	▢▢ 은 이황과 조식, 서경덕의 학문을 계승한 사람들이고, ▢▢ 은 이이와 성혼의 학문을 계승한 사람들이다.	동인, 서인
026	태조 때 정도전이 요동 정벌 계획을 추진하여 명과 갈등을 빚었지만, ▢▢ 이후에는 조선과 명의 관계가 안정되고 문화 교류가 활발하였다.	태종
027	조선은 명에 ▢▢ 정책을, 여진과 일본에게는 ▢▢ (회유와 토벌의 양면 정책) 정책을 취하였다.	사대, 교린
028	조선은 여진족의 귀화를 장려하였고, 한양에 북평관을 개설하여 사절의 왕래를 통한 조공 무역을 허용하였고, 국경 지역의 경성과 경원에 ▢▢ 를 두고 문물 교환을 허락하였다.	무역소
029	세종 때 ▢▢ 이 압록강 유역에 4군을, ▢▢ 가 두만강 유역에 6진을 설치하여 여진족을 몰아냈다.	최윤덕, 김종서
030	세종 때 ▢▢ 가 왜구의 소굴인 대마도를 정벌하였고, 이후 ▢▢ (부산포, 제포, 염포)를 개항하여 무역을 허용하였다.	이종무, 3포
031	3포에서 교역량이 증가하자 세종 때 무역량을 제한하는 ▢▢ 를 체결하였다.	계해약조
032	중종 때 ▢▢ 이 일어나자 임시 군사 협의 기구로 비변사를 설치하였고, 명종 때 ▢▢ 으로 비변사를 상설화하였다.	3포왜란, 을묘왜변

		ANSWER
033	일본에서는 도요토미 히데요시가 전국 시대를 통일하고 불만이 많은 지방 영주들의 관심을 밖으로 돌리기 위해 _____ 을 일으켰다.	임진왜란
034	처음 왜군을 맞은 부산성과 동래성이 함락되었고 _____ 이 충주의 탄금대에서 배수진을 치고 항전하였지만 적을 막아 내지 못하였다.	신립
035	선조는 _____ 로 피난을 떠났고, 명에게 원군을 요청하였다.	의주
036	_____ 이 이끈 조선 수군은 옥포에서 첫 승리를 거둔 이후 당포, 한산도 등지에서도 승리를 거두어 남해의 제해권을 장악하였고, _____ 의 곡창지대를 안전하게 지킬 수 있었다.	이순신, 전라도
037	전직관리, 사림, 승려 등이 조직하고 농민이 주축을 이룬 _____ 은 향토지리에 맞는 전술을 구사하여 적은 병력으로도 왜군에게 큰 타격을 주었다.	의병
038	조·명 연합군은 _____ 을 탈환하였고, 권율이 _____ 에서 승리하였다.	평양성, 행주대첩
039	휴전 협상이 진행되는 동안에 조선은 _____ 을 설치하여 군대의 편제와 훈련 방법을 바꾸었고, _____ 을 시행하여 지방군 편제를 개편하였다.	훈련도감, 속오법
040	명과 일본의 휴전 회담이 결렬되어 왜군이 _____ 을 일으켰고, 이순신이 _____ 에서 적의 함선을 대파하자 왜군은 남해안 일대로 후퇴하였다.	정유재란, 명량
041	에도 막부는 국교를 재개하자고 요청하자 조선은 _____ 를 일본에 파견하여 조선인 포로들을 데려왔다.	사명대사(유정)
042	광해군은 일본과 _____ 를 체결하여 제한된 범위 내에서 교섭을 허용하였다.	기유약조
043	일본은 쇼군의 권위를 국제적으로 인정받고 조선의 선진 문화를 받아들이기 위해 사절단을 요청하였고, 이에 조선은 _____ 를 파견하여 조선의 선진 학문과 기술을 전해주었다.	통신사

044 왜란이 끝나고 왕위에 오른 광해군은 ▢▢ 세력을 지지기반으로 전쟁을 뒷수습하고, 국가의 통치력을 강화하기 위한 정책들을 시행하였다. — 북인

045 광해군은 농지 개간을 장려하고 토지와 호적 조사를 시행하였다. 또 현물로 내던 공납을 쌀로 내게 하는 ▢▢▢ 을 경기도에서 처음 시행하여 농민들의 부담을 줄여 주었다. — 대동법

046 광해군은 허준에게 ▢▢▢▢ 을 편찬하도록 하였으며, 불타버린 ▢▢ 를 다시 건립하였다. — 동의보감, 사고

047 임진왜란을 겪는 동안 명의 국력이 약해진 틈을 타서 ▢▢ 을 세운 여진족의 누르하치가 명을 공격하였다. — 후금

048 광해군은 명과 후금 사이에서 실리를 취하는 ▢▢▢▢ 정책을 펼쳤다. — 중립 외교

049 광해군의 외교 정책과 인목대비를 유폐하고 영창대군을 살해한 것을 비판하며 서인은 ▢▢▢▢ 을 일으켜서 광해군과 북인 세력을 몰아냈다. — 인조반정

050 인조와 서인 세력은 ▢▢▢▢ 정책을 추진하였고, 이에 후금은 광해군을 위해 보복한다는 명분으로 ▢▢▢▢ 을 일으켰다. — 친명배금, 정묘호란

051 후금이 나라 이름을 청으로 고치고, 조선에 군신 관계를 요구해 왔다. 이에 조선에서는 외교적 교섭을 통해 평화적으로 해결하자는 ▢▢▢ 과 대의명분에 따라 끝까지 싸우자는 ▢▢▢ 이 대립하였다. — 주화론, 주전론(척화론)

052 청 태종이 군대를 이끌고 다시 쳐들어오자(병자호란) 왕과 대신들은 ▢▢▢▢ 으로 피란하여 45일 동안 항전하였으나, 결국 청에 굴복하고 군신관계를 맺게 된다(삼전도의 굴욕). — 남한산성

053 효종, 송시열, 송준길, 이완 등이 임진왜란 때 조선을 도와준 명에 대한 의리를 지켜 청에 복수하자는 ▢▢▢▢ 을 전개하였으나 실천에 옮기지는 못하였다. — 북벌 운동

054 청을 무조건 배척하지만 말고 우리에게 이로운 것은 적극적으로 배우자는 ▢▢▢ 이 제기 되기도 하였다. — 북학론

		ANSWER
055	▩▩▩▩ 때 청의 요청으로 2차례에 걸쳐 조총 부대를 파견하여 러시아를 정벌한 ▩▩▩▩ 사건이 있었다.	효종, 나선정벌
056	청과의 국경 분쟁이 자주 일어나자 숙종 때 조선과 청의 관리들이 백두산 일대를 답사하고 서쪽으로는 압록강, 동쪽으로는 토문강을 경계로 국경선을 확정하여 ▩▩▩▩ 를 세웠다.	백두산정계비
057	숙종 때 ▩▩▩▩ 이 일본으로 넘어가 울릉도와 독도가 우리나라 영토임을 확인받고 돌아왔다.	안용복
058	선조 때 ▩▩▩▩ 의 관직을 두고 동인과 서인으로 나뉘어졌다.	이조전랑
059	선조 때 ▩▩▩▩ 과 정철의 ▩▩▩▩ 사건으로 동인이 북인과 남인으로 나뉘어졌다.	정여립 모반 사건, 건저의
060	현종 때까지는 서인이 우세한가운데 남인과 연합하여 공존하였으나, 효종의 왕위 계승과 관련하여 두 차례의 ▩▩▩▩ 이 일어나면서 서인과 남인의 대립이 극심해졌다.	예송
061	1차 기해예송은 ▩▩▩▩ 의 1년 설이 채택되었고, 2차 갑인예송은 ▩▩▩▩ 의 1년 설이 채택되었다.	서인, 남인
062	허적의 유악 남용 사건과 삼복의 변이 계기가 되어 숙종 때 ▩▩▩▩ 이 일어났다.	경신환국
063	남인계 장씨의 소생(후에 경종)을 원자로 정하는 문제를 계기로 ▩▩▩▩ 이 일어났다.	기사환국
064	▩▩▩▩ 은 인현왕후를 복위시키는 과정에서 발생하여 다시 서인이 집권하였다.	갑술환국
065	▩▩▩▩ 때 남인에 대한 처리를 놓고 서인은 강경파인 노론과 온건파인 소론으로 나뉘어졌다.	경신환국
066	정국이 급격하게 바뀌는 환국이 일어나면서 특정 붕당이 정권을 독점하는 ▩▩▩▩ 의 추세가 나타났다.	일당 전제화

		ANSWER
067	영조는 ▩▩▩ 을 실시하여 온건하고 타협적인 인물을 등용하여 정국을 운영하였다.	탕평책
068	영조는 공론의 주재자로 인식되던 ▩▩▩ 의 존재를 부정하였고, 붕당의 기반인 ▩▩▩ 도 대폭 정리하였다.	산림, 서원
069	▩▩▩ 는 이조 전랑의 후임자 천거권과 3사 관리 선발 관행을 혁파하고, 탕평 의지를 내세우기 위해 성균관 앞에 ▩▩▩ 를 세웠다.	영조, 탕평비
070	영조는 ▩▩▩ 를 부활하고 상언, 격쟁을 통해 왕이 직접 백성의 의견을 들어 정책에 반영하였다.	신문고
071	영조는 ▩▩▩ 을 시행하여 군포를 1년에 2필에서 1필로 줄여주었다.	균역법
072	영조는 가혹한 형벌을 폐지하고 사형수에 대한 삼심제를 엄격하게 시행하였으며, ▩▩▩, ▩▩▩, ▩▩▩ 를 편찬하여 시대 변화에 맞게 문물제도를 정비하였다.	속대전, 속오례의, 동국문헌비고
073	정조는 자신의 권력과 정책을 뒷받침하기 위해 새로운 인물이나 중·하급관리 가운데 유능한 인사를 재교육하는 ▩▩▩ 를 시행하였다.	초계문신제
074	▩▩▩ 은 왕실 도서관의 기능을 하였으나, 정조는 여기에 비서실의 기능을 부여하고 과거 시험을 주관하고 문신을 교육하는 임무까지 부여하였다.	규장각
075	정조는 친위 부대인 ▩▩▩ 을 설치하여 왕권을 뒷받침하는 군사 기반으로 삼았고, 지방사림이 주관하던 군현 단위의 향약을 ▩▩▩ 이 직접 주관하게 하여 지방사족의 향촌 지배력을 억제하였다.	장용영, 수령
076	정조는 양주에 있던 아버지 묘소를 수원으로 옮겨 현륭원이라 하고, 현륭원 북쪽에 새로운 성곽 도시인 ▩▩▩ 을 건설하였다.	화성
077	정조는 서얼과 노비에 대한 차별을 완화하였고, ▩▩▩ 으로 자유로운 상공업 활동을 보장하였다.	신해통공(금난전권 폐지)

		ANSWER
078	왕의 외척인 안동 김씨와 풍양 조씨 등이 순조, 헌종, 철종의 3대 60여 년간 정권을 잡은 _____ 가 전개되었다.	세도 정치
079	순조 때 노론 벽파 세력이 정국을 주도하면서 남인 등의 시파를 몰아내기 위해 1801년 천주교를 믿는 사람들을 대대적으로 탄압하는 _____ 를 일으켰다.	신유박해
080	세도 정치 시기에 의정부와 6조가 유명무실해지고, _____ 에 권한이 집중되었다.	비변사
081	세도 정치 시기에 농민에 대한 수탈이 더욱 심해져 전세 수취 제도인 전정, 군포 징수제도인 군정, 구휼 제도인 환곡 등 _____ 이 극에 달하였다.	삼정의 문란
082	삼정 가운데 농민들에게 가장 고통스러운 것은 _____ 이었다.	환곡
083	삼정의 문란은 1811년 _____ 이나 1862년 전국적으로 일어난 _____ 등 농민 항쟁의 원인이 되었다.	홍경래의 난, 임술 농민 봉기
084	조선 관리에는 문반과 무반의 _____ 이 있었고, 관직은 중앙 관직인 _____ 과 지방 관직인 _____ 으로 나누었다.	양반, 경관직, 외관직
085	국정을 총괄하는 _____ 와 그 아래에 왕의 명령을 집행하는 _____ 가 있었다.	의정부, 6조
086	_____ 는 언론 기능을 담당하였다. _____ 는 관리의 비리를 감찰하였고, _____ 은 왕이 잘못을 저질렀을 때 이를 비판하는 일을 하였다. _____ 은 왕의 자문 기관으로서 문필 활동을 하면서 언론 기능을 담당하였다.	3사, 사헌부, 사간원, 홍문관
087	왕의 비서 기관인 _____ 은 왕명의 출납을 맡았고, _____ 는 수도의 행정과 치안을 담당하였다.	승정원, 한성부
088	_____ 에서는 역사서 편찬과 보관을 담당하였고, 예문관에서는 임금의 교지를 작성하였다.	춘추관

		ANSWER
089	사법 기관으로는 반역 등 중대 사건을 다루는 _____, 상민의 범죄를 처리하는 포도청, 관리를 감찰하는 사헌부, 노비 문서의 관리와 노비 소송을 맡아보던 장례원이 있었다.	의금부
090	조선은 전국을 _____로 나뉘었고, 그 아래에 _____·_____·_____·_____이 있었다.	8도, 부, 목, 군, 현
091	고려 시대까지 특수 행정 구역이었던 _____·_____·_____도 일반 군현으로 승격하여 중앙집권적 통치 체제를 갖추었다.	향, 부곡, 소
092	모든 군현에는 _____을 파견하여 국가가 직접 지배하였고, 군현 아래에는 말단 행정조직으로 면·리·통을 두었다.	수령
093	중앙 정부에서는 8도에 _____를 파견하여 수령의 비리를 견제하였다. _____는 감찰권, 행정권, 사법권은 물론이고 병마절도사를 겸하여 지방 병권까지 장악하였다.	관찰사
094	군현에는 부사, 목사, 군수, 현령 등의 _____을 파견하였다. _____은 왕의 대리인으로서 지방의 행정권, 사법권, 군사권을 가지고 있었다.	수령
095	수령을 파견할 때는 부정부패를 막기 위해 그 지역 출신을 임명하지 않는 _____를 실시하였다.	상피제
096	고려의 _____가 지역의 자치를 담당하였던 것과는 달리 조선의 _____는 수령의 행정 실무를 보좌하였다.	향리
097	_____ 이후에는 사병이 모두 폐지되었고, _____ 세 이상 _____ 세 이하의 모든 양인 남자는 군역의 의무를 지게 하는 양인개병제를 시행하였다.	태종, 16, 60
098	모든 양인은 현역으로 일정 기간 교대로 복무하는 _____이 되거나 정군을 경제적으로 지원하는 _____이 되었다.	정군, 보인
099	국역을 지고 있던 _____와 향리는 군역을 면제받았고, 성균관과 향교의 _____들도 군역에서 제외되었다. 그러나 종친과 외척, 공신이나 고급 관료의 자제들은 고급 특수군에 편입되었다.	현직 관료, 학생

		ANSWER
100	중앙군은 궁궐과 수도를 수비하는 _____ 로 이뤄졌는데, 중앙군은 정군을 중심으로 직업 군인인 갑사나 특수병으로 구성되었다.	5위
101	지방군은 건국 초기에 국방상의 요지인 영이나 진에 소속되어 복무하였으므로 _____ 으로 불렸는데, 병영은 _____ 절도사가, 수영은 _____ 절도사가 지휘하였다.	영진군, 병마, 수군
102	세조 때에는 _____ 를 시행하여 지역 단위의 독자적 방어 체제를 갖추고, 수령이 지휘하게 하였다.	진관 체제
103	조선 초에는 서리, 잡학인, 신량역천인 등으로 구성된 _____ 이 있었는데, 오늘날의 예비군에 해당되었다. 양인개병의 원칙에 따라 군역 의무가 없었던 노비는 포함되었지만 농민은 정규군으로 편성되어 포함되지 않았다.	잡색군
104	군사적으로 위급한 상황을 알리기 위한 _____ 가 정비되었고, 물자 수송과 공문 전달을 위한 _____ 도 설치되었다. 역참은 교통의 요지에 _____ 마다 설치되었는데, 마패를 보여 주고 말을 이용할 수 있었다.	봉수제, 역참, 30리
105	전국 주요 도로에 설치된 500여 개의 역 가운데 숙박 시설이 있는 곳을 _____ 이라 하였다.	원
106	조선의 관리는 과거, 취재, 음서, 천거 등을 통해 선발되었다. 과거에는 문관을 뽑는 _____ 와 무관을 뽑는 _____, 기술관을 뽑는 _____ 가 있었다.	문과, 무과, 잡과
107	문과에는 _____ 마다 정기적으로 시행하는 _____ 와 부정기 시험인 증광시, 알성시 등이 있었다. 문과에 응시하기 위해서는 _____ 에 합격하여 생원이나 진사가 되어야 하였으나 나중에는 별다른 제한을 두지 않았다. _____ 합격자는 성균관에 입학하거나 문과에 응시할 수 있었고, 하급 관리가 될 수도 있었다.	3년, 식년시, 소과, 소과
108	음서는 공신이나 _____ 이상 관리의 자제가 관직에 진출할 수 있는 제도이다. 하지만 음서 출신은 문과에 합격하지 않으면 승진하기 어려웠다.	2품

109 ☐☐☐는 고위 관리가 추천한 인물을 관직에 등용하는 것으로, 대개 기존 관리를 대상으로 실시하였다. — 천거

110 과거는 ☐☐☐ 이상이면 누구나 응시 가능했지만, 반역 죄인이나 탐관오리의 아들, 재가한 여자의 아들과 손자, 서얼은 문과에 응시할 수 없었다. — 양인

111 소과와 잡과 합격자에게는 ☐☐☐를, 문과와 무과 합격자에게는 ☐☐☐를 지급하였다. — 백패, 홍패

112 권력의 집중과 부정을 막기 위해 ☐☐☐를 두어 가까운 친·인척끼리는 같은 관서에 근무하지 않도록 하였고, 출신 지역의 지방관으로도 임명하지 않았다. — 상피제

113 5품 이하의 관리를 등용할 때는 사헌부와 사간원의 대간이 심사하여 동의하는 ☐☐☐의 절차를 거쳐야 임용될 수 있었다. — 서경

114 조선은 고려의 교육 제도를 이어받아 한성에 최고 교육 기관인 ☐☐☐을 두었다. — 성균관

115 성균관의 입학 자격은 소과에 합격한 ☐☐☐과 ☐☐☐를 원칙으로 하였는데, 성적이 우수한 학생은 문과의 초시를 면제해 주었다. — 생원, 진사

116 중등 교육 기관으로는 중앙의 ☐☐☐과 지방의 ☐☐☐가 있었다. — 4부 학당, 향교

117 ☐☐☐는 성현에 대한 제사와 유생 교육, 지방민의 교화를 위해 부, 목, 군, 현에 각각 하나씩 설립하였다. 양반과 평민 모두 입학할 수 있었고, 중앙에서는 ☐☐☐나 ☐☐☐를 파견하였다. — 향교, 교수, 훈도

118 잡학은 ☐☐☐에서 직접 교육을 담당하였다. 외국어는 사역원에서, 의학은 전의감과 혜민서에서, 천문·지리·점복은 관상감에서, 도교는 소격서에서, 그림은 도화서에서 각각 가르쳤다. — 해당 기술 관청

119 사립 교육 기관으로는 ☐☐☐과 ☐☐☐이 있었다. — 서당, 서원

120 초등 교육을 담당한 ☐☐☐에서는 4부 학당이나 향교에 입학하지 못한 선비와 평민의 자제가 교육을 받았다. — 서당

		ANSWER
121	서원의 시초는 풍기 군수 주세붕이 안향을 추모하기 위해 세운 _____ 이었다. 이 서원은 명종 때 이황의 건의에 따라 _____ 이라는 현판을 국왕에게 하사받았다.	백운동 서원, 소수 서원
122	국가에서 현판을 하사받은 _____ 에는 토지, 노비, 서적 등을 지급하고 면세의 특권까지 주었다.	사액 서원
123	서원에서는 봄, 가을로 향약을 읽고 잔치를 벌이는 _____ 를 지냈고, 인재를 모아 학문도 가르쳤다. 서원은 향촌 사회를 교화시키고, 학문과 교육의 발전에 이바지하였으며, 당파의 결속을 강화하여 _____ 의 토대가 되기도 하였다.	향음주례, 붕당
124	과전법에 따라 _____ 관리는 _____ 지방의 토지를 과전으로 받는데, 받은 사람이 죽거나 반역하면 국가에 반환하도록 규정하였다. 그러나 죽은 관료의 부인에게는 _____ 을, 20세 미만의 자녀에게는 _____ 을 지급하여 세습이 가능하도록 하였다.	전·현직, 경기, 수신전, 휼양전
125	현직 관리에게 지급할 토지가 부족하게 되자, 세조 때는 현직 관리에게만 과전을 지급하는 _____ 을 시행하였다.	직전법
126	직전법 시행 이후 관리들이 농민에게 조세를 과다하게 거두는 일이 빈번해지자, 성종 때는 국가에서 조세를 거두어 관리들에게 지급하는 _____ 를 시행하였다.	관수관급제
127	명종 때는 _____ 이 폐지되어 관리에게 수조권을 지급하지 않고 _____ 만을 지급하였다. 이 때문에 양반 관료들이 수조권을 빌미로 농민을 지배하는 일이 사라졌다. 이후 토지 소유권 개념이 확산되어 _____ 가 발달하게 된다.	직전법, 녹봉, 지주 전호제
128	세종 때에는 토지를 비옥도에 따라 6등급으로 나누고 _____, 풍흉의 정도에 따라 9등급으로 나누어 _____ 1결당 최고 20두에서 최하 4두를 내도록 하였다.	전분6등법, 연분9등법
129	_____ 는 군현에서 거둔 조세를 강가나 바닷가의 _____ 으로 운반하였다가 바닷길이나 강을 통해 _____ 으로 운송하는 제도였다.	조운 제도, 조창, 경창

		ANSWER
130	_____나 _____는 잉류 지역으로 조세를 군사비나 사신 접대비로 현지에서 쓰고 경창으로 나르지 않았다.	평안도, 함경도
131	16세기에 이르러 중앙 관청의 서리가 대신 공물을 국가에 내고 그 대가를 비싸게 책정하여 농민에게 받아 내는 _____이 나타났다. 이를 개선하기 위해 이이와 유성룡은 _____을 주장하였다.	방납의 폐단, 수미법
132	16세기 이후 장기간의 평화 때문에 다른 사람을 사서 군역을 대신하게 하는 _____가 나타나고, 관청이나 군영에서 군역에 복무하여야 할 사람에게 포를 받고 군역을 면제하여 주는 _____가 불법적으로 행해졌다. 중종 때는 국가가 군포 수취를 양성화하여 매년 군포 2필을 받고 군역을 면제하여 주는 _____를 시행하였다.	대립제, 방군수포, 군적수포제
133	세종 때 간행된 _____은 농민의 실제 경험이 반영되어 우리나라 풍토에 맞는 농사법이 소개되어 있다.	농사직설
134	밭농사는 조, 보리, 콩의 _____이 널리 행하여졌다. 수리 시설의 확대로 벼농사가 늘었고, 남부 일부 지역에는 _____이 보급되었다.	2년 3작, 모내기법
135	벼농사는 주로 _____으로 지어졌는데, 정부는 봄 가뭄에 따른 피해를 우려하여 _____을 금지하기도 하였다.	직파법, 모내기법(이앙법)
136	밑거름과 덧거름을 주는 _____이 발달하여 휴경지가 사라지고 계속해서 농사를 지을 수 있게 되었다.	시비법
137	자연재해, 고리대, 세금 부담 등으로 농민은 자기 소유의 토지를 팔고 소작농이 되는 경우가 많아졌다. 농민이 토지를 잃고 떠돌아다니게 되자, 명종 때 _____를 간행하여 잡곡, 도토리 나무껍질 등을 가공하여 먹는 방법을 제시하였다.	구황촬요
138	농민의 유망을 막고 통제를 강화하기 위해 _____, _____ 등을 강화하였으며, 농촌 사회의 안정을 위해 지주인 지방 양반은 _____을 시행하였다.	호패법, 오가작통법, 향약

ANSWER

139 조선 전기에는 수공업 통제 정책에 따라 _____ 수공업이 발달하고 _____ 수공업은 미약하였다. 정부는 장인들을 _____ 에 등록하고 중앙 관청과 지방 관청에 배속하였다.
16세기에 부역제가 해이해지고 상업이 발전하면서 _____ 수공업은 점차 쇠퇴하였다.

관영,
민영,
공장안,
관영

140 정부는 종로에 대규모 상가인 _____ 을 조성하고 이를 상인들에게 임대하였다. 시전 가운데 명주, 종이, 어물, 모시, 삼베, 무명을 파는 점포가 가장 번창하였는데, 나중에 이를 _____ 이라고 하였다.

시전,
육의전

141 정부는 _____ 를 설치하여 시전 상인으로부터 세금을 징수하고 도량형과 물가 등을 감독하였다.

평시서

142 15세기에 남부 지방에 처음 _____ 가 등장하였는데, 16세기 중엽에는 전국적으로 확대되었다.

장시

143 조선 초기 태종 때 _____, 세종 때 _____ 등을 만들어 유통하려 하였으나 화폐 대신 쌀과 무명을 지급 수단으로 사용하였기 때문에 화폐 유통은 부진하였다.

저화,
조선통보

144 조선은 건국 후 _____ 제도를 법제화하여 모든 백성을 양인과 천인으로 나누었지만 현실적으로는 양인을 양반, 중인, 상민의 계층으로 나뉘는 _____ 제도가 일반화 되었다.

양천,
반상

145 양인 가운데 신분이 가장 높은 계층인 _____ 은 관료뿐 아니라 그 가족과 가문까지 포함하는 개념으로 확대되었다. 조선은 각종 법률과 제도로 이들의 신분적 특권을 제도화하였는데, 특히 이들은 각종 국역을 면제받았다.

양반

146 _____ 은 넓은 의미로는 양반과 상민의 중간신분 계층을 의미하지만, 좁은 의미로는 역관·의관·율관·산관 등 기술관만을 가리킨다. _____ 은 직역을 세습하고 같은 신분끼리 혼인하였다. _____ 에는 기술관과 함께 점차 향리, 서얼 등도 포함되었다.

중인

Ⅳ 근세와 근대 태동기의 우리 역사 63

147 상민 가운데 다수를 차지하는 것은 _____으로 조세, 공납, 역 등의 의무를 지니고 있었다.
  농민

148 사회적으로 가장 천대를 받았던 천민은 대부분 _____였다. 이들은 그 신분이 대대로 세습되었고, 매매, 양도, 상속의 대상이었다.
  노비

149 이황은 이(理)의 역할을 중시하였기 때문에 근본적이며 이상주의적인 성향이 강하였다.
  이황은 "_____"를 저술하여 군주 스스로 인격과 학식을 수양하기 위해 노력해야 함을 강조하였으며, "_____"를 편찬하여 주자의 이론을 조선의 현실에 맞게 반영하여 독자적인 체계를 세우려고 하였다. 이황의 사상은 남인 학자들에게 계승되었고, 임진왜란 이후 일본에 전해져 일본의 성리학 발전에 크게 이바지하였다.
  성학십도, 주자서절요

150 이이는 이보다는 기(氣)의 역할을 강조하였으며, 그에 따라 현실적이고 개혁적인 성향을 보였다. 이이는 "_____"를 저술하여 현명한 신하가 왕의 수신을 도와주어야 한다고 주장하였다. "_____"에서는 통치 체제의 정비와 수취 제도의 개혁 등 현실적인 방안을 제시하였다.
  성학집요, 동호문답

151 조선 초기 지방 양반은 향촌의 자치를 실현하기 위해 _____를 설치하였다. _____와 _____을 선출하여 자율적으로 규약을 만들고, 수시로 향회를 소집하여 여론을 수렴하였다. 또 _____을 보좌하고 _____를 감찰하며 향촌 사회의 풍속을 교화하는 역할을 하였다.
  유향소, 좌수, 별감, 수령, 향리

152 정부는 _____를 두어 현직 관료에게 연고지의 유향소를 통제하게 하였다.
  경재소

153 17세기 초에 경재소가 없어지고 유향소는 _____으로 명칭이 바뀌었다. 통제 기구가 없었기 때문에 사림 양반에 의한 향촌 자치가 강화되었다.
  향청

154 양반은 사족 명부인 _____을 작성하고, 향회의 운영 규칙인 _____를 제정하였다. 향안에 이름이 오른 사족은 향회를 통해 결속을 다지고 지방민을 통제하였다.
  향안, 향규

		ANSWER
155	지방 사족은 자신들을 중심으로 향촌 사회를 운영하기 위해 향촌의 자치 규약인 _____ 을 만들었다. _____ 은 중종 때 조광조가 처음 시행한 이후 전국적으로 확산되었다.	향약
156	조선 중기까지는 아들딸 구분 없이 재산을 똑같이 나누어 주었다. 자식들은 제사를 돌아가면서 지내거나 책임을 분담하기도 하였다. 그러나 서원이 세워지고 향약이 보급되면서 17세기 이후에는 _____ 적 가족 질서가 정착되어 _____ 중심의 가족 제도가 강화되었다.	성리학, 부계
157	조선 후기에는 혼인 후에 남자가 여자 집에서 생활하지 않고 곧 바로 남자 집에서 생활하는 _____ 가 정착되었다. 제사는 반드시 큰 아들이 지내야한다는 의식이 확산되었고, 재산 상속에서도 큰 아들이 우대를 받았다.	친영 제도
158	조선 후기에는 아들이 없는 집안에서는 _____ 를 들이는 것이 일반화되었고, 부계 위주의 족보를 편찬하였으며, 같은 성끼리 모여 사는 _____ 이 만들어졌다.	양자, 동성 마을
159	_____ 는 공동 노동의 작업 공동체로, 삼한에서도 _____ 를 형성하여 여러 사람이 힘을 모아 공동 작업을 하였다.	두레
160	고려 시대로부터 이어진 _____ 는 불교와 민간신앙 등의 신앙적 기반과 동네일을 처리하기 위해 조직한 동계와 같은 공동체의 성격을 띠었다. 주로 상을 당하거나 어려운 일이 있을 때 서로 돕는 역할을 하였다.	향도
161	조선 초기에 정부는 촌락에 대한 지배를 원활히 하기 위해 몇 개의 리를 면으로 묶은 _____ 를 시행하였는데, 면과 리는 중앙에서 관리를 파견하지 않고 자치적으로 운영되었다.	면리제
162	17세기 중엽부터는 다섯 집을 하나의 통으로 묶은 _____ 을 시행하고 촌락의 주민을 국가가 지배하였다.	오가작통법
163	세종 때 모범이 될 만한 충신, 효자, 열녀 등의 행적을 그림으로 그리고 글로 설명을 붙여 유교 윤리에 관한 "_____"를 편찬하였다.	삼강행실도

		ANSWER
164	성종 때에는 "＿＿＿＿"를 편찬하여 국가의 여러 행사에 필요한 의례를 정비하였다.	국조오례의
165	＿＿＿을 중심으로 실록청을 설치하고, 전왕의 통치 기록인 사초, 시정기, 승정원일기 등을 모두 합하여 "＿＿＿"을 편찬하였다.	춘추관, 실록
166	태조 때 정도전은 조선 건국과 통치의 정당성을 확보하기 위해 "＿＿＿"를 편찬하였다. 이후 15세기 중엽에 기전체의 "＿＿＿"와 편년체의 "＿＿＿"가 완성되었다.	고려국사, 고려사, 고려사절요
167	성종 때 서거정은 고조선부터 고려 말까지의 역사를 편년체로 정리한 "＿＿＿"을 편찬하였다.	동국통감
168	16세기에는 왕도 정치를 추구하는 ＿＿＿의 역사의식을 반영하여 박상이 "동국사략"을, 이이가 "기자실기"를 편찬하였다. ＿＿＿은 단군보다는 기자를 높이 평가하였다.	사림
169	태종 때에는 우리나라 최초의 세계 지도인 ＿＿＿를 만들었고, 세종 때에는 전국 지도인 ＿＿＿를 만들었다.	혼일강리역대국도지도, 팔도도
170	세조 때 완성한 ＿＿＿는 인지의 등 과학 기구를 이용하여 만든 최초의 실측 지도이다. 16세기에 만든 지도 가운데 조선방역지도가 현재까지 전해지고 있다.	동국지도
171	성종 때는 군현의 연혁, 지세, 인물, 풍속, 산물, 교통 등을 자세히 수록한 지리서인 "＿＿＿"을 편찬하였다.	동국여지승람
172	동문선(성종, 서거정) / 금오신화(김시습) / 관동별곡, 사미인곡, 속미인곡(정철) / 황진이, 허난설헌 등 여류작가의 활동 ⇨ 다음 문학 활동들의 시기는?	조선 전기, 중기
173	세조 때에 경천사지 10층 석탑에 영향을 받아 대리석으로 만든 사리탑인 ＿＿＿은 조선 전기의 대표적인 석탑이다.	원각사지 10층 석탑(서울)
174	15세기의 그림으로는 안견의 ＿＿＿와 강희안의 ＿＿＿ 등이 유명하다.	몽유도원도, 고사관수도

		ANSWER
175	고려 말부터 조선 초기에는 회색 또는 회흑색의 태토 위에 백토의 분을 칠하여 만든 _____ 를 사용하였고, 16세기 이후에는 흰 흙으로 형태를 만들고 투명한 백색 유약을 입힌 _____ 를 널리 사용하였다.	분청사기, 백자
176	성종 때 성현은 "_____"을 편찬하여 음악의 원리와 역사, 악기, 무용, 의상, 소도구까지 정리 하였다.	악학궤범
177	세종은 집현전 학자들의 연구를 바탕으로 _____을 만들어 반포하여, 일반 백성들도 문자 생활을 가능하게 하였다.	한글(훈민정음)
178	세종 때에는 중국의 수시력과 아라비아의 회회력을 참고하여 "_____"을 만들었다. 이는 우리나라 역사상 최초로 한양을 기준으로 천체 운동을 정확하게 계산한 역법서이다.	칠정산
179	세종 때 우리 고유의 약재와 치료 방법을 정리하여 "_____"을 편찬하고, 중국의 역대 의서를 접대성하여 "의방유취"라는 의학 백과사전을 간행하였다.	향약집성방
180	다음 업적과 관련 있는 왕은? • 천체 관측 기구 : 혼천의, 간의 • 시간 측정 기구 : 앙부일구(해시계), 자격루(물시계) • 강우량 측정 기구 : 측우기 • 역법 : 칠정산 • 의학 : 향약집성방, 의방유취 • 농서 : 농사직설 • 병서 : 총통등록 • 활자 : 갑인자	세종
181	태조 때에는 고구려의 천문도를 바탕으로 _____를 돌에 새긴 별자리 지도를 만들었다.	천상열차분야지도
182	문종 때에는 고조선에서 고려 말까지 일어난 전쟁사를 정리한 "_____"을 간행하였다.	동국병감

Ⅳ 근세와 근대 태동기의 우리 역사 67

183 태종 때에는 주자소를 설치하고 구리로 ▆▆▆를 주조하였으며, 세종 때에는 ▆▆▆를 주조하였다.
계미자, 갑인자

184 ▆▆▆는 중종 때 ▆▆▆이 일어나자 여진족과 왜구에 대비하기 위해 임시회의 기구로 설치되었다. 명종 때 ▆▆▆을 계기로 상설 기구로 발전하였고, ▆▆▆을 거치면서 군사 및 모든 정무를 총괄하는 최고 기구가 되었다가 흥선 대원군 집권기에 폐지된다.
비변사, 삼포왜란, 을묘왜변, 임진왜란

185 비변사의 기능이 강화되면서 ▆▆▆와 ▆▆▆ 중심의 행정 체계는 유명무실해졌다.
의정부, 6조

186 5위를 중심으로 운영되던 조선 초기의 중앙군은 16세기 이후 대신 군역을 지는 ▆▆▆가 일반화되면서 제 기능을 발휘하지 못하였다.
대립제

187 임진왜란 초기에 패전을 거듭하게 되자 포수, 살수, 사수의 삼수병으로 구성된 ▆▆▆을 설치하였다. 이들은 장기간 근무하고 일정한 급료를 받는 직업 군인이었다.
훈련도감

188 인조 때는 어영청, 총융청, 수어청이 설치되고, 숙종 때는 금위영이 추가되어 훈련도감과 함께 ▆▆▆ 체제가 갖추어졌다.
5군영

189 지방군 : 진관체제(15C) → ▆▆▆ 체제(16C) → ▆▆▆ 체제(임진왜란 중, 진관 복구)
제승방략, 속오군

190 ▆▆▆는 유사시에 필요한 방어처 한곳에 각 지역의 병력을 동원하여 중앙에서 파견되는 장수가 지휘하게 하는 방어 체제이다.
제승방략 체제

191 ▆▆▆은 양반부터 노비에 이르기까지 편성되었는데, 겨울철 농한기에 훈련을 시행하여 전쟁에 대비하였다. 양반들은 점차 제외되어 나중에는 상민과 노비만 남게 되었다.
속오군

192 인조 때 ▆▆▆을 시행하여 풍년과 흉년에 관계없이 토지 1결당 쌀 4~6두씩을 내게 하여 전세를 정액화 하였다.
영정법

		ANSWER
193	광해군 때 공납의 폐단을 바로잡기 위해 □□□ 이 경기도에 처음 시행되었고, 점차 확대되어 숙종 때에는 평안도와 함경도를 제외한 전국에서 시행되었다.	대동법
194	대동법 시행으로 토산물 대신 □□□ 를 기준으로 따라 쌀, 삼베, 무명, 동전 등을 낼 수 있게 되자 토지가 없는 농민은 부담이 줄어 크게 환영하였다. 대동법에 따라 공납은 대체로 토지 1결당 쌀 □□□ 를 냈다.	토지, 12두
195	국가는 선혜청에서 징수한 쌀, 베, 동전을 특허 상인 □□□ 에게 공가로 지급하고, 관청에 필요한 물품을 납부하도록 하였다. 이들은 장시에서 많은 물품을 구매하였고, 농민은 대동세를 내기 위해 토산물을 시장에 내다 팔았으므로, 물품의 수요와 공급이 증가하면서 □□□□□ 가 발달하였다.	공인, 상품 화폐 경제
196	백골징포, 황구첨정 등으로 농민들의 군포 부담이 가중되자 영조는 군역의 폐단을 바로잡기 위해 농민의 군역 부담액을 1년에 1필로 줄여 주는 □□□ 을 시행하였다.	균역법
197	균역법 시행으로 감소한 재정은 지주에게 □□□ 으로 토지 1결당 쌀 2두를 부담시켰고, 일부 상류층에게 □□□ 이라는 칭호를 주고 군포 1필을 내게 하였다. 또 어장세, 염세, 선박세 등 □□□ 수입을 균역청에서 군사비에 충당하였다.	결작, 선무군관, 잡세
198	일정한 비율로 소작료를 내는 □□□ 에 따라 소작 농민은 지주에게 수확량의 절반을 소작료로 납부하였고 신분적으로도 예속되었다. 이에 소작 농민들이 소작쟁의를 일으켜 소작료를 일정 액수로 납부하는 □□□ 이 확산되었다. 소작 농민들은 지주의 간섭을 받지 않고 자유롭게 농경을 할 수 있게 되었고, 경제적 계약관계로 전환되어 갔다.	타조법, 도조법
199	□□□ 으로 노동력이 크게 줄어들고 단위 면적당 수확량이 늘어났을 뿐만 아니라 벼와 보리의 이모작도 가능하게 되었다.	모내기법
200	밭농사에서는 깊이 판 밭고랑에 곡식을 심는 □□□ 이 보급되어 가뭄과 서리를 방지하고 노동력도 절감할 수 있었다.	견종법

		ANSWER
201	농법 개량으로 노동력이 절감되자, 한 집에서 넓은 토지를 경영하는 _____ 이 성행하였다.	광작
202	일부 농민들은 담배, 인삼 등 _____ 을 재배하여 시장에 내다팔아 농가 수입을 올렸다.	상품 작물
203	소득이 늘어난 일부 농민은 지주가 되기도 하였고, _____ 들은 족보를 사거나 위조하고 공명첩을 사서 양반 행세를 하기도 하였다. 하지만 대다수 농민은 _____ 으로 몰락해 갔다. 이런 농민들은 농촌을 떠나 도시에서 상공업에 종사하거나 _____ 가 되었으며, 일부는 광산이나 포구를 찾아가 임노동자가 되기도 하였다.	부농, 빈농, 임노동자
204	조선 후기의 수공업은 관청이 주도하던 방식에서 벗어나 _____ 이 발달하였다. 수공업자들은 국가에 _____ 를 바치고 자유롭게 수공업 제품을 만들어 시장에 내다 팔았다.	민영 수공업, 장인세
205	조선 후기에는 공인이나 대상인에게 물품을 제조할 자금을 미리 받고 물품을 제작하여 공급하는 _____ 수공업이 성행하였다.	선대제
206	조선 초기에는 정부만이 광산을 경영하고 개인이 광산을 개발하는 것을 금지하였으나, 17세기 중엽부터는 허가받은 민간인에게 광산 채굴을 허용하고 세금을 받는 _____ 를 시행하였다.	설점수세제
207	농민들이 광산에 지나치게 몰려들자 18세기 중엽부터 정부는 광산 개발을 금지하였다. 그러자 몰래 광산을 개발하는 _____ 가 성행하였다.	잠채
208	대규모의 광산 개발은 상업 자본가인 물주가 _____ 라는 전문 광산 경영인을 고용하여 분업 형태로 이루어졌다.	덕대
209	금난전권을 폐지 이후 자유 상업이 발달하면서 일부 사상은 독점적 도매 상인 _____ 로 성장하였다.	도고
210	의주의 _____ 은 청과의 사무역을 통해 성장하였고, _____ 은 동래를 중심으로 일본과의 무역을 통해 성장하였다. 개성의 _____ 은 인삼과 포목의 도고 상업을 통해 큰 이익을 얻었고, 의주와 동래 상인을 매개로 청·일 간의 중계 무역에도 종사하여 부를 축적하였다.	만상, 내상, 송상

211. ☐☐☐ 은 한강을 근거지로 대동미 등 정부 세곡과 한성 지주들의 소작료 운송을 주도하며 거상으로 성장하였다. 이들의 활동으로 한강에 많은 나루터가 생겼다. — 경강상인

212. 조선 후기에는 사상의 활동이 늘어나 전국적으로 1,000여 개소에 달하는 ☐☐ 가 발달하여 전국적인 유통망을 연결하였다. — 장시

213. 장시에서 활동한 ☐☐☐ 들은 자신들의 이권을 지키기 위해 보부상단이라는 조합을 이루었다. — 보부상

214. ☐☐ 가 조선 후기에는 새로운 상업 중심지가 되었다. ☐☐ 은 선박을 이용하여 지방의 물품을 사 와서 이곳에서 거래하였고, ☐☐ 나 ☐☐ 은 선상이 물품을 싣고 포구에 들어오면 그 상품을 위탁받아 다른 상인에게 팔거나 매매를 주선하였다. 이들은 부수적으로 상인의 숙박, 화물의 보관, 운송 등의 영업도 하였으며 금융업까지 수행하였다. — 포구, 선상, 객주, 여각

215. 청과의 무역은 국경 지대를 중심으로 공적으로 허용된 ☐☐ 와 사적으로 거래되던 ☐☐ 가 있었다. — 개시, 후시

216. 숙종 때 만들어진 ☐☐☐ 는 17세기 말에 전국적으로 유통되었다. 18세기 후반부터는 조세와 지대의 금납화가 진행되어 세금과 소작료도 동전으로 냈다. — 상평통보

217. 동전의 발행량이 상당히 늘어났음에도 지주나 대상인들이 화폐를 고리대나 재산 축적의 수단으로 이용했기 때문에 시중에 동전이 부족한 ☐☐ 이 발생하여 사회 문제가 되었다. — 전황

218. 임진왜란 이후 정치·경제적인 변화는 신분 질서를 변화시켰다. 중간 계층과 상민들이 양반으로 신분이 상승되고 노비가 상민이 되는 경우가 많아졌다. 그 결과 ☐☐ 의 수는 더욱 늘어나고, ☐☐ 과 ☐☐ 의 수는 갈수록 줄어들었다. — 양반, 상민, 노비

219. 임진왜란 후 재정적 타격을 받은 정부가 ☐☐☐ 을 발급하고 ☐☐☐ 을 시행하자, 서얼과 상민들이 이를 이용하여 신분 상승하는 경우도 많았다. — 공명첩, 납속책

		ANSWER
220	붕당 정치가 변질되면서 권력을 잡은 일부 양반을 제외하고 다수 양반은 몰락하게 되었다. 정권에서 밀려난 양반은 향촌 사회에서 겨우 위세를 유지하는 ___ 이 되거나 더욱 몰락하여 집안 세력이나 살림이 아주 보잘것없어진 ___ 이 되기도 하였다.	향반, 잔반
221	양반이 되기 위해 합법적인 방법으로 납속하거나 공명첩을 사들이기도 하였지만, ___ 를 사거나 위조하는 편법을 이용하기도 하였다.	족보
222	___ 들도 왕에게 상소를 올려 양반처럼 고위 관직에 나갈 수 있게 되었는데, 정조 때에는 유득공, 박제가, 이덕무 등 ___ 출신이 규장각 검서관으로 활약하기도 하였다. 철종 때 ___ 에 대한 완전한 허통이 이루어졌다(신해허통).	서얼
223	___ 들은 철종 때 대규모의 소청 운동을 일으켰으나 성공하지는 못하였다. 신분 상승에는 실패했지만 서학을 비롯한 외래문화를 수용하여 개화사상의 성립에 큰 영향을 주었다.	중인
224	중인들은 시를 짓고 즐기기 위한 모임인 ___ 를 조직하여 문예 활동과 활발한 저술 활동을 통해 자신들의 위상을 높이기도 하였다.	시사
225	조선 후기에 노비들은 ___ 과 ___ 등 합법적인 방법으로 신분을 상승해 나갔다.	군공, 납속
226	국가는 공노비를 입역 노비에서 신공을 바치는 ___ 로 전환하였다.	납공 노비
227	조선 후기 노비 인구를 줄이기 위해 어머니가 노비인 경우를 제외하고는 양인이 되게 하는 ___ 을 시행하였다.	노비종모법
228	노비의 도망과 합법적인 신분 상승으로 공노비의 노비안이 유명무실해지자, ___ 는 중앙 관서에 소속된 공노비 6만 6,000 여 명을 해방하였다. 노비 제도는 ___ 때 가서야 비로소 완전히 폐지되었다.	순조, 갑오개혁
229	경제 변동과 신분제의 동요 속에서 양반은 향촌의 지배권을 잃어 갔다. 양반은 지위를 유지하기 위해 촌락 단위로 동약을 조직함에 따라 전국에 많은 ___ 마을이 만들어지고, 문중을 중심으로 ___ 과 ___ 가 많이 세워졌다.	동족, 서원, 사우

230. 양반 신분을 나타내는 ▨▨▨과 ▨▨▨은 향촌 자치 기구의 주도권 장악을 위해 중요한 증거 서류 역할을 하였다.

ANSWER
청금록, 향안

231. 새로 성장한 부농층은 고을 수령과 결탁하여 향안에 이름을 올리고, 향회를 장악하고자 하였다. 구향인 사족층과 신향인 부농, 서얼, 중인층은 향촌 사회에서 주도권 다툼을 벌였는데, 이를 ▨▨▨이라고 한다.

향전

232. 향전으로 조선 후기 향촌 사회에서는 ▨▨▨의 영향력이 약화되고, ▨▨▨과 ▨▨▨의 영향력이 강화되었다. 이에 따라 ▨▨▨는 지방 양반의 이익을 대변하던 자치 기구에서 수령의 부세 자문 기구로 성격이 변하였다. 이는 세도 정치 시기에 정치 기강이 무너지는 혼란한 상황 속에서 수령과 향리가 농민들을 수탈하는 배경이 되었다.

사족, 수령, 향리, 향회

233. 양난 이후 성리학은 변화에 맞서는 보수적 학문이 되어 ▨▨▨ 경향을 보이게 되었다. 특히 서인은 명분론을 강화하고 주자 중심의 성리학을 ▨▨▨ 하였다.

절대화

234. 17세기 후반부터 주자 중심의 성리학에서 벗어나 사회적 모순을 극복할 수 있는 방안을 찾으려는 경향이 나타났다. ▨▨▨는 유교경전을 독자적으로 해석하였고, ▨▨▨은 실천을 강조하는 양명학과 노장사상의 영향을 받아 반주자학적인 유학 사상을 전개하여 조선 후기 실학사상을 체계화하는 데 이바지하였다. 이에 서인 송시열은 주자의 학설을 비판한 윤휴를 사문난적으로 몰기도 하였다.

윤휴, 박세당

235. 18세기에는 인간과 사물의 본성이 다르다고 주장하는 충청도 노론 ▨▨▨과, 같다고 보는 한성·경기 노론 ▨▨▨ 사이에서 ▨▨▨이 벌어지기도 했다.

호론, 낙론, 호락논쟁

236. 18세기 초에 정제두는 실천을 강조하는 ▨▨▨을 체계적으로 연구하여 강화도를 중심으로 ▨▨▨를 형성하였다. 이들은 실학자들에게도 많은 영향을 주었다.

양명학, 강화 학파

237. 17세기부터 집권층과 성리학의 한계를 자각하고 현실을 개혁하려는 실학자들이 등장하였다. 이수광은 "▨▨▨"을 저술하여 우리나라와 중국의 문화 등을 폭넓게 정리하였고, 한백겸은 "▨▨▨"를 저술하여 삼한의 위치를 치밀하게 고증하였다. 김육은 ▨▨▨을 확대 시행하고 동전을 널리 사용하도록 힘썼다.

지봉유설, 동국지리지, 대동법

Ⅳ 근세와 근대 태동기의 우리 역사

		ANSWER
238	18세기 전반의 _____ 는 농업 중심의 개혁론을 제시한 실학자들로 이들은 농촌 사회의 안정을 꾀하기 위해 농민의 처지에서 각종 제도의 개혁을 추구하였다.	중농학파(경세치용)
239	유형원은 "_____"을 저술하였다. 관리, 선비, 농민에게 차등을 두어 토지를 분배하자는 _____ 을 내세워 자영농 육성을 위한 토지 제도의 개혁을 주장하였다. 아울러 양반 문벌제도와 과거제, 노비 제도의 모순도 함께 비판하였다.(but 신분제 자체는 인정)	반계수록, 균전론
240	이익은 "_____" 등의 저서를 통해 개혁안을 제시하였다. 자영농을 육성하기 위해 매 호마다 _____ 을 갖게 하고, 나머지 토지는 매매를 허락하여 토지 소유의 하한선을 제한한 _____ 을 주장하였다. 그리고 나라를 좀먹는 여섯 가지 폐단으로 노비 제도, 과거제, 양반 문벌제도, 사치와 미신, 승려, 게으름을 지적하였다.	성호사설, 영업전, 한전론
241	정약용은 신유박해에 연루되어 전남 강진에 유배되어 18년 동안 귀양살이를 하면서 지방 행정의 개혁에 관한 "_____"와 중앙 행정의 개혁에 관한 "_____" 형법에 관한 "_____" 등 500여 권의 책을 저술하였다.	목민심서, 경세유표, 흠흠신서
242	정약용의 _____ 은 한 마을을 단위로 하여 토지를 공동으로 소유하고 경작하여 수확량을 노동량에 따라 분배하는 일종의 공동농장 제도였다. _____ 는 전국의 토지를 국유화하여 정전을 편성한 다음 그중 9분의 1은 공전으로 정하여 농민에게 공동으로 경작시키고 나머지는 농민에게 분배하는 제도였다. 정약용은 처음에는 _____ 을 내세웠다가 나중에는 _____ 를 현실에 맞게 시행할 것을 주장하였다.	여전론, 정전제, 여전론, 정전제
243	18세기 후반 _____ 는 상공업 발전과 기술 혁신을 주장하는 실학자들로 노론 출신이었던 이들은 청의 문물을 적극 수용하여 부국강병과 이용후생에 힘쓰자고 주장하였다.	중상학파(북학파, 이용후생)
244	_____ 은 사회 개혁안을 기술한 "우서"에서 농업의 상업적 경영과 기술 혁신을 통해 생산성을 높이고, 사농공상의 평등과 전문화를 이루어야 한다고 주장하였다.	유수원

		ANSWER
245	_____은 청에 사신으로 왕래하면서 얻은 경험을 바탕으로 "임하경륜"과 "의산문답"을 저술하였다. 기술 혁신과 문벌제도의 철폐, 성리학의 극복을 강조하였고, 지전설과 무한우주론을 제시하여 사대부의 중화사상을 비판하였다.	홍대용
246	_____은 상공업의 진흥을 강조하면서 수레와 선박의 이용, 화폐 유통의 필요성 등을 주장하고, 양반 문벌제도의 비생산성을 비판하였다. 또한 농업 기술과 농업 정책을 다룬 "과농소초"에서 토지 소유의 상한선을 설정하는 한전론을 주장하였다. 또 그는 청에 다녀온 경험을 "_____"에 담았고, "양반전" "호질" "허생전" 등 체면에만 얽매인 양반들을 풍자하는 소설을 쓰기도 하였다.	박지원, 열하일기
247	서자 출신의 _____는 청에 다녀온 후 저술한 "북학의"에서 청 문물의 적극적 수용, 청과의 통상 강화, 수레와 선박의 이용, 신분제 타파 등을 주장하였고, _____를 권장하였다.	박제가, 소비
248	실학의 발달로 민족의 전통과 현실에 관한 관심이 깊어지면서 우리의 역사, 지리, 국어 등을 연구하는 _____이 발달하였다.	국학
249	_____은 조선의 정치와 문화를 실증적으로 정리한 "연려실기술"을 편찬하였고, _____은 단군조선에서 고려까지 서술한 "해동역사"를 중국과 일본의 자료 500여 종을 참고하여 편찬하여 민족사 인식의 폭을 넓혔다. _____는 "금석과안록"을 지어 북한산비가 진흥왕 순수비임을 밝혔다.	이긍익, 한치윤, 김정희
250	유득공은 "_____"를 편찬하여 신라와 발해의 남북국사를 체계적으로 정리하였다. 이종휘는 고구려를 중심으로 민족사를 서술한 "_____"에서 발해를 고구려 유민이 세운 나라로 설명하였다.	발해고, 동사
251	국어에서는 신경준의 "_____"와 유희의 "_____"에 한글의 우수성에 대한 인식이 잘 드러나 있다.	훈민정음운해, 언문지
252	백과사전류의 저서로는 이수광의 "_____"이 효시라고 할 수 있다. 영조 때는 우리나라의 역대 문물을 정리한 한국학 백과사전인 "_____"가 편찬되었다.	지봉유설, 동국문헌비고

		ANSWER
253	역사 지리서로는 고대 지명을 새롭게 고증한 한백겸의 "＿＿＿＿", 고대 사의 강역을 새롭게 고증한 정약용의 "＿＿＿＿"등이 나왔다.	동국지리지, 아방강역고
254	이중환은 인문 지리서인 "＿＿＿"에 우리나라의 지리적 환경과 각 지역의 경제생활, 풍속, 인심 등을 서술하고, 어느 지역이 살기 좋은 곳인지를 논하였다.	택리지
255	정상기는 최초로 100리를 1척으로 정한 100리척 축척법을 사용하여 더욱 정밀한 ＿＿＿를 만들었다.	동국지도
256	김정호는 22첩의 목판지도인 ＿＿＿에 거리를 알 수 있도록 10리마다 눈금을 표시하고 산맥, 하천, 포구, 도로망을 정밀하게 그려 넣었다.	대동여지도
257	16세기 말에서 17세기 초에 중국을 왕래하던 사신들에 의해 천주교와 서양 문물이 소개되었는데, 이를 ＿＿＿이라고 하였다.	서학
258	이수광은 지봉유설에서 마테오 리치가 지은 "＿＿＿"를 소개하였다.	천주실의
259	천주교가 신앙으로 받아들여진 것은 18세기 후반이었다. ＿＿＿ 계열의 일부 실학자들은 천주교 서적을 읽고 신앙생활을 하게 되었으며, ＿＿＿이 베이징에서 서양인 신부에게 영세를 받고 돌아온 이후 신앙생활이 더욱 활발해졌다.	남인, 이승훈
260	천주교 교세가 점차 커지면서 유교의 ＿＿＿ 의식을 거부하고, 인간 ＿＿＿ 사상을 주장하자, 정부는 천주교가 양반 중심의 신분 질서를 부정하고 국왕의 권위에 도전하는 것으로 받아들여 박해하였다.	제사, 평등
261	정조는 천주교를 사교로 규정하여 베이징으로부터의 서적 수입을 금하고, 어머니 제사에 신주를 없앤 윤지충을 사형에 처하는 ＿＿＿를 일으켰다.	신해박해
262	순조 즉위 직후에는 노론 벽파가 집권하면서 이승훈을 비롯한 300여 명의 천주교인이 처형을 당하는 ＿＿＿가 일어났다. 이에 프랑스에 무력 동원을 요청하는 ＿＿＿이 일어나 천주교에 대한 탄압이 더욱 강해졌다.	신유박해, 황사영 백서 사건

		ANSWER
263	◻︎◻︎◻︎ 은 1860년 경주 출신의 몰락한 양반인 ◻︎◻︎◻︎ 가 유·불·도교와 민간 신앙, 천주교의 교리도 일부 받아들였으며 창시하였다.	동학, 최제우
264	동학은 한울님을 모신다는 ◻︎◻︎◻︎ 사상과 사람이 곧 하늘이라는 ◻︎◻︎◻︎ 사상을 강조하였다. 이에 따라 동학은 양반과 상민의 차별이 없고, 여성과 어린이의 인격이 존중되고, 노비 제도가 없는 평등한 사회를 추구하였다.	시천주, 인내천
265	동학의 ◻︎◻︎◻︎ · ◻︎◻︎◻︎ 성격은 농민과 천민은 물론이고 유생들에게도 공감을 불러일으켰다.	반봉건적, 반침략적
266	동학이 삼남 일대의 농촌 사회를 중심으로 교세가 커지자, 정부는 세상을 어지럽히고 백성을 현혹한다는 죄로 교조 ◻︎◻︎◻︎ 를 체포하여 사형에 처하였다.	최제우
267	2대 교주인 최시형은 ◻︎◻︎◻︎ 과 ◻︎◻︎◻︎ 등 교리를 정리하고, 포·접 등 교단 조직도 갖추어 교세를 확장시켰다.	동경대전, 용담유사
268	조선 후기에 탐관오리의 탐학이 심해지고 재난과 질병이 만연하면서 사회 불안이 커졌다. 이에 백성들 사이에서는 비기, 도참 등을 이용한 예언 사상이 유행하였다. 왕조의 교체를 예언한 "◻︎◻︎◻︎"이 유행하였고, 미륵신앙도 점차 확산되었다.	정감록
269	19세기에 들어 세도 정치에 대한 농민의 불만은 한층 조직적인 형태로 나타났다. 처음에는 소청이나 벽서, 괘서 등 소극적인 저항으로 표출되다가 농촌 사회의 부조리가 심해지자 농민들은 적극적으로 ◻︎◻︎◻︎ 를 일으키게 되었다.	농민 봉기
270	순조 때 일어난 ◻︎◻︎◻︎ 은 ◻︎◻︎◻︎ 지역에 대한 차별 대우에 저항하여 몰락한 양반 홍경래가 영세 농민, 중소 상인, 광산 노동자들을 끌어들여 일으킨 봉기였다. 이들은 한때 청천강 이북 지역을 장악하였으나, 5개월 만에 진압되었다.	홍경래의 난, 평안도
271	철종 때에 삼정의 문란과 경상 우병사 ◻︎◻︎◻︎ 의 부정에 저항하여 일어난 ◻︎◻︎◻︎ 는 몰락 양반 유계춘의 주도로 진주에서 일어나 전국적으로 확산되었다.	백낙신, 진주 농민 봉기(임술 농민 봉기)

272 임술 농민 봉기(1862)가 일어나자 정부에서는 안핵사와 암행어사를 파견하여 실정을 조사하고 ▢▢▢▢▢ 을 설치하는 등 농민 부담을 완화하려 하였지만, 근본적인 문제를 해결하지는 못했다. — 삼정이정청

273 조선 후기에는 상공업의 발달과 농업 생산력의 증대로 서민의 경제적 지위가 향상되고 서당 교육이 보급되면서 ▢▢▢▢ 가 대두하였다. — 서민 문화

274 조선 후기 ▢▢▢ 작품으로 열두 마당이 있었으나 19세기 후반에 신재효가 정리하여 여섯 마당이 확립되었다. 지금은 춘향가, 심청가, 흥보가, 적벽가, 수궁가 등 다섯 마당만 전하고 있다. — 판소리

275 ▢▢▢ 은 향촌에서 마을 굿의 일부로 공연되었고, 산대라 불리는 가설무대에서 공연되던 가면극이 산대놀이로 정착되었다. 황해도의 봉산 탈춤, 안동의 하회탈춤, 양주의 별산대놀이, 함경도 북청의 사자춤이 특히 유명하다. — 탈춤

276 조선 후기에는 허균의 "홍길동전" 등의 ▢▢▢▢ 이 서민들 사이에 널리 퍼졌다. "홍길동전"은 서얼에 대한 차별과 탐관오리의 응징을 통한 이상사회 건설을 소재로 당시의 현실을 날카롭게 비판하였으며, "춘향전"은 신분 차별의 비합리성을 표현하였다. — 한글 소설

277 조선 후기에는 형식에 구애됨이 없이 감정을 구체적으로 표현한 ▢▢▢▢ 가 유행하였다. 주로 남녀 간의 사랑이나 현실에 대한 비판이 거리낌 없이 드러나 있다. — 사설시조

278 조선 후기에는 우리의 자연과 인물을 소재로 한 ▢▢▢▢ 가 발달하였고, 생활 모습을 사실적으로 표현한 풍속화가 유행하였다. 겸재 정선은 한성 근교와 강원도의 명승지들을 직접 돌아보고 ▢▢▢ 와 ▢▢▢ 를 사실적으로 그렸다. — 진경 산수화, 인왕제색도, 금강전도

279 풍속화가 중 ▢▢▢ 는 당시의 서민 문화를 적나라하게 표현하였지만, ▢▢▢ 은 양반의 위선적인 행각과 남녀 사이의 애정 등을 감각적이고 해학적으로 묘사하였다. 김득신은 대장간도, 파적도 등 김홍도와 비슷한 경향의 풍속화를 남겼다. — 김홍도, 신윤복

		ANSWER
280	집 안을 장식하기 위한 〇〇〇 도 널리 유행하였다. 〇〇〇 는 해, 달, 나무, 꽃, 동물, 물고기 등을 소재로 삼아 민중의 소박한 정서를 잘 드러내었다.	민화
281	서예에서 김정희는 고금의 필법을 두루 연구하여 파격적인 〇〇〇 를 창안하였다.	추사체
282	16세기에 유행하였던 〇〇〇 는 조선 후기에 일반 서민들 사이에서도 보편적으로 사용되었다. 특히 청화 등 다양한 안료로 무늬를 그리고, 그 위에 푸른 유약을 바른 〇〇〇 가 유행하였다.	백자, 청화 백자
283	17세기에는 불교의 사회적 지위가 재고되어 사원 건축물도 많이 세워졌다. 김제 〇〇〇, 구례 〇〇〇, 보은 〇〇〇 등 규모가 큰 다층 건물이 많이 세워졌다. 이 건물들은 불교의 사회적 지위 향상과 양반 지주층의 경제적 성장을 반영하고 있다.	금산사 미륵전, 화엄사 각황전, 법주사 팔상전
284	18세기에는 장식성이 강한 논산 〇〇〇, 부안 개암사, 안성 석남사 같은 사원이 세워졌다. 이 사찰들은 부농층과 상인의 지원을 받아 세워졌다.	쌍계사
285	정조 때 종합적인 도시 계획에 따라 건설된 〇〇〇 에는 행궁과 장용영의 외영을 설치하여 한성을 방어하는 요새지의 역할을 하도록 하였다. 또 수리 시설과 국영 농장을 설치하여 평상시에도 경제생활이 이루어질 수 있도록 건설하였다.	수원 화성
286	19세기에 흥선 대원군이 국왕의 권위를 높일 목적으로 재건한 〇〇〇 의 근정전과 경회루는 장중하고 화려한 건물로 유명하다. 한편, 19세기에 세도 정치가 이루어지면서 서원 건축은 퇴조하게 되었다.	경복궁
287	선조 때 중국으로부터 서양식 세계 지도인 〇〇〇 가 전래되었으며, 인조 때 화포, 천리경, 자명종 등이 전해졌다.	곤여만국전도
288	17세기에 우리나라에 표류해 온 벨테브레이는 서양식 대포의 제조법과 조작법을 조선군에게 가르쳤고, 하멜 일행은 네덜란드로 돌아간 뒤 "〇〇〇"를 발표하여 조선을 유럽에 소개하였다.	하멜 표류기

		ANSWER
289	효종 때에는 김육 등의 노력으로 청에서 사용하던 ▨▨▨ 이 도입되었다. 이것은 을미개혁으로 태양력이 채택될 때까지 기본 역법으로 사용되었다.	시헌력
290	홍대용은 "의산문답"에서 지구가 자전한다는 ▨▨▨ 과 지구가 우주의 중심이 아니라 무수한 별 기운데 하나라는 ▨▨▨ 을 주장하였다. 지전설은 전통적인 중화사상을 비판하는 근거가 되었다.	지전설, 우주 무한론
291	정약용은 "기기도설"을 참고하여 만든 ▨▨▨ 를 수원 화성을 쌓을 때 사용하여 공사 기간을 단축하고 공사비를 줄이는 데 이바지하였다. 또 ▨▨▨ 를 설계하여 정조가 수원을 행차할 때 한강을 안전하게 건너도록 하였다.	거중기, 배다리
292	허준은 광해군의 명을 받아 우리의 전통 한의학을 정리하여 "▨▨▨" 을 편찬하였다.	동의보감
293	정약용은 홍역에 관한 국내외 의서를 종합하여 "▨▨▨"을 편찬하였고, 박제가와 함께 천연두를 예방하는 종두법을 연구하였다.	마과회통
294	이제마는 "▨▨▨"을 저술하여 체질에 따라 처방을 달리해야 한다는 ▨▨▨ 을 확립하였다.	동의수세보원, 사상 의학
295	17세기에 신속은 "▨▨▨"에서 이앙법과 그 밖의 벼농사 농법을 자세히 소개하였다. 박세당은 "▨▨▨"에서 인삼이나 고추와 같은 상품 작물 재배법을 소개하였다.	농가집성, 색경
296	서유구의 "▨▨▨"는 농촌의 생활 백과사전으로 경영 방법의 개선, 기술 혁신을 통한 농업 생산력 제고 등 광범위한 개혁안을 제시하고 있다.	임원경제지

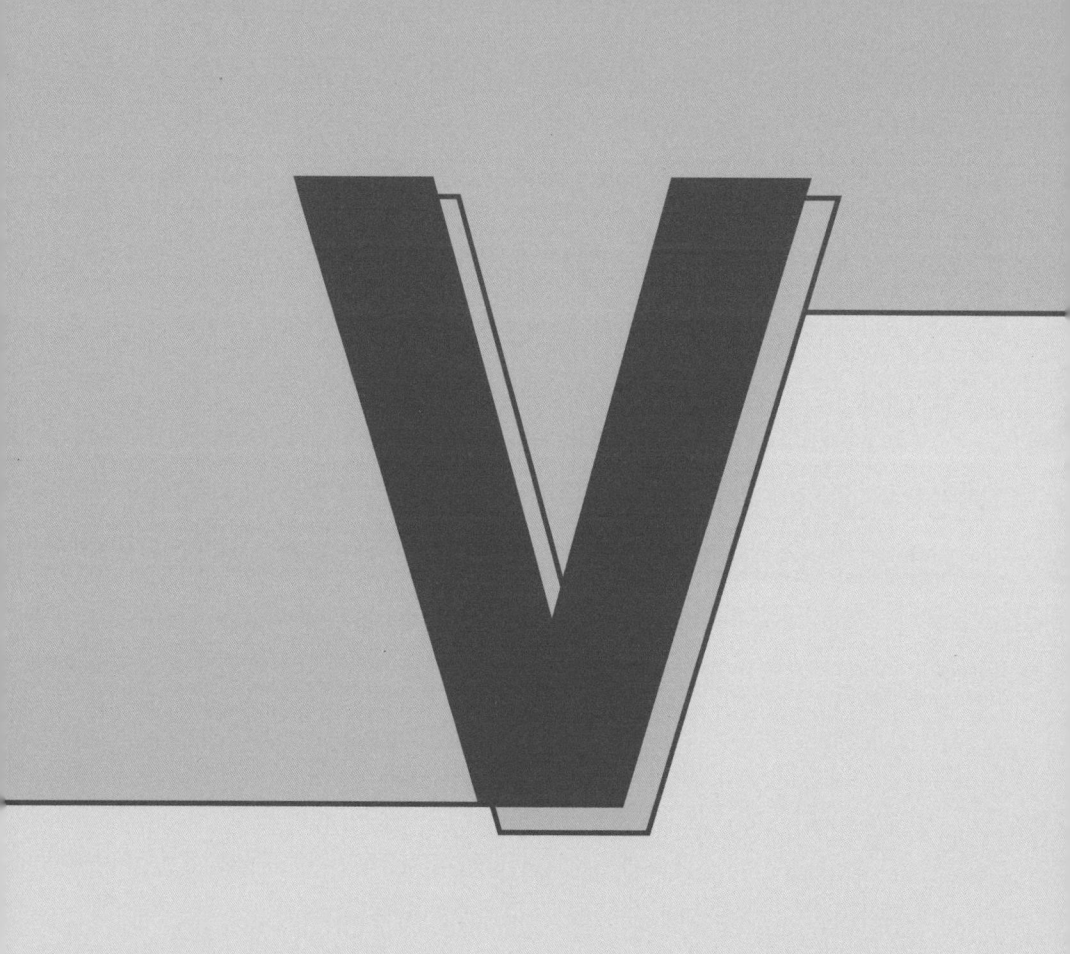

한유진 한국사 키워드 암기장

근대사 (개항기)

V 근대사(개항기)

001 19세기는 _____ 시대였다. _____는 서구 열강이 우월한 경제력과 군사력을 앞세워 식민지를 차지하려는 대외 팽창 정책이었다.

> 제국주의

002 산업 혁명 이후 자본주의가 성장하면서 서구 열강은 상품 판매 시장과 원료 공급지를 확보하고 잉여 자본을 투자하기 위해 _____가 필요하였다. 서구 열강의 국민도 _____ 확보가 국내 문제를 해결하고 국가의 위신을 높여 준다고 여겨 대외 침략을 지지하였다. 이 과정에서 배타적이고 침략적인 민족주의가 대두하였다.

> 식민지

003 제국주의 열강은 적자생존의 논리를 인간 사회와 국제 관계에 적용한 _____을 근거로 침략 행위를 합리화하였다. 아울러 인종적으로 우수한 백인이 미개한 유색 인종을 문명의 길로 이끌어야 한다는 백인 우월주의를 내세워 약소국 지배를 정당화하였다.

> 사회 진화론

004 제국주의 열강은 더 많은 식민지를 차지하기 위해 서로 치열하게 경쟁하였다. 그 선두에 있던 _____과 _____는 아프리카의 여러 지역을 식민지로 만들고, 인도를 거쳐 점차 동아시아 지역으로 진출 하였다.

> 영국,
> 프랑스

005 19세기 후반에 통일을 이룬 독일과 이탈리아도 식민지 확보 경쟁에 뒤늦게 뛰어들었고, 미국도 아시아로 접근하였다. 이로써 동아시아 지역은 점차 _____ 열강의 각축장이 되었다.

> 제국주의

006 동아시아 3국 중 가장 먼저 제국주의 열강의 침략을 받은 국가는 _____ 이었다. 19세기 초 영국은 차와 비단의 수입으로 무역 적자가 커지자 인도산 아편을 청에 밀수출하였다. 청이 막대한 은 유출과 국민 건강을 이유로 아편 단속을 강화하자, 영국은 이를 빌미로 _____을 일으켰다 (1840~1842).

> 청,
> 아편 전쟁

007 전쟁에 패한 청은 영국과 불평등 조약인 _____을 맺었다. 이 조약으로 청은 광저우를 비롯한 몇 개의 항구를 개항하고 영국에 홍콩을 할양하였다. 이후 영사 재판권과 최혜국 대우 등 많은 특권을 영국에 허용하였다.

> 난징 조약

		ANSWER
008	일본의 에도 막부는 서양의 통상 요구를 거부하고 나가사키를 통해 네덜란드와 제한적인 무역만을 허용하고 있었다. 이러한 상황에서 _____의 페리 제독이 함대를 이끌고 와 무력시위를 벌이며 일본에 개항을 요구하였다. 에도 막부는 미·일 화친 조약(1854)과 _____(1858)을 체결하여 미국에 최혜국 대우를 인정하고 영사 재판권을 허용하였다.	미국, 미·일 수호 통상 조약
009	청과 일본은 모두 서구 열강의 우월한 군사력에 굴복하여 _____ 조약을 체결하고 문호를 개방하였다. 이후 동아시아에서도 제국주의 열강의 침략이 본격화되었다.	불평등
010	19세기 조선에서는 세도 정치와 삼정의 문란으로 농민 봉기가 전국적으로 일어나고, 서양 세력의 침략적 접근으로 위기감이 높아졌다. 이러한 가운데 나이 어린 고종이 즉위하자, _____이 실질적인 권력을 장악하고 나라 안팎의 위기를 극복하고자 과감한 개혁에 나섰다.	흥선 대원군
011	흥선 대원군은 정치 기강을 바로잡기 위해 세도 가문을 약화하고, 그동안 소외되었던 정치 세력과 종친을 등용하였다. 왕권을 제약하던 _____는 축소·폐지하고, _____와 _____가 정치와 군사 업무를 나누어 맡게 하였다. 그리고 새로운 법전인 『_____』을 편찬하여 통치 체제를 재정비하였다.	비변사, 의정부, 삼군부, 대전회통
012	또한 왕실의 권위를 세우기 위해 임진왜란 때 불타 버린 _____을 다시 지었다. 그러나 재정이 부족한 상황에서 무리하게 공사를 추진했기 때문에 많은 문제가 발생하였다. 공사비를 마련하기 위해 _____을 강제로 걷고 성문의 통행세를 징수했으며, 고액 화폐인 _____을 발행하였다. 또한 백성을 공사에 강제로 동원하였다. 이로 말미암아 양반과 농민의 불만이 높아졌다.	경복궁, 원납전, 당백전
013	흥선 대원군은 농민 봉기의 주요 원인이었던 _____을 바로잡아 민생을 안정시키고자 하였다.	삼정의 문란
014	양반과 토호가 세금을 내지 않으려고 토지 대장에서 누락시킨 토지(_____)를 찾아내는 방법으로 전정의 문란을 개혁하고, 양반에게도 군포를 징수하는 _____를 실시하여 군정의 문란을 바로잡았다.	은결, 호포제

		ANSWER
015	문제가 가장 많았던 환곡은 　　　　 로 개편하였다. 　　　　 는 마을 안에서 덕망과 경제적 여유를 갖춘 사람을 뽑아 운영을 맡기고 저장해 둔 곡식을 백성에게 대여해 주는 제도로, 지방관과 향리의 횡포를 막으려는 조치였다.	사창제
016	흥선 대원군은 전국 600여 개 　　　　 중 47개만을 남기고 모두 철폐하였다. 지방 사족의 세력 기반으로 변질된 　　　　 은 선현에 대한 제사를 핑계로 농민을 수탈하여 원성을 샀고, 면세의 특권을 누렸다. 따라서 철폐는 민생 안정과 국가 재정 확충 등 다양한 효과를 거둘 수 있는 개혁이었다. 하지만 양반 유생이 거세게 반발하면서 흥선 대원군은 큰 정치적 부담을 안게 되었다.	서원
017	1860년 연해주를 차지한 러시아가 남하 정책을 펴자 조선의 위기감이 높아졌다. 흥선 대원군은 국내에 있던 프랑스 선교사를 통해 프랑스와 동맹을 맺어 러시아의 위협에 맞서려 하였다. 그러나 이 교섭은 이루어지지 않았고, 국내에서는 　　　　 를 금지해야 한다는 목소리가 높아졌다. 이에 흥선 대원군은 수많은 천주교 신자와 프랑스 선교사들을 처형하였다(　　　　).	천주교, 병인박해
018	는 병인박해를 구실로 군함을 보내 조선을 침략하였다(　　　　). 프랑스군은 선전 포고도 없이 강화도를 공격하여 점령하고, 약탈과 살인을 자행하였다. 이에 맞서 한성근 부대가 　　　　 에서 격전을 벌였고, 양헌수 부대가 　　　　 에서 프랑스군을 물리쳤다. 프랑스군은 더 견디지 못하고 약 1개월 만에 철수하였다.	프랑스, 병인양요, 문수산성, 삼랑성(정족산성)
019	프랑스군은 물러가면서 　　　　 의 주요 시설에 불을 지르고 　　　　 도서 등 귀중한 문화유산과 재물을 약탈하였다. 이 과정에서 5,000여 권의 귀중한 왕실 도서가 불탔다.	강화도, 외규장각
020	독일 상인 　　　　 는 조선에 들어와 통상을 요구했으나 거절당하였다. 그러자 미국인 자본가와 프랑스 선교사의 지원을 받아 무장한 선원들을 데리고 덕산군 관아를 습격하였다. 또한 흥선 대원군의 아버지 　　　　 의 무덤을 도굴하여 통상을 요구하려 했으나 실패하였다. 이 사건으로 조선에서는 서양인에 대한 반감이 더욱 확산되었고, 흥선 대원군도 서양 세력에 대해 더욱 강경한 태도를 갖게 되었다.	오페르트, 남연군

		ANSWER
021	병인양요가 일어나기 전, 대포로 무장한 ◻◻ 상선 제너럴 셔먼호가 평양 대동강에 나타났다. 제너럴 셔먼호는 조선 측의 퇴거 요구에도 약탈 행위를 자행하고 인명을 살상하였다. 이에 분노한 평양 관민은 평안도 관찰사 박규수의 지휘 아래 제너럴 셔먼호를 불태워 침몰시켰다 (◻◻◻◻◻).	미국, 제너럴 셔먼호 사건
022	미국은 이 사건을 구실로 조선에 배상금 지불과 개항을 요구 했으나, 흥선 대원군은 이를 거부하였다. 그러자 미국은 군함 5척과 1,200여 명의 병력으로 ◻◻◻ 를 침공하였다(◻◻◻◻).	강화도, 신미양요
023	미군이 초지진을 함락하고 ◻◻◻ 를 공격해 오자, ◻◻◻ 이 이끄는 조선군 수비대는 격렬한 항전을 벌였지만 패하고 말았다. 그러나 흥선 대원군은 민심을 결속시키고 장기전에 대비하면서 미군을 압박하였다. 결국 미군은 조선을 개항하기가 쉽지 않다고 판단해 물러갔다.	광성보, 어재연
024	프랑스와 미국의 연이은 침공을 격퇴한 흥선 대원군은 서양의 통상 수교 요구에 대한 거부 의지를 확고히 하고, 이를 널리 알리기 위해 전국에 ◻◻◻ 를 세웠다.	척화비
025	◻◻◻◻◻ 정책을 추진하던 흥선 대원군 집권기에도 외국과 통상해야 한다는 주장이 있었다. (◻◻◻, ◻◻◻, ◻◻◻) 등은 『해국도지』와 『영환지략』 등의 서적을 통해 서양의 문물, 국제 정세 등을 폭넓게 이해하였다. 그리고 서양의 침략에 맞서려면 자주적으로 문호를 열고 그들의 문물을 받아들여 부국강병을 이루어야 한다고 주장하였다.	통상 수교 거부, 박규수, 오경석, 유홍기
026	이 무렵 ◻◻◻◻ 을 단행한 일본은 조선과 새로운 외교 관계를 맺자고 요구해 왔다. 흥선 대원군이 이를 거절하자, 일본에서는 조선을 무력으로 침공하자는 '◻◻◻'이 일어났다. 하지만 이 주장은 단행할 시기를 둘러싸고 반대에 부딪혀 당장 실현되지는 않았다.	메이지 유신, 정한론
027	흥선 대원군이 물러나고 고종이 직접 정치에 나서면서 통상 수교 거부 정책이 완화되었다. 이러한 상황을 틈타 일본은 자국을 개항한 미국의 포함 외교를 본떠 ◻◻◻ 을 일으켰다(1875).	운요호 사건

028 운요호가 허가 없이 _____에 접근하자, 강화 수비대가 경고 포격을 가하였다. 운요호는 이를 구실로 초지진을 포격하고 군대를 영종도에 상륙시켜 살인과 약탈을 저질렀다. 이후 일본은 다시 군함을 보내 조선에 _____을 강요하였다.

> 강화도, 문호 개방

029 결국 조선은 준비가 부족한 상태에서 일본의 요구를 거의 그대로 받아들여 _____(1876)을 체결하고 문호를 개방하였다.

> 강화도 조약(조·일 수호 조규)

030 강화도 조약은 조선이 외국과 맺은 최초의 _____ 조약이지만, 일본에 전적으로 유리한 _____ 조약이었다.

> 근대적, 불평등

031 이 조약에 조선을 자주국으로 명시하였으나, 이는 조선에 대한 _____의 간섭을 배제하여 조선 침략을 쉽게 하려는 일본의 의도였다. 또한 조선이 부산을 비롯한 _____ 항구를 개항하고 일본 상인의 자유로운 무역 활동을 보장하였다. 일본에게 조선 연안에 대한 _____을 허용하였으며, _____도 인정하였다. 이처럼 강화도 조약에는 조선에 대한 일본의 정치적·경제적·군사적 침략 의도가 담겨 있었다.

> 청, 3개, 측량권, 영사 재판권(치외법권)

032 강화도 조약에 이어 조선은 일본과 조·일 수호 조규 부록과 조·일 무역 규칙을 맺었다. 이를 통해 조선은 개항장에서 일본인 _____ 설정과 _____ 유통을 인정하였다. 하지만 일본으로 _____이 유출되는 것을 제한하지 않았고, 일본 상품에 _____를 부과하는 규정도 마련하지 못하였다. 이로 말미암아 조선은 일본의 경제 침략에 사실상 무방비 상태에 놓이게 되었다.

> 조계(거류지), 일본 화폐, 양곡, 관세

033 조선이 개항하자 미국도 조선과 수교를 추진하였다. 청은 러시아와 일본을 견제하고 조선에 대한 종주권을 강화하기 위해 조선과 미국의 수교가 필요하다고 판단하였다. 이 무렵 제2차 수신사로 일본에 파견된 _____이 청의 외교관이 쓴『_____』을 가지고 돌아왔다. 여기에는 _____의 남하를 막기 위해 조선이 (_____, _____, _____)과 손잡아야 한다는 내용이 담겨 있었다.

> 김홍집, 조선책략, 러시아, 중국, 일본, 미국

		ANSWER
034	『조선책략』의 유포로 미국과 외교 관계를 맺어야 한다는 주장이 점차 힘을 얻는 가운데, 조선은 _____ 의 알선으로 미국과 _____ 을 체결하였다(1882). 서양 국가와 최초로 체결한 이 조약에는 _____ 조항과 _____ 조항 등이 들어 있었다. 하지만 미국에 _____ 와 영사 재판권을 인정한 불평등 조약이었다. 조약 체결 후 미국 공사가 한성에 부임하였으며, 조선도 답례로 미국에 _____ 를 파견하였다.	청, 조·미 수호 통상 조약, 거중 조정, 관세, 최혜국 대우, 보빙사
035	한편 조선은 영국, 독일과도 외교 관계를 맺었다(1883). 러시아와는 청의 알선 없이 독자적으로 수교하였으며(1884), 천주교 공인 문제로 조약 체결이 지연되던 프랑스와도 수교를 맺었다 (1886). 이 조약들도 상대국에 유리한 _____ 조약이었다. 이로써 조선은 대외적으로 근대적 조약 체제에 입각한 국제 질서에 편입 되었지만, 열강에 침략의 발판을 내주고 말았다.	불평등
036	조선이 개항하기 이전에 이미 청과 일본은 근대화 정책을 추진하고 있었다. 청은 중체서용(中體西用)을 내세워 중국의 전통을 유지하면서 서양의 과학 기술을 받아들이려는 _____ 을 전개하였다. 그리 하여 근대적 시설과 무기 확충에 힘썼으나 국가 체제를 개혁하는 데까지 이르지 못하였다.	양무운동
037	일본은 막부 체제를 무너뜨리고 천황 중심의 신정부를 수립하였다 (_____, 1868). 이후 메이지 정부는 문명개화론에 따라 서양의 근대적 과학 기술은 물론 정치 제도까지 적극 수용하여 근대 국민 국가로 나아갔다.	메이지 유신
038	청과 일본이 근대화를 추진할 무렵, 조선에서는 박규수, 오경석, 유홍기 등이 개화를 적극 주장하였고, 그 주변에 뜻을 함께하는 (_____, _____) 등 양반 자제들이 모여들었다. 이들은 세계정세와 서양 문물에 대한 이해를 높였고, 관직에 진출해 _____ 의 뜻을 펼치고자 하였다.	김옥균, 박영효, 개화
039	개화파의 등장과 더불어 _____ 도 점차 확산되었다. 이에 따라 중국 중심의 세계관을 극복하고, 서양의 제도와 과학 기술을 적극 받아들여 _____ 를 건설하려는 움직임도 나타났다.	개화사상, 근대 국민 국가

V 근대사(개항기) **89**

040 강화도 조약 체결 직후 정부는 일본의 근대화된 모습과 국제 정세를 파악하기 위해 제1차 ____ 김기수를 파견하였다. 이어 정부는 개화 관련 정책을 총괄하는 ____ 과 그 아래 실무를 담당하는 ____ 를 설치하고, 개화파 인사를 등용 하였다.

ANSWER
수신사,
통리기무아문,
12사

041 통리기무아문은 국방을 강화하기 위해 군사 제도를 개편하였으며, 신식 군대를 양성하기 위해 ____ 을 창설하고 일본인 교관을 초빙하였다 (1881). 청에 ____ 김윤식이 이끄는 유학생과 기술자를 파견하여 근대 무기 제조 기술과 군사 훈련법을 배우게 하였다. 이를 계기로 근대적 무기 공장인 ____ 이 세워졌다(1883).

별기군,
영선사,
기기창

042 또한 일본의 정세를 파악하고 근대적 행정 기구의 운영과 개화 정책에 대한 정보를 얻기 위해 ____ 을 파견 하였다(1881). 이들은 일본의 정부 기관과 산업·군사 등 근대적 시설을 살펴보고, 미국과의 수교에 관련된 정보를 수집하였다. 이들이 귀국 후 작성한 보고서는 개화 정책을 추진하는 데 뒷받침이 되었다.

조사(朝士) 시찰단

043 19세기 후반, 성리학을 신봉하던 보수적 유생들은 서양과 일본을 조선의 유교 문화를 무너뜨리려는 오랑캐로 인식하고 ____ 으로 맞섰다. 이들은 유교 문화에 기반을 둔 조선의 전통 질서를 지키기 위해 천주교와 서양 문화, 그리고 서양 세력의 경제적·군사적 침략을 물리쳐야 한다고 주장하였다.

위정척사 운동

044 병인양요를 전후하여 이항로 등은 ____ 을 주장한 데 이어, 서양의 침략에 맞서 싸우자는 ____ 을 펼쳤다. 이러한 주장은 흥선 대원군의 통상 수교 거부 정책을 뒷받침하였다.

통상 반대론,
척화 주전론

045 강화도 조약 체결 무렵에는 ____ 이 제기되면서 ____ 반대 운동이 전개되었다. ____ 등은 외세에 굴복하여 문호를 개방하면 경제가 파탄 나고 자주권이 손상될 것이라고 주장하였다.

왜양일체론,
개항,
최익현

046 1880년대에 정부가 개화 정책을 추진하고 『____』을 유포하며 미국과 수교하려 하자, 영남 유생은 ____ 을 중심으로 ____ 를 올리며 반발하였다. 이러한 ____ 반대 운동은 정부의 탄압에도 한동안 거세게 일어났다.

조선책략,
이만손,
만인소,
개화

047 위정척사 운동은 서양 문물을 배척하고 유교적 전통을 지키려고 했기 때문에 개화 정책의 추진에는 걸림돌이 되었다. 그렇지만 일본과 서양 세력의 침략성을 꿰뚫어 보고, 조선의 자주성을 지키려 한 ▒▒▒▒ · ▒▒▒▒ 운동이었다. 위정척사 운동은 1890년대 이후 일본의 침략에 저항하는 ▒▒▒▒▒ 으로 계승되었다.

ANSWER
반외세,
반침략,
항일 의병

048 구식 군인과 도시 하층민도 정부의 개화 정책에 불만을 드러냈다. 개항 후 일본으로 많은 쌀이 유출되어 쌀값이 폭등하자 도시 하층민의 생활이 어려워졌다. ▒▒▒ 에 비해 열악한 대우를 받던 구식 군인의 불만도 높았다. 이러한 상황에서 13개월이나 밀렸던 급료가 겨와 모래가 섞인 쌀로 지급되자, 분노가 폭발한 구식 군인이 ▒▒▒▒▒ 을 일으켰다(1882).

별기군,
임오군란

049 구식 군인은 ▒▒▒▒▒ 에게 지지를 요청하고 정부 고관의 집과 일본 공사관, 궁궐 등을 공격하였고, 이 과정에서 도시 하층민도 가담하였다.

흥선 대원군

050 고종은 사태 수습을 위해 흥선 대원군에게 정권을 맡겼고, 흥선 대원군은 통리기무아문과 별기군을 폐지하였다. 그러나 ▒▒▒ 일파의 요청을 받은 ▒ 이 군대를 파견하여 군란을 진압 하고, 군란의 책임을 물어 흥선 대원군을 자국으로 납치해 갔다.

민씨,
청

051 임오군란을 빌미로 청과 일본은 조선에서 영향력을 확대해 나갔다. 일본은 군대를 파견하여 일본인에게 피해를 입힌 군란의 책임을 물었다. 이에 굴복한 정부는 ▒▒▒▒▒ 을 체결해 ▒▒▒▒ 지불과 공사관 경비를 위한 ▒▒▒ 의 주둔을 허용하였다.

제물포 조약,
배상금,
일본군

052 청은 군대를 계속 주둔시키면서 조선을 청의 속국으로 규정한 ▒▒▒▒▒ 을 체결하였다. 아울러 마건상과 독일인 묄렌도르프를 ▒▒ 으로 파견해 조선의 내정과 외교에 간섭하였다.

조·청 상민 수륙 무역 장정,
고문

053 임오군란 이후 ▒ 은 ▒▒▒▒ 을 강화하며 조선을 속국으로 만들려는 야욕을 드러냈다. 이러한 상황에서 고종은 임오군란의 책임을 물어 흥선 대원군과 가까운 관리들을 관직에서 쫓아내고 개화 정책을 다시 추진하였다.

청,
내정 간섭

054 통치 기구와 군사 제도를 정비하였고 ▨▨▨을 설치해 신문을 발간하기도 하였다. 그러나 이러한 노력은 청의 계속된 내정 간섭과 민씨 정권의 ▨▨▨▨ 정책, 개화 정책의 추진에 필요한 예산 부족 등으로 어려움을 겪었다.

ANSWER
박문국,
친청 사대

055 개화 정책이 제대로 추진되지 못하는 가운데, 청의 간섭에 대한 입장 차이와 개화를 추진하는 방식 등을 둘러싸고 개화파는 ▨▨ 개화파와 ▨▨ 개화파로 나뉘었다.

온건,
급진

056 ▨▨▨, 김윤식, 어윤중 등 ▨▨ 개화파는 청과 전통적인 우호 관계를 유지하여 열강의 침략으로부터 조선의 독립을 보존하려 하였다. 또한 청의 ▨▨▨▨을 본받아 동도서기론(東道西器論)에 따른 점진적 개혁을 추구하였다. 이는 조선의 전통적 유교 질서를 유지하면서 서양의 과학 기술을 받아들여 개혁을 이루려는 입장이었다.

김홍집,
온건,
양무운동

057 ▨▨▨, 박영효, 홍영식 등 ▨▨ 개화파는 조선의 자주독립을 지키려면 먼저 청의 내정 간섭에서 벗어나야 한다고 주장하였다. 나아가 일본의 ▨▨▨▨을 본받아 서양의 과학 기술은 물론 그 바탕이 되는 근대 사상과 제도까지 수용해 정치·사회 체제를 근본적으로 개혁하고자 하였다.

김옥균,
급진,
메이지 유신

058 급진 개화파는 기대를 걸었던 서구 열강의 지원을 얻지 못하여 개화 정책의 추진에 어려움을 겪었다. 또한 개혁 자금을 마련하기 위해 ▨▨▨ 등이 일본에서 ▨▨을 도입하려던 계획이 실패하면서 개혁의 주도권을 잃고 입지가 더욱 좁아졌다.

김옥균,
차관

059 이 무렵 베트남 문제로 프랑스와 대립하던 청은 한성에 주둔한 청군의 절반을 철수하였다. ▨▨▨▨▨는 이 기회를 이용해 정권을 잡고 청의 간섭에서 벗어나 개혁을 추진하려 하였다. 이를 위해 미국 공사에 협조를 요청했지만 거절당한 뒤, 자국의 세력 확대를 위해 접근해 온 ▨▨ 공사의 지원을 받아 정변을 일으키기로 결정하였다.

급진 개화파,
일본

060 1884년 10월, 마침내 급진 개화파는 ▨▨▨▨ 낙성 축하연을 기회로 ▨▨▨▨을 일으켜 민씨 일파를 제거하고, 개화당 정부를 수립하였다. 이들은 개혁 ▨▨을 마련하여 국가 체제의 개혁을 모색하면서, 청의 간섭을 물리치고 내각이 중심이 되는 정치 체제를 확립하여 개혁을 추진하고자 하였다.

우정총국,
갑신정변,
정강

ANSWER

061 그러나 _____ 이 출동하자 일본군이 약속을 어기고 곧바로 철수함으로써 정변은 _____ 로 막을 내렸다. 결국 정변을 주도했던 급진 개화파 인사들은 살해당하거나 일본으로 망명하였다.

청군,
3일 천하

062 _____ 은 근대 국민 국가 건설을 목표로 일어난 우리나라 최초의 정치 개혁 운동이었다. 청과 종속 관계를 청산하여 자주독립을 확고히 하고자 하였으며, 내각 제도를 실시하여 국왕의 전제권을 제한하고, _____ 을 확립하는 등 근대적 정치·사회 체제를 구축하려 하였다. 그리하여 갑오개혁, 독립 협회 활동, 애국 계몽 운동으로 이어지는 근대화 운동의 선구적 역할을 하였다.

갑신정변,
인민 평등권

063 그렇지만 갑신정변은 소수의 개화파 인사가 급진적인 방식으로 근대화를 추구한 _____ 개혁이었다. _____ 의 군사 지원 약속에 지나치게 의존하였고 _____ 의 지지를 이끌어 내지 못한 한계를 지니고 있었다.

위로부터의,
일본,
민중

064 갑신정변 이후 _____ 의 내정 간섭은 더욱 심해졌다. 일본은 정변의 책임을 조선에 떠넘기며 배상금 지불과 공사관의 신축 비용 부담 등을 내용으로 하는 _____ 체결을 강요하여 이를 관철 하였다.

청,
한성 조약

065 한편 청과 일본은 _____ 을 체결하여 조선에서 양국의 군대를 철수하고, 앞으로 조선에 군대를 파견할 때 상대국에 미리 알리도록 규정하였다.

텐진 조약

066 갑신정변 이후 청의 내정 간섭이 심해지자, 고종은 조·러 비밀 협약을 추진하였다. 그러자 _____ 은 러시아의 남하를 견제한다는 구실로 _____ 를 불법 점령하였다(1885).

영국,
거문도

067 이처럼 조선을 둘러싸고 청과 일본, 영국과 러시아가 각축을 벌이는 상황에서 조선 주재 독일 부영사 _____ 는 _____ 안을 정부에 건의하였다. 같은 해에 미국에서 돌아온 _____ 도 청을 중심으로 열강이 조선의 중립을 보장하여 독립을 보존해야 한다는 「중립론」을 집필하였지만, 정책에 반영되지는 않았다.

부들러,
조선 중립화,
유길준

068 갑신정변 이후 고종은 자주독립과 왕권 신장을 위해 개화 정책과 자주 외교를 추진하였다. 이를 위해 근대 학문과 외국어를 교육하는 _____ 과 서양식으로 군사를 훈련하는 _____ 등을 설치하였다. 그리고 청의 반대를 무릅쓰고 미국인을 초빙해 교육과 훈련을 담당하게 하였다.

육영 공원,연무 공원

Ⅴ 근대사(개항기) 93

069 또한 자주 외교를 위해 일본과 미국에 _____ 을 개설하였다. 주미 공사관은 서양 국가에 설치된 최초의 상주 공사관으로, 조선이 자주 독립국임을 알리고 미국의 문물을 적극 수용하는 계기를 마련하였다. 그러나 정부가 추진한 개화 정책과 반청 정책은 친청파 관료들의 비판과 청의 간섭 때문에 기대한 만큼의 성과를 거두지 못하였다. — 공사관

070 _____ 체결 이후 개항이 이루어지고 서구 열강과의 조약이 잇따라 체결되면서 조선을 둘러싼 국제 관계에 큰 변화가 생겼다. 조선을 넘보던 일본과 이를 견제하는 청의 각축이 시작되었고, 미·영·러 등 서구 열강도 자신들의 이익을 확보하기 위해 경쟁하였기 때문이다. — 강화도 조약

071 _____ 과 _____ 을 계기로 청의 내정 간섭이 심해지면서 _____·_____ 의 갈등은 본격화되었다. 서구 열강의 침탈에 시달리던 청은 조선을 자국을 방어하는 '동쪽 울타리'로 삼으려 하였다. 일본도 조선을 향후 대륙 진출 등 자국의 이익을 관철할 요충지로 여겼다. 경제적으로도 조선에서 주도권을 쥐려는 양국 _____ 의 경쟁이 치열해 졌다. — 임오군란, 갑신정변, 청, 일, 상인

072 청·일의 각축이 벌어지는 가운데 _____ 이 일어났다. 조선 정부는 관군만으로 동학 농민군을 막을 수 없다고 판단하고 _____ 에 원병을 요청하였다. 청이 군대를 파견하자, 일본도 기다렸다는 듯이 군대를 파견하였다. — 동학 농민 운동, 청

073 청·일의 군대가 밀려오는 상황에서 동학 농민군과 정부는 청과 일본의 군사적 충돌을 우려하여 화친을 맺었다(_____). 이후 조선 정부는 두 나라에 철군을 요구하였다. — 전주 화약

074 그러나 일본은 이를 무시한 채 _____ 을 침범하여 조선 정부를 장악하고, 청군을 기습하여 _____ 을 일으켰다(1894). 이 전쟁은 국제 사회의 예상과는 달리 평양 전투, 황해 해전 등에서 청군을 크게 격파한 _____ 의 승리로 끝났다. — 경복궁, 청·일 전쟁, 일본

075 전쟁 중에 일본은 동학 농민 운동을 억누르고 _____ 을 강요하는 등 조선에서의 영향력을 강화하였다. — 갑오개혁

		ANSWER
076	청·일 전쟁에서 승리한 일본은 청과 _____ 조약을 체결하여 2억 냥에 달하는 배상금을 보장받고 _____ 반도와 타이완을 넘겨받았다. 이후 일본은 배상금으로 산업화에 박차를 가하며 제국주의 국가로 발돋움하였다.	시모노세키, 랴오둥
077	_____ 은 서구 열강에 영토와 이권을 담보로 차관을 얻었다. 이를 계기로 _____ 에 대한 열강의 이권 경쟁이 가속화하면서 _____ 은 반식민지 상태로 전락하였고, 조선에 대한 영향력도 상실하였다. 결국 오랫동안 이어져 온 중국 중심의 동아시아 국제 질서도 완전히 해체되었다.	청
078	청·일 전쟁에서 승리를 거둔 일본이 랴오둥반도를 넘겨받자, 만주로 진출을 노리던 _____ 는 _____ , _____ 과 함께 일본에 압력을 가하여 이를 반환하게 하였다(삼국 간섭).	러시아, 프랑스, 독일
079	삼국 간섭으로 조선에 대한 영향력이 약해진 일본은 친러 정책을 주도한 _____ 를 시해하는 만행을 저질렀다. 이에 불안을 느낀 고종은 러시아 공사관으로 처소를 옮기는 _____ 을 단행하여 일본을 견제 하고자 하였다.	명성 황후, 아관 파천
080	러·일의 대립은 대한 제국의 성립 전후 진정된 듯하였다. 그러나 러시아 군대가 만주에 진출하고 일본이 미·영의 지원 아래 이를 견제하면서 갈등이 고조 되었다. 만주와 한반도를 두고 벌어진 양국의 각축은 결국 _____ 으로 이어졌다.	러·일 전쟁
081	개항 이후 개화 정책이 추진되고 외국과의 교역이 늘어갔지만, 국가 재정은 악화되고 농민 생활은 갈수록 궁핍해졌다. _____ 일파의 권력 독점과 횡포가 갈수록 심해지고 매관매직이 성행하는 등 국가 기강이 문란해지자, 수령들이 가혹하게 농민을 _____ 하여 농민의 불만이 크게 높아졌다.	민씨, 수탈
082	이러한 상황에서 내륙 시장까지 진출한 청·일 상인이 _____ 등을 대량으로 들여오면서 면포를 짜서 팔던 농민은 큰 타격을 받았다. 더욱이 일본 상인이 많은 양의 곡물을 수입하여 곡물 가격이 폭등하였고, 일부 지역에서는 식량이 부족 해져 _____ 이 내려질 정도로 피해가 심하였다.	영국산 면직물, 방곡령

083 그 결과 농민 사이에서는 지배층의 수탈과 외세의 경제 침탈에 대한 반감이 커지면서 _____ 가 곳곳에서 일어났다.

ANSWER
농민 봉기

084 _____ 은 모든 인간은 존엄하며 누구나 평등하다는 사상과 외세를 배격하는 주장을 내세워 지배층의 수탈과 외세의 경제 침탈에 시달리던 농민층에 큰 호응을 얻었다. 특히 2대 교주 _____ 이 _____ 를 정비하고, 경전을 간행하는 등 포교 활동을 활발히 펼치면서 삼남 일대에 동학교도가 크게 늘어났다.

동학,
최시형,
포접제

085 그러자 동학교도들은 정부의 탄압으로 처형당한 교조 _____ 의 누명을 벗겨 주고, 포교의 자유를 보장받으려는 _____ 운동을 벌였다. 이 운동은 _____ 집회와 _____ 집회(1893)로 이어지면서 점차 일반 농민까지 가담한 정치 운동의 성격을 띠게 되었다.

최제우,
교조 신원,
삼례,
보은

086 전라도 곡창 지대인 고부에서는 군수 _____ 의 비리와 학정이 매우 심하였다. _____ 등은 _____ 을 돌려 동지를 모은 후 농민을 이끌고 고부 관아를 점령하였다. 그리고 창고를 열어 곡식을 가난한 이에게 나누어 주고 억울하게 옥살이하던 사람을 풀어 주었다.

조병갑,
전봉준,
사발통문

087 정부는 군수를 새로 임명하고, 사태를 수습하기 위해 _____ 로 _____ 를 파견하였으나, 오히려 그는 농민 봉기 관련자를 동학교도로 몰아 가혹하게 탄압하였다. 이에 농민의 분노가 다시 폭발하였다.

안핵사,
이용태

088 전봉준은 전라도에서 가장 큰 동학 교세를 이끌던 손화중과 함께 농민군을 조직하여 무장에서 대규모로 봉기하였다. 이어서 _____ 으로 집결한 농민군은 전봉준을 대장, 김개남과 손화중을 총사령관으로 추대하고 농민군 _____ 과 격문을 발표하였다. 여기에는 '_____', '_____' 등의 구호 아래 탐관오리를 처단하고 외세를 몰아내자는 내용이 담겨 있다.

백산,
4대 강령,
제폭구민,
보국안민

089 이후 동학 농민군은 _____ 에서 관군을 물리치고 정읍, 고창 등을 차지하였다. 그리고 _____ 전투에서 정부군을 크게 격파하고, 기세를 몰아 _____ 을 점령하였다. 동학 농민군의 _____ 봉기는 부패하고 무능한 양반 지배 체제를 타도하려는 사회 변혁적 성격이 강하였다.

황토현,
황룡촌,
전주성,
1차

		ANSWER
090	전주성 함락 소식에 당황한 정부는 _____ 에 원병을 요청 하였다. 청이 군대를 파견하자, 조선의 상황을 주시하던 일본도 공사관과 거류민을 보호한다는 구실로 군대를 파견하였다. 청·일 양국 군대의 철수가 시급하다고 판단한 동학 농민군은 그릇된 정치의 개혁을 요구하면서 정부와 _____ 을 맺었다.	청, 전주 화약
091	동학 농민군은 각지에 자치적 민정 기구인 _____ 를 설치하여 행정과 치안을 담당하면서 _____ 을 실천해 나갔다. 이들은 신분이나 성별에 따른 차별을 극복하고자 했으며, 탐관오리를 징벌하고 부당한 세금을 폐지하였다.	집강소, 폐정 개혁안
092	정부도 _____ 을 설치하고, 청·일 양국에게 군대의 철수를 요구하면서 독자적인 개혁을 추진하고자 하였다.	교정청
093	조선을 장악하려는 야심을 가졌던 일본은 조선 정부의 철병 요구를 거부하였다. 오히려 무력으로 _____ 을 기습 점령하여 조선 정부를 장악한 후, _____ 을 일으켰다.	경복궁, 청·일 전쟁
094	이에 농민군은 _____ 의 기치를 들고 다시 봉기하여 항일 구국 투쟁을 전개하였다. 전봉준의 _____ 부대와 손병희의 _____ 부대는 _____ 에서 연합 부대를 형성한 후, 서울을 향해 여러 경로로 북상하였다.	반침략, 남접, 북접, 논산
095	이때 전라도와 충청도는 물론 경상도, 강원도, 경기도, 황해도 등지 에서도 농민군이 봉기하였다. 전봉준이 이끄는 동학 농민군의 주력 부대는 _____ 에서 우세한 화력으로 무장한 일본군과 정부군을 상대로 치열하게 싸웠지만 크게 패하였다.	공주 우금치
096	일본군과 정부군은 끈질기게 저항하던 동학 농민군을 공격하면서 대규모 학살을 저질렀다. 전봉준, 김개남, 손화중 등 동학 농민군의 지도자도 대부분 체포되었다. 결국 동학 농민 운동은 _____ 인 정부의 태도와 _____ 의 무력 개입으로 실패로 끝나고 말았다.	외세 의존적, 일본
097	동학 농민 운동은 안으로 정치와 사회 개혁을 통해 _____ 중심의 지배 질서를 타파하고, 밖으로 _____ 의 침략을 물리쳐 나라를 지키고자 했던 역사상 최대 규모의 농민 운동이었다.	양반, 외세

		ANSWER
098	동학 농민 운동에서 제기된 개혁 요구는 _____ 에 반영되어 신분제가 폐지되는 등 새로운 사회 질서의 성립에 영향을 주었다. 하지만 근대 사회 건설을 위한 구체적인 방안을 제시하는 데까지 나아가지 못하였다.	갑오개혁
099	동학 농민군의 잔여 세력은 _____ 에 가담하여 반침략 항일 의병 투쟁의 토대를 마련하였고, 무장 결사를 조직해 활동하기도 하였다.	을미의병
100	일본의 강요로 구성된 정부는 _____ 를 설치하여 갑오개혁을 추진하였다. 여기에는 총재 _____ 을 비롯하여 어윤중, 유길준 등 개화 인사들이 참여하였다. 이때 민씨 일파를 견제하기 위해 흥선 대원군이 다시 추대되었으나 실권은 없었다.	군국기무처, 김홍집
101	군국기무처의 의원들은 일본의 간섭을 최대한 배제하면서 그동안 구상해 왔던 개혁을 실행하려고 노력하였다. 당시 일본은 _____ 중이었기 때문에 조선에 적극적으로 간섭하지 못하였다. 그 결과 갑오개혁은 _____ 으로 추진되면서 갑신정변의 정강이나 동학 농민군의 요구가 반영되었다.	청·일 전쟁, 자주적
102	군국기무처는 자주성을 대외적으로 나타내기 위해 중국 연호를 사용하던 관행을 버리고 _____ 을 사용하였다. 또한 _____ 과 _____ 의 사무를 분리하여 국왕의 전제권을 제한하고 의정부에 권한을 집중시켰다. _____ 를 폐지하여 인재를 폭넓게 등용하고, _____ 을 설치하여 경찰 제도를 실시하였다.	개국 기년, 왕실, 정부, 과거제, 경무청
103	경제적으로는 국가 재정을 _____ 하고 조세를 _____ 하여 재정을 효율적으로 운영하고자 하였다.	일원화, 금납화
104	사회적으로도 의미 있는 개혁이 이루어졌다. 양반과 상민을 구별하는 차별적 _____ 제도와 공사 _____ 제도를 철폐하였다. 또한 _____ 을 금지하고 _____ 과 _____ 를 폐지하였으며, 과부의 _____ 를 허용하는 등 좋지 못한 관습도 타파하였다.	신분, 노비, 조혼, 고문, 연좌제, 재가
105	개혁이 한창 추진되고 있을 때, 청·일 전쟁에서 승세를 잡은 _____ 이 개혁에 적극 간섭하기 시작하였다. _____ 를 폐지하고 일본에 망명했던 _____ 등을 앞세워 조선을 보호국으로 삼으려는 정책을 추진하였다. 그러나 박영효가 중심이 된 정부는 국정 개혁의 기본 강령이라 할 수 있는 _____ 를 발표하여 군국기무처의 개혁을 계승해 나갔다.	일본, 군국기무처, 박영효, 홍범 14조

ANSWER

| 106 | 그리하여 청에 대한 의존적 관계를 청산하였으며, 의정부를 _____ 으로 개편하고 지방 제도를 8도에서 _____ 로 바꾸었다. _____ 가 설치되어 사법권의 독립도 이루어졌다. _____ 가 반포 되고 _____ 와 소학교가 세워지는 등 근대적 교육 제도도 마련되었다. | 내각, 23부, 재판소, 교육 입국 조서, 한성 사범 학교 |

| 107 | 청·일 전쟁에서 승리한 일본이 시모노세키 조약을 맺어 랴오둥반도를 할양받자, 러시아가 프랑스, 독일을 끌어들여 이를 저지한 _____ 이 일어났다. | 삼국 간섭 |

| 108 | 이러한 상황에서 국왕이 친러 정책을 추진하면서 개혁을 주도하던 박영효는 실각하여 다시 일본으로 망명하였다. 이에 조선에서 영향력이 약화된 일본이 친러 정책을 주도하던 명성 황후를 무참히 시해하는 만행을 저질렀다(_____). | 을미사변 |

| 109 | 명성 황후가 시해된 이후 유길준 등이 내각에 적극 참여 하면서 _____ 이 추진되었다. _____ 과 '_____' 연호가 사용되었으며 _____ 이 내려 졌다. 또한 _____ 이 실시되고 갑신정변으로 중단되었던 _____ 사무도 다시 실시되었다. | 을미개혁, 태양력, 건양, 단발령, 종두법, 우편 |

| 110 | 그러나 국민은 급진적 개혁과 _____ 사건에 대해 크게 분노하였다. 특히 _____ 에 반발한 유생을 중심으로 전국적으로 의병이 일어났다(을미의병). | 명성 황후 시해, 단발령 |

| 111 | 이러한 상황 속에서 고종은 신변의 안전을 꾀하고 일본의 영향력을 약화하기 위해 러시아 공사관으로 피신하는 _____ 을 단행하였다. | 아관 파천 |

| 112 | _____ 은 일본이 조선 침략의 발판을 구축하기 위해 강요한 측면이 있다. 그렇지만 조선의 개화파 관료들에 의해 자주적으로 추진되었으며, 개화파의 개혁 의지와 동학 농민군의 사회 변혁 요구가 반영된 근대적 개혁이었다. 특히 우리 역사상 처음으로 차별적 _____ 를 폐지하여 평등 사회의 기틀을 마련했으며, 내각 중심의 정치를 실시하여 전제 군주제를 극복하려고 시도하였다. | 갑오개혁, 신분제 |

		ANSWER
113	하지만 개혁 주도 세력이 일본의 무력에 의존했고, 개혁에 대한 민중의 지지를 이끌어 내지도 못하였다. 또 _____ 강화에도 소홀하였다.	국방력
114	아관 파천 이후 _____ 의 영향력이 커지는 가운데 조선은 독립국의 지위가 불안정해졌고, 서구 열강의 _____ 도 가속화되었다. 이 무렵 미국 망명에서 돌아온 _____ 은 자주독립을 위한 국민 계몽 방안을 모색하였다.	러시아, 이권 침탈, 서재필
115	서재필은 개혁적 관료 및 개화 지식인과 함께 아관 파천으로 손상된 국가의 권위를 되찾고 대내외적으로 자주국임을 내세우고자 하였다. 그리하여 정부의 지원을 받아 『_____』을 발간하고(1896. 4.), 석 달 뒤 독립문을 건설한다는 명목으로 _____ 를 창립하였다.	독립신문, 독립 협회
116	설립 초기 _____ 는 관료와 지식인을 중심으로 운영되었다. 그러나 독립문 등을 세우는 데 기금을 내면 누구나 회원이 될 수 있도록 규정하면서 일반 국민의 참여도 점차 늘어났다. 그 결과 _____ 는 국민적인 단체로 성장할 수 있는 기반을 갖추었다.	독립 협회
117	자주 국권과 부국강병을 이루기 위해서는 국민의 참여와 지지가 필수적이었다. 독립 협회는 이를 위해 기관지인 『대조선 독립 협회 회보』를 간행하고 _____ 를 열었다. 토론의 주제는 신교육 진흥, 산업 개발, 미신 타파 등 계몽적 성격을 띠거나 열강의 이권 획득 반대, 의회 설립, 민권 신장 등 당면한 정치 현안에 이르기까지 매우 다양하였다.	토론회
118	토론회는 수백 명의 방청인이 몰려들 정도로 커다란 호응을 얻어 민중을 _____ 하고 정치의식을 높이는 효과를 거두었다. 그 결과 독립 협회는 점차 임원이나 관료 중심에서 벗어나 _____ 의 입장을 대변하는 단체로 발전해 갔다.	계몽, 민중
119	고종이 환궁하고 대한 제국의 수립을 선포한 이후에도 열강의 이권 요구가 끊이지 않았다. 특히 _____ 는 군사 교관, 재정 고문을 파견하였고, 여러 가지 이권을 요구하였다. _____ 는 이러한 현실을 비판하면서 재정·군사·인사권을 자주적으로 행사하여 자주독립을 지켜야 한다는 '구국 운동 상소문'을 올리고 본격적인 정치 활동에 나섰다.	러시아, 독립 협회

		ANSWER
120	그리하여 최초의 근대적 민중 집회인 〇〇〇〇〇 를 열어 러시아의 내정 간섭과 이권 요구를 규탄하는 자주 국권 운동을 전개하였다.	만민 공동회
121	국민의 정치 참여 의식이 높아지자, 독립 협회는 내정 개혁에 관심을 돌려 〇〇〇〇 운동을 본격적으로 펼쳤다. 정부에 법률과 재판에 의한 신체의 자유권과 재산권 보호, 언론·출판·집회·결사의 자유 등을 요구하고, 〇〇〇〇 운동도 전개하는 등 국민의 뜻을 국정에 반영하기 위해 힘썼다.	자유 민권, 국민 참정권
122	전국의 지회를 중심으로 민권 운동이 확대되는 가운데, 독립 협회는 개혁 지향적인 정부 대신과 학생, 시민이 함께 참석한 〇〇〇〇〇 를 개최하였다(1898. 10.). 여기서 관민이 협력하여 국정을 운영하자는 〇〇〇〇 가 결의되어 고종의 재가를 받아 내었다.	관민 공동회, 헌의 6조
123	헌의 6조는 기득권을 지키려는 수구 세력의 방해로 고종의 마음이 변하면서 그 실현이 좌절되었다. 그렇지만 독립 협회는 박정양 내각과 협상을 벌인 끝에 새로운 〇〇〇 관제를 반포하게 하였다. 〇〇〇 은 관선 25명, 민선 25명의 의원으로 구성 되며, 법률의 제정과 개정 등을 심사하고 결정하는 권한을 가졌다. 그 결과 〇〇〇 이 우리 역사상 최초로 의회와 같은 기능을 할 수 있는 계기가 마련되었다.	중추원
124	독립 협회는 중추원을 통해 황제와 의정부의 권력 남용을 견제하며 개혁을 추진하려 하였다. 그러나 수구 세력은 독립 협회가 〇〇〇 을 실시하려 한다고 모함하며 고종을 부추겼다. 결국 고종은 보부상으로 구성된 〇〇〇〇 와 군대를 동원하여 독립 협회를 탄압하고 해산하였다(1898. 12.). 이후 중추원의 의결 기능도 없어졌다.	공화정, 황국 협회
125	독립 협회는 갑신정변, 갑오개혁의 한계를 극복하기 위해 국민을 계몽하고, 이에 기반을 둔 국정 전반의 근대화 운동을 전개하였다. 그리하여 자주 국권을 확립하고, 국민의 자유와 권리를 신장하기 위해 노력하였으며, 〇〇〇〇〇 의 실시, 〇〇〇〇 등 근대 국민 국가를 지향한 국정 개혁을 추진하였다.	입헌 군주제, 의회 설립

126 그러나 독립 협회의 외세 배척 운동은 주로 ___를 대상으로 삼았고 그 밖의 열강에 대해서는 우호적인 태도를 취했던 면이 있었다. 또한 제국주의 열강과 교류를 강화하고 근대적 제도와 문물을 받아들이는 데 역점을 둔 나머지 그들의 ___를 제대로 간파하지 못했다는 한계를 지닌다.
→ 러시아, 침략 의도

127 독립 협회를 비롯한 국내 여론과 국제 사회의 압력 속에 고종은 1년 만에 러시아 공사관에서 ___으로 환궁하였다. 이후 열강의 간섭에서 벗어나 자주독립 국가임을 대내외에 과시해야 한다는 목소리가 높아졌다. 정부 관리와 재야의 전직 관리 들은 '황제가 없으면 독립도 없다.'라는 동양적 관념을 내세우며 칭제 건원을 건의하였다.
→ 경운궁

128 이러한 상황에서 고종은 실추된 국가의 위상을 높이고 개혁을 추진하고자 하였다. 그리하여 ___을 수립·선포했으며, '___'라는 독자적인 연호를 사용하였다(1897). 이 무렵 러시아와 일본이 무력 충돌을 자제하기로 합의하고 어느 정도 세력 균형을 이루게 되어 외세의 간섭도 상대적으로 약해졌다.
→ 대한 제국, 광무

129 고종은 초기에 독립 협회에 우호적이었다. 하지만 점차 독립 협회가 ___을 약화시킬 것이라고 우려하였고, ___을 확대하고 체제를 개혁하자는 주장에 부담을 가졌다.
→ 황권, 민권

130 이에 고종은 독립 협회를 해산하고 ___를 반포하였다. 여기에는 '대한국은 세계 만국이 공인한 자주 독립국'이며 황제가 ___를 실시한다는 점을 명문화하였다. 또한 ___가 군 통수권, 입법권, 행정권, 외교권, 사법권 등 모든 권한을 갖는다고 규정하였다. 이처럼 대한 제국은 황제가 무한한 군권을 행사하는 ___이었다.
→ 대한국 국제, 전제 정치, 황제, 전제 군주국

131 대한 제국은 '옛것을 근본으로 삼고 새것을 참고한다.'라는 ___의 원칙 아래 점진적 개혁을 시행하였다. 이를 '___'이라고 부른다.
→ 구본신참, 광무개혁

132 먼저 황제권과 국방력을 강화하기 위해 ___를 설치하여 황제가 군대를 통솔하게 하였다. 또한 군사 수를 늘리고 징병제 시행을 준비했으며, 장교를 육성하는 등 군사 제도를 개혁하였다.
→ 원수부

		ANSWER
133	광무개혁은 특히 경제적 개혁에 주력하였다. 국가 재정을 확보하기 위해 _____을 실시하여 실제 경작 농지의 면적을 정확히 파악하고, 일부 지역에서 _____를 발급하였다.	양전 사업, 지계
134	_____을 진흥하는 데에도 힘써 공장과 회사를 설립하였고, 근대적 산업 기술을 습득하기 위해 외국에 유학생을 파견하고 _____와 기술 교육 기관을 세웠다. 서양의 기술과 기계를 적극 도입해 전화, 우편 사무, 전차, 철도, 도로 등 근대적 시설을 확충하였다.	상공업, 실업 학교
135	광무개혁은 이처럼 국가의 자주독립과 근대화를 지향하였지만, _____ 강화에 역점을 둔 나머지 민권을 보장하는 데까지 나아가지 못하였다. 또 군사 개혁은 황실 보호와 치안 유지의 수준을 벗어나지 못했고, 일본 등 열강의 간섭에서 벗어날 수 있는 힘을 갖추지 못하였다.	황제권
136	청·일 전쟁 이후 만주와 한반도에서 주도권을 차지하기 위한 _____ 간의 갈등이 고조되는 가운데, 양국은 자국의 이익을 보장받기 위해 여러 차례 협상에 나섰다. 하지만 이해관계의 충돌로 결국 _____ 협상은 결렬되었다.	러·일
137	고종은 양국 간에 전운이 감돌자 _____을 선언하였다. 일본은 이를 무시하고 제물포와 뤼순 앞바다에 있던 러시아 함대를 기습 공격하여 _____을 일으키고, 서울에도 난입하였다 (1904. 2.). 또한 한국 내에서 군사 기지를 마음대로 사용할 수 있도록 하는 _____를 강제로 체결하였다.	국외 중립, 러·일 전쟁, 한·일 의정서
138	전세가 유리해지자 일본은 한국에 재정·외교 고문을 추천한다는 조약(_____, 1904. 8.)의 체결을 강요하였다. 그리고 재정 고문으로 _____, 외교 고문으로 미국인 _____를 파견하여 한국의 내정과 외교를 감독하고 통제하기 시작하였다.	제1차 한·일 협약, 메가타, 스티븐스
139	일본은 _____ 중에 군사적 요충지였던 _____를 자국 영토에 불법으로 편입한 후(1905. 2.), 러시아의 발트 함대를 동해에서 격파하여 결정적인 승기를 잡았다.	러·일 전쟁, 독도

V 근대사(개항기) 103

140 곧이어 미국과 _____ 비밀 협약을 맺어 미국의 필리핀 지배를 인정하는 대가로 한국 지배를 인정받았다. 영국과도 제2차 _____ 을 맺어 한국에 대한 독점적 지배권을 인정받았다.

ANSWER
가쓰라·태프트,
영·일 동맹

141 이 무렵 일본은 전쟁 비용이 거의 바닥나고 있었으며, 러시아도 국내 사정으로 전쟁을 지속하기 어려웠다. 이에 두 나라는 미국의 중재안을 수용하여 한국에서 일본의 특수 권익을 인정하는 내용의 _____ 조약을 맺었다(1905. 9.).

포츠머스

142 미국, 영국, 러시아로부터 한국에 대한 독점 지배를 인정받은 일본은 군대로 궁성을 포위하고, 고종과 대신들을 위협해 한국을 보호국화하는 조약 체결을 강요하였다. 일부 대신이 강력히 반대하였으나, 일본은 박제순, 이완용 등 _____ 을 앞세워 조약 성립을 일방적으로 공포하였다 (_____, 1905. 11.).

을사오적,
을사늑약

143 공식 명칭도 없이 강제로 체결된 을사늑약으로 대한 제국은 _____ 을 강탈당하였다. 이후 _____ 가 설치되고, 이토 히로부미가 초대 통감으로 부임해 외교뿐만 아니라 내정까지도 장악하였다.

외교권,
통감부

144 을사늑약이 체결되자 각계각층에서 저항 운동이 격렬하게 일어났다. 고종도 을사늑약의 _____ 를 선언하고 열강의 지원을 얻기 위해 외교 활동을 전개하였다. 특히 조·미 수호 통상 조약의 _____ 조항에 근거하여 미국에 지원을 호소하였지만, 이미 일본의 한국 지배를 승인한 미국으로부터 아무런 도움도 받을 수 없었다.

무효,
거중 조정

145 1907년 네덜란드의 헤이그에서 열린 만국 평화 회의에도(_____, _____, _____)을 특사로 파견하였으나 일본과 영국 등 열강의 방해로 성과를 거두지 못하였다. 일본은 _____ 파견을 빌미로 _____ 을 강제로 퇴위시켰다.

이상설,
이준,
이위종,
헤이그 특사,
고종

146 그 후 일본은 _____(정미 7조약, 1907. 7.)을 강요하여 통감의 내정 간섭 권한을 크게 강화하고, 정부 각 부서에 일본인 _____ 을 임명하여 한국의 행정권을 장악하였다. 곧이어 _____ 마저 강제 해산하였다.

한·일 신협약,
차관,
군대

		ANSWER
147	나아가 일본은 _____(1909)과 _____(1910)을 박탈하는 등 병탄의 수순을 밟아갔다. 한편 친일 단체인 일진회는 합방 청원서를 제출하고 친일 여론을 조성하는 데 앞장섰다.	사법권, 경찰권
148	일제는 한국인의 격렬한 반일 항쟁을 무력으로 억압하였다. 일본 군대가 서울 곳곳에 배치된 살벌한 분위기 속에서 총리대신 이완용과 통감 데라우치 사이에 이른바 병합 조약이 체결되었다(1910. 8.). 이 조약에는 두 나라의 행복과 동양 평화를 위해 일본이 한국을 '_____'한다고 쓰여 있었지만, 실제는 강압으로 이루어진 '_____'일 뿐이었다.	병합, 병탄
149	이처럼 대한 제국의 멸망은 _____을 앞세운 _____의 침략에 그 원인이 있었다. 아울러 국내외의 정세 변화에 대응하여 국민 통합과 국력 증진을 도모하지 못한 집권층의 책임도 크다.	무력, 일제
150	일제의 한국 강제 점령은 한국인이 _____를 수립할 기회를 빼앗아 갔고, 정당한 _____ 행사를 가로막았다. 따라서 한국인은 일제를 몰아내고, 국민 주권에 바탕을 둔 새로운 국가를 건설해야 할 과제를 안게 되었다.	근대 국민 국가, 주권
151	_____는 울릉도와 함께 삼국 시대 이래로 명백한 우리 고유의 영토였지만, 개항 이후 일본 어민들이 불법으로 침입하는 일이 늘어났다. 이에 정부는 일본 측에 항의하였으며, 육지 주민을 울릉도에 이주시키고 관리를 파견하는 등 적극적인 개척 정책을 펼쳤다.	독도
152	일본에서는 최고 행정 기구인 태정관이 독도와 울릉도가 자국의 영토가 아님을 명심하라는 지시를 내렸다(_____, 1877).	태정관 지령
153	대한 제국은 _____를 군으로 승격시켜 _____를 관할하도록 명기한 _____「칙령 제41호」를 공포하고, 이를 국가 공식 기관지인 『관보』에 실음으로써 대내외적으로 독도가 우리 영토임을 명백하게 밝혔다.	울릉도, 독도, 대한 제국
154	그러나 일본은 _____ 중에 독도를 불법적으로 자국의 영토에 편입시켰다 (1905). 이는 국제법상 명백한 불법 영토 침탈 행위인 동시에 일본 제국주의에 의한 한국 영토 강점의 서막이었다.	러·일 전쟁

155 ▢▢는 두만강과 쑹화강 사이에 있는 땅으로, 일찍이 조선과 청은 모호한 경계를 확정하기 위해 ▢▢▢▢를 세웠다 (1712). 그런데 19세기 후반 간도로 이주하는 사람이 많이 늘어나면서 간도 귀속을 둘러싼 분쟁이 일어났다.
| 간도, 백두산정계비

156 백두산정계비에는 서쪽은 ▢▢▢, 동쪽은 ▢▢▢을 경계로 한다고 새겨져 있는데, 문제가 된 것은 동쪽 경계인 ▢▢▢의 위치였다. 청은 토문강을 ▢▢▢이라고 주장하였고, 대한 제국은 토문강이 쑹화강의 상류이므로 간도가 틀림없는 우리 영토라고 주장하였다.
| 압록강, 토문강, 토문강, 두만강

157 양측의 주장이 맞서는 가운데 대한 제국은 간도에 이미 십만여 명의 한민족이 거주하는 점을 감안하여 ▢▢▢을 ▢▢▢▢▢로 임명해 간도를 관할하게 하였다.
| 이범윤, 간도 관리사

158 그러나 을사늑약으로 대한 제국의 ▢▢▢을 강탈한 일제는 청과 '한·청 양국의 국경은 두만강을 경계로 삼고, 일본 정부는 간도를 청의 영토로 인정한다.'라는 내용의 ▢▢▢▢(1909)을 맺었고, 그 대가로 만주의 철도 부설권과 탄광 채굴권 등을 얻었다.
| 외교권, 간도 협약

159 의병 투쟁은 명성 황후 시해 사건이 일어나고 단발령이 공포되자 전국 각지에서 본격적으로 전개되었다(▢▢▢▢, 1895). (▢▢▢, ▢▢▢) 등 위정척사 사상을 지닌 유생은 의병을 일으켜 유교 윤리를 수호하고 일제를 몰아내고자 하였다. 농민과 동학 농민군의 잔여 세력도 의병에 적극 가담하였다. 그러나 아관 파천 이후 고종이 단발령을 취소하고 의병 ▢▢▢▢을 내리자 의병은 대부분 해산하였다.
| 을미의병, 유인석, 이소응, 해산 권고 조칙

160 그 후 동학 농민 운동이나 의병에 참여했던 사람들은 ▢▢▢ 등의 무장 결사를 조직하여 부정한 부호나 탐관오리 처단, 외세 배척 등을 내세우며 투쟁을 이어갔다.
| 활빈당

161 러·일 전쟁 발발 이후 일제의 침략이 본격화되고 을사늑약으로 나라가 큰 위기를 맞게 되자, 수많은 의병이 항일 구국 투쟁을 전개하였다(▢▢▢▢, 1905). 이때 에는 유생뿐만 아니라 ▢▢ 출신 의병장이 크게 활약하였다.
| 을사의병, 평민

		ANSWER
162	▭ 이 이끄는 의병 부대는 한때 충청남도의 홍주성을 점령하여 기세를 올렸으나, 일본군의 반격으로 후퇴하고 말았다. ▭ 은 제자들과 봉기하여 정읍·순창 일대를 장악하였다. 그러나 관군이 출동하자 항전을 중지하고 체포되었으며, 일본군에게 넘겨진 뒤 쓰시마섬에 유배되어 순국하였다.	민종식, 최익현
163	평민 의병장 ▭ 은 경상도와 강원도 경계에 있는 일월산을 근거지로 의병 부대의 규모를 강화하고, 신출귀몰한 유격전을 펼쳐 일본군의 간담을 서늘하게 만들었다. 그의 부대는 민중뿐만 아니라 양반으로부터도 커다란 호응을 받았다.	신돌석
164	고종이 강제로 퇴위당하고 군대가 해산되자, 의병의 항전은 더욱 거세졌다. 각지의 해산 ▭ 이 의병에 가담하여 ▭ 이 강화되고, 국권 회복 투쟁도 더욱 치열하게 전개되었다(▭, 1907). 이때의 의병은 유생과 농민, 해산 군인뿐만 아니라 노동자, 상인, 학생 등 전 계층이 참여한 전국적인 항일 구국 전쟁으로 발전하였다.	군인, 전투력, 정미의병
165	의병 전쟁이 확산되면서 연합 전선이 만들어져 ▭ 을 총대장으로 한 13도 연합 의병 부대(▭)가 결성되었다.	이인영, 13도 창의군
166	이인영은 해외 동포에게 격문을 보내는 한편, 각국의 외교 사절단을 향해 의병을 국제법상의 ▭ 로 승인해 달라고 호소하였다. 이는 의병의 투쟁이 일제의 침략에 대한 국가 단위의 정당한 전쟁임을 주장한 것이다. 13도 창의 군은 경기도 양주에 집결하여 ▭ 에 나섰지만, 우세한 화력의 일본군에게 가로막히고 말았다.	교전 단체, 서울 진공 작전
167	서울 진공 작전이 실패한 뒤에도 의병의 항일 전쟁은 여러 지역에서 계속되었다. 가장 활발한 항일 전쟁을 벌였던 지역은 머슴 출신의 안규홍 등이 의병장으로 활약한 ▭ 지방이었다. ▭ 의병은 유격 전술을 펼치며 끈질기게 일제에 타격을 가하였다.	호남
168	여성 의병장 ▭ 은 「▭」를 지어 여성도 의병에 참여 하도록 항일 의식을 일깨웠으며, 의병을 진압하는 관군을 비판하기도 하였다. 또한 숯을 팔아 군자금을 모으고, 탄약 제조소를 운영하는 등 적극적으로 의병을 지원하였다. 특히 군대 해산 이후에는 일제와 맞서 싸우기 위해 30여 명의 여성으로 '안사람 의병대'를 조직하고, 고된 군사 훈련도 마다하지 않았다.	윤희순, 안사람 의병가

		ANSWER
169	의병의 항전이 끈질기게 이어지자, 일제는 한국을 식민지로 만드는데 가장 큰 걸림돌이 의병이라 판단하여 대대적인 공세에 나섰다. 1909년 9월부터 2개월 동안 호남에서는 일본군에 의해 의병장 100여 명, 의병 4,000여 명이 체포되거나 학살당하였다. 이때 일본군은 의병의 근거지가 될 만한 촌락에 들어가 닥치는 대로 방화하고 살육을 저지르며 초토화하였다. 일제는 이를 '_____' 작전이라고 불렀다. 이로 인해 국내에서 크게 위축된 의병은 국외로 이동하여 항전을 지속하였다.	남한 대토벌
170	_____ 은 국권 회복을 이루지는 못했지만, 일본 제국주의의 군사적 침략에 맞서 자유와 독립을 수호하려 한 정의로운 투쟁이었다. 일제는 한국 강점을 위해 대규모의 군대를 동원한 식민지 침략 전쟁을 벌였고, 의병은 이에 맞서 끈질기게 방어 전쟁을 전개하였던 것이다.	의병 운동
171	일부 양반 출신 의병장은 평민 의병장을 차별하는 등 신분 의식을 극복하지 못한 경우도 있었다. 그렇지만 의병은 군사력의 열세가 뚜렷한 상황에서도 강한 독립 정신과 자주 의식을 보여 주었다. 그 결과 의병 전쟁은 일제의 한국 강점을 지연하였고, 그 정신은 일제 강점기의 _____ 으로 계승되었다.	무장 독립 전쟁
172	을사늑약이 체결되자 이에 대한 반대 투쟁이 다양하게 전개되었다. 늑약 파기를 주장하는 _____ 가 잇따랐으며, 늑약의 부당성을 규탄하는 _____ 활동도 활발하였다. 전국적으로 늑약에 반대하는 시위가 벌어지는 가운데 _____ 은 상점 문을 닫고 일제의 침략에 항의하였다.	반대 상소, 언론, 상인
173	조병세, 민영환 등은 늑약의 불법성에 항의하고 무효화를 요구하며 _____ 하였다.	자결
174	을사늑약에 적극 협조한 매국노와 일본 침략자를 직접 응징하려는 의사들의 행동도 잇따랐다. (_____, _____) 등은 을사늑약에 서명한 매국노를 처단하기 위해 '자신회'라는 _____ 을 조직하였다.	나철, 오기호, 5적 암살단
175	미국의 샌프란시스코에서는 _____ 과 _____ 이 일제의 한국 침략이 정당하다고 선전하는 외교 고문 _____ 를 처단하였다(1908). 이 사건으로 미주 지역 동포의 독립 의식이 고취되어 독립운동 단체가 연대하는 계기가 마련되었다.	장인환, 전명운, 스티븐스

176 연해주에서 의병을 이끌고 활약하던 _____ 은 침략의 원흉인 _____ 를 하얼빈에서 처단하였다(1909). 그는 최후 진술에서 "대한의군의 참모 중장으로서 독립 전쟁의 일환으로 이토를 죽였으니 형사범이 아니라 전쟁 포로로 대우하라."라고 당당하게 주장하였다.

ANSWER 안중근, 이토 히로부미

177 _____ 은 매국노를 처단하는 것이 국권 수호의 지름길이라 여기고, 명동 성당 앞에서 _____ 을 습격하여 중상을 입히는 등 을사오적을 공포에 떨게 하였다(1909).

이재명, 이완용

178 안중근은 뤼순 감옥에서 사형 집행을 눈앞에 두고, 온 힘을 다해 『_____』을 집필하였다. 이 글에는 이토 히로부미를 처단한 이유와 한·중·일 삼국이 서로 존중하고 협력할 때 진정한 동양의 평화를 지킬 수 있다는 주장이 담겨 있다. 일본이 한국의 주권을 부정하고 침략하였기 때문에 동양의 평화를 해치는 적이 되었다고 밝히며 그 잘못을 일깨운 것이다.

동양 평화론

179 러·일 전쟁과 을사늑약을 전후하여 개화 지식인들은 _____ 의 관점에서 국권을 회복하려는 방안을 모색하였다. 그들은 국가 사이의 생존 경쟁에서 부강한 자가 승리하고, 약소국은 패배하여 도태하는 것을 진화의 법칙으로 받아들였다.

사회 진화론

180 이에 따라 _____ 과 _____ 을 진흥하고 국민에게 애국심과 국가 의식의 각성을 촉구하는 등 다양한 활동이 전개되었다. 이를 _____ 이라고 한다.

교육, 산업, 애국 계몽 운동

181 보국안민(輔國安民)을 뜻하는 _____ (1904)는 일제의 황무지 개간권 요구에 반대하는 운동을 펼쳐 성공을 거두었다.

보안회

182 독립 협회를 계승한 _____ (1905)는 의회를 설립하고 입헌 정치 체제를 수립하려는 활동을 벌여 나갔다. 그리하여 왕실과 정부도 헌법과 법률에 따라 활동해야 하며, 국민은 법률이 보장 하는 권리를 누릴 수 있어야 한다고 주장하였다. 하지만 일제의 탄압으로 10개월 만에 해산되었다.

헌정 연구회

183 헌정 연구회를 계승한 _____(1906)는 교육과 산업 진흥 등 실력 양성을 통한 국권 수호 운동을 펼쳤다. 또한 입헌 군주제를 수립해야 한다고 주장하였다. 이를 위해 전국에 지회를 설치하고 _____를 간행하는 등 대중적인 계몽 운동을 전개하였다. 그러나 일제가 고종을 _____시키자 이에 반대하는 운동을 벌이다가 통감부의 탄압을 받아 강제 해산되었다.

ANSWER
대한 자강회, 월보, 강제 퇴위

184 일제의 침략이 가속화되는 가운데 항일 비밀 결사가 활발하게 조직되었는데, 대표적인 것이 _____이다(1907). _____에는 안창호, 양기탁, 신채호 등을 비롯한 각계각층의 애국지사가 참여하였다.

신민회

185 신민회는 취지문에 '오직 신정신을 불러 깨우쳐서 신단체를 조직한 후에 신국가를 건설할 뿐이다.'라고 밝혔다. 이는 신민회가 _____의 근대 국가를 수립하려 했음을 보여 준다.

공화 정체

186 이를 위해 신민회는 실력 양성 운동을 활발히 전개하였다. _____학교와 _____학교 등을 세워 민족주의 교육을 실시하였고, _____와 _____ 등을 운영해 민족 산업을 육성하려 하였다.

대성, 오산, 자기 회사, 태극 서관

187 신민회는 일제의 국권 침탈이 노골화되자, 장기적인 독립운동의 기반을 닦기 위해 국외 _____건설에도 적극 나섰다. 이에 따라 이회영, 이상룡 등은 남만주 _____에 한인촌을 건설하고 독립 전쟁을 준비하였다. 이러한 활동은 애국 계몽 운동 세력과 의병 부대가 연대하는 중요한 계기가 되었다.

독립운동 기지, 삼원보

188 신민회의 국내 조직은 일제가 날조한 _____으로 해산되었지만, 이에 가담했던 애국지사들은 이후에도 국내외에서 민족 운동을 활발하게 전개하였다.

105인 사건

189 국권을 수호하기 위해 민중 계몽과 신교육의 보급이 시급하다고 인식한 애국지사들은 _____, _____ 등 많은 학회를 설립하였다. 이들 학회는 조직력과 자금력을 갖추고 학교를 세웠으며, 민족의식을 고취하는 교과서를 보급하고 월보를 발행하여 민중을 계몽하였다. 그 결과 1910년경 전국의 사립 학교 수는 2,000여 개에 달하였다.

기호 흥학회, 서북 학회

		ANSWER
190	항일 언론 및 출판 활동도 치열하게 전개되었다. 다양한 신문과 출판물은 근대 의식과 애국심을 고취하여 일제의 국권 침탈에 저항하는데 기여하였다. 특히 『 』는 국채 보상 운동을 주도했으며, 다른 신문들과 달리 의병 운동을 긍정적으로 보도하였다.	대한매일신보
191	국외의 교민 단체들도 신문을 발행하였다. 미주의 『신한민보』, 연해주의 『 』 등은 『대한매일신보』와 교류하면서 일본의 침략상을 알리는 데 앞장섰다.	해조신문
192	애국 계몽 운동에 앞장선 진보적 지식인과 시민은 단체를 조직하고, 언론·학교·학회 등을 통해 국민의 애국심을 고취하고 근대 의식을 일깨웠다. 아울러 그들은 을 육성하고 을 이룩함으로써 나라를 지키려 하였다.	산업, 경제 자립
193	하지만 사회 진화론을 신봉하던 일부 지식인은 을사늑약 이후 강대국 일본에 의한 약소국 한국의 지배를 현실로 받아들여, 경제적·문화적 에만 주력하고 을 무모하다고 여겨 비판하는 한계를 지니기도 하였다.	실력 양성, 의병 투쟁
194	이러한 한계는 장기적인 독립운동의 기반을 마련하면서 공화 정체의 근대 국민 국가를 건설하고자 한 의 활동을 통해 극복되었다.	신민회
195	강화도 조약과 후속 조약의 체결로 일본 상인의 경제 침투가 본격적으로 시작되었다. 부산·원산·인천 등 개항장에서 일본 상인은 를 사용할 수 있었고 를 내지 않았으며, 과 잡곡도 수입할 수 있었다.	일본 화폐, 관세, 쌀
196	또한 을 악용하여 약탈적인 무역 활동을 벌이기도 하였다. 그 결과 일본과의 무역 규모는 급속히 확대 되었지만, 조선은 국내 산업을 거의 보호할 수 없었다.	영사 재판권
197	일본 상인은 주로 을 싸게 사서 조선에 비싸게 파는 중계 무역으로 큰 수익을 얻었고, 그 자금으로 을 대량으로 구매해 갔다. 이로 인해 쌀값이 폭등하여 조선 민중은 굶주림에 시달렸고, 농촌의 면직물 공업도 큰 타격을 받았다.	영국산 면제품, 곡물

		ANSWER
198	한편 개항 초기 일본 상인은 _____ 내에서만 무역을 할 수 있었지만 조선의 _____, _____ 등 중개 상인을 매개로 내륙 시장에 침투하였다. 이에 따라 조선의 일부 상인은 부를 축적할 수 있는 기회를 얻기도 하였다.	조계, 객주, 보부상
199	_____ 는 조선 후기에 포구나 교통 중심지에서 위탁 판매업을 비롯하여 숙박, 금융, 창고, 운송업 등에 종사하던 상인으로 개항 이후에는 개항장에도 생겨났다.	객주
200	임오군란 이후 조선에서 청의 정치적 영향력이 커지면서 _____ 이 체결되었다. 이로써 청 상인은 _____ 까지 들어와 상점을 개설할 수 있었고, 허가를 받으면 개항장 밖에서도 활동할 수 있게 되었다. 이후 외국 상인이 _____ 으로 점차 진출하면서 객주, 보부상 등의 중개 상인이 큰 피해를 입었고, 서울 상인의 상권도 크게 위협받았다.	조·청 상민 수륙 무역 장정, 서울(한성), 내륙
201	청 상인이 본격적으로 조선에 진출하면서 청·일 상인 간에 상권 경쟁이 치열하게 벌어졌다. 그 결과 1890년대 초에는 조선에 대한 청과 일본의 수출 총액이 거의 비슷해졌다. 이는 _____ 이 일어나는 주요 원인 중 하나가 되었다.	청·일 전쟁
202	한편 일본으로 쌀이 대량 유출되어 가격이 폭등하자, 지주는 판매할 쌀을 확보하기 위해 소작인에 대한 수탈을 강화하였다. 고리대에 시달리던 농민은 익지 않은 벼를 일본 상인에게 싼값에 팔아 큰 손해를 보는 경우도 많았다. 반면 지주는 쌀을 팔아 얻은 수익으로 토지를 사들여 _____ 는 더욱 확대되었다.	지주제
203	청·일 전쟁과 아관 파천을 거치면서 열강의 경제적 침탈은 더욱 심해졌다. _____ 과 _____ 등은 물론 _____·전차·해운·어업· 전기 등의 수많은 이권이 일본, 러시아, 미국, 프랑스, 영국 등에 넘어갔다. 더구나 일본은 한국을 경제적으로 무력화하여 식민지로 삼기 위해 금융과 재정을 장악하였고 방대한 토지를 약탈하였다.	광산, 삼림, 철도
204	일본은 한국 정부의 세관 업무를 위탁받아 관리하고, 일본의 제일 은행권을 유통하여 한국의 금융을 지배해 나갔다. 러·일 전쟁에서 유리해진 이후에는 재정 고문 _____ 를 파견하여 _____ 을 실시하였다. 이로 인해 국내 자본뿐만 아니라 상인과 농민도 큰 타격을 받았다. 또한 일본은 대규모 차관을 제공함으로써 한국의 재정을 예속시키고자 하였다.	메가타, 화폐 정리 사업

		ANSWER
205	일본은 청·일 전쟁 이후 토지를 사들여 농장을 경영하기 시작하였다. 러·일 전쟁을 도발한 이후에는 철도 부지와 군용지를 확보한다는 구실로 엄청난 규모의 토지를 빼앗았고, 1908년에는 _____를 세워 황무지, 관청이나 역에 딸린 토지 등을 대규모로 약탈하였다. 일본은 이 토지를 한국 농민에게 경작시켜 높은 소작료를 받거나 한국으로 이주한 일본인에게 넘김으로써 식민 지배의 토대를 닦았다.	동양 척식 주식회사
206	재정 고문 _____ 가 실시한 _____ 은 화폐 유통 질서를 바로잡는다는 구실로 당시 사용되던 상평통보와 백동화 등을 일본 제일 은행권으로 바꾸도록 한 것이다. 그러나 일본은 여러 구실을 만들어 교환을 어렵게 만들었고, 그 결과 제일 은행은 사실상 한국의 중앙은행이 되었으며, 일본의 금융 장악은 가속화되었다.	메가타, 화폐 정리 사업
207	개항 이후 일본을 비롯한 외국 상인이 국내 시장에 본격적으로 들어오면서, 조선 상인은 그들과의 경쟁이 불가피해졌다. 정부도 _____ 관례에 맞춰 무역 활동을 관리하고, 경제 발전을 도모해야 하였다.	국제적 통상
208	정부는 개항 이후부터 _____ 로 행해지던 일본과의 무역 상황을 개선하기 위해 꾸준히 노력하였다. 그리하여 관세권의 설정, 방곡령 선포 등을 포함하는 _____ 을 체결하였다(1883). 또한 세곡을 효율적으로 운반하기 위해 기선을 구입하고, 이운사 등 해운 회사도 만들어 세곡 운반뿐만 아니라 화물과 승객 수송까지 사업을 확대해 나갔다.	무관세, 조·일 통상 장정
209	1880년대 초에 외국 상인의 내륙 침투에 맞서 개항장의 객주를 비롯해 자본 축적에 성공한 일부 상인은 동업자를 모아 _____ 를 세우고, 외국 자본과 경쟁에 나섰다. 그중 대표적인 _____ 는 평안도 상인들이 설립한 유통 회사로 전국 각지에서 쌀이나 쇠가죽 등을 사고팔았으며, 이후 해외 무역에도 진출하였다. 1890년대에는 주식회사도 본격적으로 설립되기 시작하였다.	상회사, 대동 상회
210	한편 일본 금융 기관의 침투에 대응하여 최초의 민간 은행인 _____ (1896)을 시작으로 한성 은행(1897), 대한 천일 은행(1899) 등이 설립되었다. 그러나 기업과 은행은 일본의 화폐 정리 사업으로 큰 타격을 입었고, 외국 자본과의 경쟁에 밀려 근대적 민족 자본으로 성장하는 데 어려움이 많았다.	조선 은행

		ANSWER
211	개항 직후부터 일본 상인이 쌀과 콩 등의 곡물을 사들이면서 가격이 폭등하였고, 흉년이 겹쳐 곡물이 크게 부족해졌다. 이에 함경도, 황해도, 충청도 등지에서 지방관이 곡물의 유출을 막기 위해 수십 차례 ▢▢▢을 내렸다.	방곡령
212	함경도 관찰사 ▢▢▢은 조·일 통상 장정에 따라 1개월 전에 외교 담당 관청에 알리고 ▢▢▢을 실시하였다. 그러나 일본은 통보를 늦게 받았다는 구실로 조선 정부에 압력을 가해 ▢▢▢을 철회시켰고, 오히려 막대한 배상금까지 받아 냈다.	조병식, 방곡령, 방곡령
213	조·청 상민 수륙 무역 장정 체결 이후 청·일 양국 상인은 서울에 상점을 설치하고 상권을 확대해 나갔다. 이에 큰 타격을 받은 ▢▢▢은 외국 상점의 퇴거를 요구하며 철시 투쟁을 전개하였다. 이후 ▢▢▢▢▢▢▢를 조직하여 외국 상인의 불법적인 상업 활동을 막고 ▢▢▢을 수호하는 운동에 나섰다.	시전 상인, 황국 중앙 총상회, 상권
214	열강의 이권 침탈이 심해지는 상황에서 독립 협회는 ▢▢▢▢▢▢▢을 활발히 전개하였다. 만민 공동회를 개최하여 러시아의 ▢▢▢▢▢▢▢를 좌절시켰으며, ▢▢▢▢을 폐쇄하는 성과를 거두었다. 또한 프랑스·독일 등의 광산 채굴권 요구도 저지하였다.	이권 수호 운동, 절영도 조차 요구, 한러 은행
215	러·일 전쟁 중 일본은 토지를 약탈하기 위해 국가 또는 황실이 소유한 황무지의 개간권을 양도하라고 요구하였다. 이에 ▢▢▢가 조직되어 거국적으로 반대 운동을 펼쳐 일본의 황무지 개간권 요구를 철회시켰다. 정부 관리들은 ▢▢▢▢▢를 세워 황무지 개간에 나서기도 하였다.	보안회, 농광 회사
216	일본은 ▢▢▢를 설치한 후 적극적으로 ▢▢▢을 제공하였다. 이는 식민지화의 토대를 닦기 위해 경찰 기구를 강화하거나 각종 시설을 만드는 데 쓰였다. 그 결과 일본에 진 나랏빚이 급증하여, 1907년에는 대한 제국의 1년 예산과 맞먹는 1,300만 원에 달하였다.	통감부, 차관
217	이처럼 일본에게 경제적인 예속이 갈수록 심해지자, 국민의 성금을 모아 나랏빚을 갚고 국권을 지키자는 ▢▢▢▢▢▢▢이 전개되었다. ▢▢▢, ▢▢▢ 등을 중심으로 ▢▢에서 시작된 이 운동은 국민의 호응을 얻어 전국으로 확산되었다.	국채 보상 운동, 서상돈, 김광제, 대구

		ANSWER
218	_____가 조직되었고, 『_____』등 언론 기관이 모금 운동에 앞장섰다. 담배를 끊어 성금을 내자는 운동이 일어났으며, 부녀자는 비녀와 가락지 같은 패물을 모아 성금으로 내기도 하였다. 일본 유학생이나 미주, 러시아의 교포도 이 운동에 동참하였다.	국채 보상 기성회, 대한매일신보
219	일본은 이 운동을 배일 운동으로 간주하여 『대한매일신보』 주필 _____을 구속하는 등 탄압을 가하였다. 결국 국채 보상 운동은 목적을 이루지 못하고 중단되었다.	양기탁
220	개항 후 서양의 문물을 접하면서 부국강병을 이루려면 무엇보다 근대적 교육이 필요하다는 인식이 점차 확대되었다. 1883년에 함경도 덕원 주민은 최초의 근대식 학교인 _____를 세워 근대 학문과 외국어를 가르쳤으며, 같은 해에 정부도 외국어 교육 기관인 _____을 세웠다.	원산 학사, 동문학
221	근대 교육이 발전하는 데에는 _____ 선교사의 역할이 매우 컸다. 배재 학당(1885), 이화 학당(1886) 등 기독교 계통의 학교는 근대 학문을 가르치고 민족의식을 일깨웠다.	개신교
222	정부도 _____을 설립하고 미국인 강사를 초빙하여 상류층 자제에게 영어, 수학 등 근대 학문을 가르쳤다(1886).	육영 공원
223	갑오개혁 때에는 _____가 반포되고, 소학교, 외국어 학교, 사범 학교 등 많은 관립 학교가 세워지면서 근대적 교육 제도가 마련되었다.	교육 입국 조서
224	광무개혁 때에도 상공업 진흥책의 추진에 따라 많은 _____가 설립되고, 유학생이 파견되어 근대 문물을 배워 왔다.	실업 학교
225	을사늑약 전후로는 교육을 통해 민족의 힘을 기르자는 애국 계몽 운동이 전개되면서 안창호의 _____ 학교, 이승훈의 _____ 학교 등 많은 학교가 세워졌다. 여학교도 많이 세워져 민족의식과 양성평등 사상을 고취하였다. 이로써 여성의 사회 활동도 점차 활발해졌다.	대성, 오산
226	_____은 외국 선진 학문을 수용하고, 민권 의식과 평등사상 그리고 민족의식을 일깨우는 데 큰 역할을 하였다. 이는 일제의 통제와 탄압에도 국권 회복 운동을 지속할 수 있는 밑거름이 되었다.	근대 교육

227 개항 이후 개화 정책을 추진하고 국민을 계몽할 목적으로 다양한 신문이 발간되었다. 최초의 신문인 『_____』는 박문국에서 발행하였는데, 정부의 개화 정책을 홍보하고 정세를 소개하는 역할을 하였다.
한성순보

228 아관 파천 후 서재필 등은 정부의 지원을 받아 『_____』을 창간하였다. 한글판과 영문판의 두 종류로 발행되어 국민을 계몽하고 국내 사정을 외국인에게도 전달하였다.
독립신문

229 『_____』은 순한글로 간행되어 주로 서민층과 부녀자에게 인기가 많았다. 국·한문 혼용체의 『_____』은 유림층을 주 대상으로 삼았으며, 을사늑약이 체결되자 이를 비판하는 항일 논설 「시일야방성대곡」을 게재하였다.
제국신문, 황성신문

230 『_____』는 양기탁 등 애국지사들이 운영하여 민족 운동을 활발히 전개하였다. 영국인 _____ 이 발행인으로 참여하여 일제의 간섭에서도 비교적 자유로웠다. 순한글과 국한문, 영문 등 세 종류로 발행되어 독자층의 폭이 넓었으며, 『황성신문』, 『제국신문』 등과 함께 국채 보상 운동에도 앞장섰다.
대한매일신보, 베델

231 언론의 활동은 민중을 계몽하고 민족의식을 일깨우는 데 큰 역할을 하였다. 하지만 일제가 항일 논조를 억압하고자 _____ 을 제정하면서 (1907) 크게 위축되었다.
신문지법

232 _____ 는 조선에서 18세기 말 무렵 신앙 활동이 시작되었고, _____ 는 미국과 수교 이후 선교사들이 들어오면서 차츰 자리를 잡게 되었다. 이들 종교는 선교 과정에서 민중과 마찰을 빚기도 했지만, 근대 교육 발전과 서양 의술 보급, 양성평등 의식의 전파 등에 크게 기여하였다.
천주교, 개신교

233 손병희는 동학을 _____ 로 개칭하고 정통성을 계승해 나가면서 교육·문화 사업에 힘쓰고 민족의식을 고취하였다.
천도교

234 나철은 전통적인 단군 신앙을 부활시켜 _____ 를 창시하였다(1909). _____ 는 일제 강점 이후 종단의 중앙 기구를 간도로 옮겼으며, 무장 독립 전쟁에도 크게 기여하였다.
대종교

		ANSWER
235	유교와 불교계에서도 혁신을 주장하는 움직임이 일어났다. _____은 지배층 중심의 유교를 민중 중심으로 전환하자고 주장하였다. _____은 일본 불교의 침투와 통감부의 탄압에 맞서 조선 불교의 자주성을 지키고, 미신적 요소를 없애는 등 철저한 개혁을 주장하였다.	박은식, 한용운
236	개항 이후 근대 교육과 언론 활동을 통해 양반 중심의 사회 질서를 부정하는 _____ 의식이 확대되었으며, 근대적 _____ 의식도 점차 싹트기 시작하였다.	평등, 민권
237	개화파는 양반과 상민의 차별을 비판하고 _____ 확립을 내세웠다. 인간의 존엄성과 평등을 강조한 _____의 정신은 동학 농민 운동에 반영되어 양반 중심의 지배 질서 타도와 노비 제도의 폐지를 주장하였다. 이러한 요구는 갑오개혁 때에 _____의 폐지로 이어져 평등한 사회를 향한 진전이 이루어졌다.	인민 평등권, 동학, 신분제
238	근대적 민권 의식은 _____의 활동으로 빠르게 확산되었다. _____는 천부인권 사상을 앞세워 신체의 자유, 재산권 보장, 양성평등 등을 주장하였고, 국민 주권론에 따른 _____을 추구하였다.	독립 협회, 독립 협회, 참정권
239	민권 의식이 성장하면서 양성평등이나 여성의 권리에 대한 인식도 점차 높아졌다. 한성의 양반 부인 수백 명이 모여 발표한 「_____」(1898)에는 여성도 교육을 받고 경제적 능력을 갖추어야 한다는 내용이 담겨 있었다.	여권 통문
240	이러한 활동은 _____으로 이어지며 민권 의식이 크게 확산되고, 시민의 사회 참여도 활발해졌다. 그러나 오랫동안 이어져 온 차별적 신분 의식은 이후로도 쉽게 사라지지 않았다. 더욱이 일제의 침략으로 우리 사회의 민주적 정치 체제 확립과 사회 발전에는 큰 어려움이 있었다.	애국 계몽 운동
241	백정 출신 _____이 _____의 연사로 나선 것은 백정에 대한 차별 의식이 사라진 것은 아니었지만, 민권 의식이 확산되면서 평등 사회를 향한 진전이 이루어지고 있었음을 보여 준다.	박성춘, 관민 공동회

		ANSWER
242	일제의 침략으로 민족이 위기에 처하자 국사·국어 등 국학 연구가 활발하게 이루어졌다. ____, ____ 등은 역사를 통해 민족의식을 고취하고 민중을 계몽하는데 힘썼다. 특히 신채호는 『____』을 지어 민족주의 사학의 연구 방향을 제시하였으며, 『____』, 『____』 등 구국 위인전을 써서 애국심을 일깨웠다. 『베트남 망국사』, 『이태리건국삼걸전』 등 외국의 흥망사를 다룬 역사책도 번역되었다.	신채호, 박은식, 독사신론, 을지문덕전, 이순신전
243	갑오개혁 이후 공사 문서에서 한문과 한글을 함께 사용하는 경우가 많아졌고, 국한문체의 신문과 잡지 발행으로 문체 변혁도 일어났다. ____ 등에 의해 국어의 문법 체계 연구가 활발하였고, 정부도 국문 연구소를 세워 우리말의 체계를 잡으려고 노력하였다.	주시경
244	서양 문화에 대한 인식이 바뀌고 서양인과 접촉이 잦아지면서 생활 모습도 변화하기 시작하였다. ____ 이 보급되고, 양반과 평민을 구별하던 옷차림도 점차 없어졌다. 서양식 연회가 열리면서 왕실과 고위 관리 사이에서 ____ 와 케이크 같은 기호 식품이 유행하였다.	양복, 커피
245	____, 정동 교회 같은 서양식 건축물도 세워졌고, 서울의 거리에도 이층집이 들어서는 등 변화가 일어났다. 이러한 생활 모습의 변화는 일반 민중의 삶과는 거리가 있었다. 한편 야구, 축구, 테니스 등의 근대식 운동 경기도 보급되었다. 이러한 운동 경기는 초기에 서울에 있는 몇몇 학교에서 행해지다가 점차 전국으로 확산되었다.	명동 성당(1898)
246	개항 이후 서양의 과학 기술을 받아들여 부국강병을 이루어야 한다는 인식이 점차 확산되었다. 정부도 ____ 의 입장 에서 근대 문물을 수용하고자 하였다.	동도서기론
247	이에 따라 1880년대부터 유학생을 파견하고 외국인 기술자와 교사를 초빙하였다. 또한 근대적 무기 공장인 ____ 을 설립하고, 박문국을 세워 신문을 발행하였다. 최초의 근대식 병원인 ____ 도 설립하였다.	기기창(1883), 광혜원(제중원)(1885)
248	근대적 통신, 교통의 편리성을 인식하면서 ____ 이 가설되고 ____ 사무가 이루어졌으며, 만국 우편 연합에도 가입하여 외국과 우편 교류도 가능해졌다. 황실과 미국인의 합작으로 설립된 한성 전기 회사(1898)는 발전소를 세우고 ____ 을 설치하였으며, ____ 노선을 부설하였다.	전신선(1885), 우편(1884), 전등(1887), 전차(1899)

		ANSWER
249	철도는 [____]에 이어 일본이 러·일 전쟁의 수행 등 군사적 목적으로 경부선, 경의선을 부설하였다. 그 과정에서 엄청난 토지가 철도 부지로 수용되어 민중의 생활 기반을 파괴하였기 때문에 [____]에 대한 민중의 반감은 매우 컸다.	경인선(1899), 철도
250	근대 시설은 생활에 편리함을 주기도 했지만, 대부분 외국의 기술과 자본에 의존하였다. 또한 일본 등 제국주의 열강이 [____]·[____]·[____] 침략을 목적으로 설치한 것이 많았다.	정치, 경제, 군사적
251	개항 이후 제국주의 열강의 경제적 침탈이 가속화되면서 민중의 삶은 더욱 어려워졌다. 이에 따라 19세기 중반부터 기근, 빈곤, 수탈 등을 피해 새로운 삶의 터전을 찾아 해외로 이주하는 사람이 늘어났다. 지리적으로 가까운 [____]와 [____]로 이주한 사람이 많았는데, 이들은 현지 토착민의 핍박과 갖은 고난 속에서도 황무지를 개간하여 생활의 근거지를 만들어 갔다.	만주, 연해주
252	의병 운동에 대한 탄압이 심해지고, 일제의 침략이 본격화되면서 독립운동을 위해 국경을 넘는 사람도 많아졌다. 이들은 이주민과 연대하여 자치적인 한인 사회를 형성하였다. 이러한 활동으로 여러 지역에 [____]가 건설되어 [____]을 전개할 수 있는 기반이 마련되었다.	독립운동 기지, 무장 독립 전쟁
253	미주 지역의 한국인 이주는 노동 이민이 주를 이루었다. 1903년에 첫발을 내딛은 [____] 이민은 대한 제국 정부가 공인한 최초의 합법적 이민으로, 이주민은 [____] 사탕수수 농장의 노동자로 일하였다.	하와이
254	한국인은 이후 미국 본토는 물론 멕시코로도 이주하였다. 이들은 열악한 환경에서 고된 노동에 시달렸지만, [____]를 형성하고 각종 단체를 설립하여 한국의 독립운동을 지원하였다.	미주 한인 사회

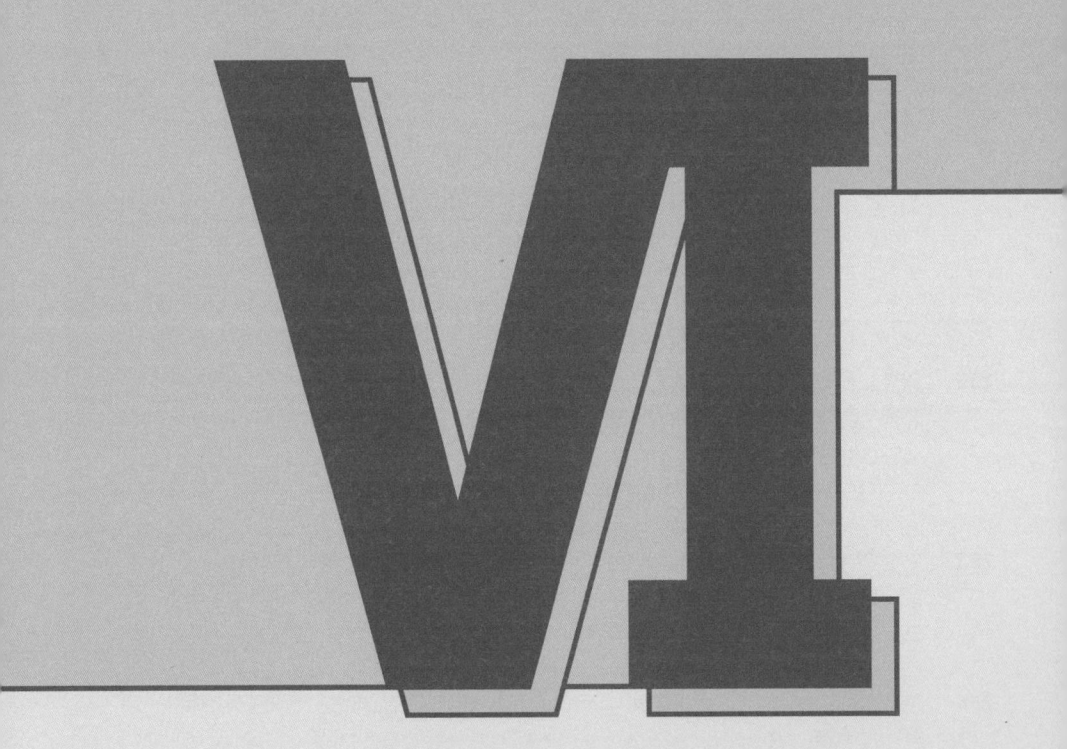

한유진 한국사 키워드 암기장

일제 강점기

Ⅵ 일제 강점기

001 한국을 강점한 일제는 통치 기구로 _____ 를 설치하였다. — 조선 총독부

002 조선 총독은 _____, _____, _____ 권과 _____ 을 포함한 절대 권력을 가졌고, _____ 에 직속되어 일본 의회나 내각의 통제를 거의 받지 않았다. — 입법, 행정, 사법, 군 통수권, 일왕

003 조선 총독에는 _____ 이 임명되었는데, 이는 한국인의 저항을 억누르고 장차 대륙을 침략하려는 의도가 반영된 것이다. — 육·해군 대장

004 조선 총독의 자문 기구로 설치된 _____ 은 실질적인 권한이 없었으며, 일제가 한국인을 정치에 참여시킨다는 구실로 설치되었으나 매국노로 구성되어 한국인의 의사를 대변할 수 없었다. — 중추원

005 35년간 이어진 일제의 _____ 지배 체제에서 대다수 한국인은 정치적·경제적 권한을 억압당하였다. 이로 인해 _____ 의 수립은 지연될 수밖에 없었다. — 총독부, 근대 국민 국가

006 일제는 _____ 를 실시하여 현역 군인인 헌병 사령관을 경찰 최고 책임자인 _____ 으로 임명하고, 헌병 분대와 파출소, 경찰서와 주재소 등을 두어 한국인을 감시, 억압하였다. 전국에 배치된 헌병은 _____ 을 가져 _____ 등의 형벌을 가하였다. 이 밖에도 한국인의 저항을 누르기 위해 일본군 2개 사단 병력을 전국 주요 도시에 배치하였다. — 헌병 경찰제, 경무총감, 즉결 처분권, 태형

007 관리와 교사도 _____ 을 입고 _____ 을 차고 다녔는데, 이는 폭력적이고 위압적인 _____ 의 모습을 잘 보여준다. — 제복, 칼, 무단 통치

008 일제는 한국인의 _____ 의 자유를 억눌렀다. 『황성신문』, 『_____』 등 신문과 역사서 및 잡지의 출판이 금지되었고, _____ 등 계몽 단체도 해산당하였다. — 언론·출판·집회·결사, 대한매일신보, 대한 협회

009 일제는 _____ 교육을 실시하여 한국인을 식민 지배에 순응하게 하고 노동력을 마음껏 이용하려고 하였다. 이를 위해 교육 체계를 _____ 교육과 _____ 교육 위주로 편성하였고, _____, 서당 등의 민족 교육을 철저히 억압하였다. — 우민화, 보통, 실업, 사립 학교

010 일제의 _____ 사업은 전국의 토지 _____ 을 확인하여 식민지 지배에 필요한 재정을 확보하고, 일본인이 쉽게 토지를 차지할 수 있도록 하기 위해 시행되었다.

토지 조사, 소유권

011 토지 소유권을 인정받으려면 정해진 기간 내에 _____ 하여야 했는데, 복잡한 절차나 서류 미비 등으로 기한 내에 신고하지 못하여 _____ 을 잃는 경우도 있었다.

신고, 소유권

012 토지 조사 사업의 결과 총독부는 _____ 수입이 크게 늘었고, 미신고 토지나 _____ 를 차지하였다. _____ 와 일본인은 총독부가 차지한 토지를 헐값에 넘겨받거나 농민의 어려운 처지를 이용하여 토지를 대량으로 사들였다.

지세, 국공유지, 동양 척식 주식 회사

013 반면 한국 농민 중에는 _____ 으로 전락하는 경우가 많아졌다.

소작농

014 지주의 _____ 만 인정되고 농민의 _____ 등 관습적인 권리는 보호되지 않았기 때문에 소작농은 고율의 소작료 등 불리한 조건으로 지주와 계약하였다. 살기 어려워진 농민은 화전민이 되거나 만주, 연해주 등지로 이주하였다.

소유권, 경작권

015 _____ 는 1908년 일제가 토지와 자원을 수탈할 목적으로 설립한 국책 회사로, 농민을 가혹하게 착취하였다.

동양 척식 주식 회사

016 일제는 효율적인 식민지 경제 수탈을 위해 한국인의 자본 축적과 공업 발전을 억제하는 여러 법령을 제정하였다. 일제는 _____ 를 공포하여 기업을 설립할 때 총독의 _____ 를 받게 하고, 총독의 명령만으로도 기업을 해산할 수 있도록 하였다. 이에 따라 한국인에게는 주로 소규모의 제조업, 매매업 등이 허용되었다.

회사령, 허가

017 또한 _____ , _____ , _____ 등의 법령을 제정하여 경제 활동을 허가제로 전환하고, 인삼에 대한 _____ 를 실시하였다. 이로써 일제는 한국의 자원을 철저히 장악하여 수탈할 수 있었고, 민족 자본의 성장 가능성을 차단하였다.

어업령, 광업령, 은행령, 전매제

018 　　　　 조사 사업도 실시하여 방대한 면적의 임야를 국유림으로 편입하였다. — 임야

019 일제는 　　　　, 도로, 항만과 통신망 등 기간 시설을 새롭게 건설하고 정비하였다. 이는 한국에 대한 　　　　 지배를 강화하는 동시에 자국의 상품 시장을 확대하고 한국의 식량, 　　　　를 손쉽게 일본으로 가져가려는 의도였다. — 철도, 정치적, 원료

020 결과적으로 한국인의 산업 활동은 크게 위축되었고, 한국 경제는 일본 　　　　 체제에 종속되었다. — 자본주의

021 　　　　를 표방한 일제는 가혹한 식민 통치를 은폐하기 위해 여러 가지 정책을 제시하였다. — 문화 통치

022 조선 총독에 육·해군 대장만 임명하도록 한 규정을 바꾸어 　　　　도 임명이 가능하도록 하였으며, 헌병 경찰 제도를 　　　　 제도로 전환하였다. — 문관, 보통 경찰

023 그러나 일제가 항복하여 물러날 때까지 　　　　 총독은 한 명도 임명되지 않았고, 　　　　 관서와 인원, 비용은 3배 이상 늘어났다. — 문관, 경찰

024 일제는 한국인에게도 참정권을 주고 　　　　를 실시하겠다고 선전하였다. 이는 독립운동을 　　　　으로 유도하고 　　　　 세력을 양성하려는 것이었다. 따라서 조선 의회는 설립되지 않았고, 지방에도 　　　　, 부·군·면 협의회 등 자문 기구가 설치되었으나 의결권은 없었다. — 지방 자치제, 자치 운동, 친일, 평의회

025 일제는 언론·출판·집회·결사의 자유를 일부 허용하였다. 이에 따라, 　　　　, 　　　　 등 신문이 발행되었다. 하지만 일제는 　　　　 제도를 강화하여 식민 통치를 비판하거나 민족의식을 고취하는 기사를 삭제하였고, 심한 경우에는 정간·폐간하였다. — 『조선일보』, 『동아일보』, 검열

026 일제는 보통학교와 고등 보통학교를 증설하였으며 　　　　을 늘렸다. 하지만 보통학교조차 그 수가 많이 부족하였고 유상 교육이었다. 이에 한국인의 　　　　은 매우 낮았고, 　　　　을 접할 기회는 거의 없었다. — 수업 연한, 취학률, 고등 교육

027 _____ 이후 일제가 기만적인 '_____'를 내세운 의도는 한국인의 강력한 저항과 나빠진 국제 여론을 무마하려는 것이었다. 관리, 교원이 제복을 입고 칼을 차던 것을 폐지하는 등 외형적 변화가 있었지만 한국인에 대한 감시와 탄압은 더욱 철저해졌다. 일제는 1군 1 _____, 1면 1 _____ 제도를 확립하였고, _____ 을 제정하여 독립 운동가를 탄압하는데 이용하였다.

ANSWER: 3.1 운동, 문화 통치, 경찰서, 주재소, 치안유지법

028 _____ 은 일제가 식민 통치를 부정하는 사회주의자나 독립운동가의 처벌을 규정한 법률로, 국내뿐 아니라 해외에서 활동하는 경우에도 적용되었다.

치안유지법(1925)

029 일제는 기만적인 _____ 를 표방하면서 식민 통치에 협력하는 _____ 세력을 양성하였는데, 특히 지식인, 자본가, 지주층을 적극 포섭하였다. 문화 통치는 한국인을 이간, 분열하여 독립 운동을 약화시키고, 식민지 지배 체제를 공고히 하려는 _____ 통치였다.

문화 통치, 친일, 민족 분열

030 일본에서는 제1차 세계 대전을 계기로 공업화가 진전되고 도시 인구도 크게 늘었지만 농업 생산력은 이에 미치지 못하여 _____ 현상이 심각해졌다. 이에 일제는 한국에서 _____ 을 실시하여 식량 부족 문제를 해결하려 하였다.

쌀 부족, 산미 증식 계획

031 _____ 개량, _____ 구축, 경지 정리와 개간 사업 등을 통해 쌀 생산을 늘려갔지만, _____ 은 계획한 목표에 미치지 못하였다. 그런데도 일제가 예정대로 쌀을 가져갔기 때문에 일본의 식량 사정은 개선되었지만, 한국의 식량 사정은 나빠졌다. 일제는 _____ 에서 조·수수·콩 등을 들여와 이를 보충하였다.

품종, 수리 시설, 증산량, 만주

032 한국 농민은 높은 소작료와 지세, 공과금뿐만 아니라 비료 대금, 수리 조합비, 토지 개량비 등 쌀 증산 비용마저 부담하는 _____ 속에 놓였다. 반면 토지 회사나 대지주는 농민의 곤궁한 처지를 이용하여 대농장을 넓혀 갔다. 그 결과 자작농 중 많은 수가 _____ 이 되거나 화전민, 도시 빈민으로 전락하였고 만주나 연해주, 일본 등지로 이주하기도 하였다.

이중적 수탈 구조, 소작농

		ANSWER

033 일본은 제1차 세계 대전 때 유럽과 아시아로 수출한 공업 제품의 양이 크게 늘어 경제 호황을 누렸다. 축적된 자본을 바탕으로 한국에 진출하여 값싼 자원과 노동력을 활용하려는 일본 기업이 늘어나자 조선 총독부는 ▢▢▢를 폐지하여 회사 설립을 ▢▢▢로 전환하였다(1920).

회사령, 신고제

034 이에 따라 한국인이 기업을 설립하는 경우도 늘어났지만, 규모나 자본이 일본 기업에 비해 매우 영세하였다. 1923년 일본 상품에 대한 ▢▢가 폐지되어 값싼 일본산 제품이 밀려오면서 한국인 소유의 기업은 큰 타격을 입었다.

관세

035 1920년대 후반에는 미쓰이, 미쓰비시, 노구치 등 일본 재벌 기업이 한국에 본격적으로 진출하였다. 이들 기업은 지하자원이 풍부한 ▢▢ 지방에 큰 공장을 세워 자원과 인력을 적극 수탈하였다.

북부

036 일제가 실시한 산미 증식 계획의 결과 세계적으로 유례가 없는 빠른 속도로 농민 분해가 일어났다. 1916년부터 1932년까지 자작농과 자소작농을 합친 농가의 비율은 30% 정도 감소한 반면, ▢▢▢의 비율은 40% 이상 증가하였다. 이 과정에서 대다수의 한국 농민은 ▢▢▢을 위협받는 상황에 내몰렸다.

소작농, 생존권

037 일제가 한국을 강점하자 애국지사들은 독립을 쟁취하기 위한 최선의 방안을 모색하였다. 1910년대에는 ▢▢ 계열은 물론이고, ▢▢▢▢ 운동 계열의 인사들도 대부분 독립 ▢▢을 일으켜 일제를 몰아내고자 하였다. 그리하여 나라 안팎에서 독립군을 양성하기 위한 다양한 노력을 기울였다.

의병, 애국 계몽, 전쟁

038 국내에서는 수많은 ▢▢▢▢▢가 활약하였으며, 해외에서는 ▢▢▢▢▢가 건설되어 장기적인 항일 투쟁의 토대가 마련되었다.

항일 비밀 결사, 독립 운동 기지

039 일제를 몰아낸 후 어떤 나라를 세울지 정하는 것도 민족 운동의 과제였다. 대한 제국의 ▢▢ 체제로 돌아가 황제를 다시 세워야 한다고 생각하는 사람도 있었다(= ▢▢▢▢).

군주, 복벽주의

040 하지만 대한 제국의 멸망과 함께 군주 체제의 회복에 대한 기대는 약해진 반면, 황제의 주권이 _____ 에게 넘어왔다고 생각하는 사람이 늘어났다. 이에 국민 주권에 바탕을 둔 _____ 을 수립해야 한다는 주장이 갈수록 확산되었다.

ANSWER
국민,
민주 공화국

041 국내에서는 _____ 통치의 억압 속에서도 수많은 항일 비밀 결사가 조직되어 활동하였는데, _____ 와 _____ 의 활동이 두드러졌다.

무단,
독립 의군부,
대한 광복회

042 _____ 는 고종의 밀명을 받은 의병장 출신의 _____ 주도로 결성되었다. 이 단체는 나라를 되찾아 고종을 복위시키려는 목표를 세우고 전국적인 의병 봉기를 준비하였다. 그러나 일제에 _____ 를 보내려고 계획하던 중 조직이 발각되어 해체되었다.

독립 의군부,
임병찬,
국권 반환 요구서

043 _____ 는 의병 계열과 애국 계몽 운동의 비밀 결사가 통합하여 결성되었다. 이 단체는 _____ 의 수립을 지향하였으며, 군대식 조직을 갖추고 국내 각지와 만주에 지부를 설치하여 독립군 양성에 노력하였다. 그러나 _____ 마련을 위해 활동하던 중 일제 경찰에 조직이 드러나 해체 되었다.

대한 광복회,
민주 공화국,
군자금

044 한편 규모가 줄었지만 의병 부대의 저항도 계속되었다. 마지막 의병장이라고 불리는 _____ 이 지휘한 의병 부대는 1915년까지 서북 지방을 무대로 항전하였다.

채응언

045 일제의 한국 강점 전후, 애국지사들은 국외로 망명하여 독립 전쟁을 준비하였다. 특히 지리적으로 가까운 _____ · _____ 지역 일대에 독립 운동 기지를 건설하여 장기적인 항일 투쟁의 거점으로 삼고자 하였다. 애국지사들은 그 곳에서 자치 단체를 만들어 _____ 을 양성하였고, 학교를 세워 민족 교육을 실시하였다.

만주,
연해주,
독립군

046 일찍부터 동포가 많이 이주한 북간도는 수많은 한인촌이 건설되어 지역 전체가 독립운동 기지나 마찬가지였다. 북간도의 애국지사들은 _____ 등 자치 단체를 만들어 동포 사회를 이끌었다. 북간도로 거점을 옮긴 대종교는 _____ 이라는 무장 독립 단체를 만들었다. 이 단체는 3·1 운동 이후 _____ 로 발전하면서 무장 투쟁에 크게 기여하였다.

간민회,
중광단,
북로 군정서

047 남만주(서간도)의 _____ 일대에도 _____ 의 계획에 따라 이회영, 이상룡, 김동삼 등을 중심으로 한인이 대거 이주하여 독립운동 기지를 건설하였다. 이곳에 설립된 신흥 강습소는 민족 교육과 군사 교육을 함께 실시한 대표적 민족 교육 기관으로, 독립군 사관을 양성하는 _____ 로 발전하였다.

ANSWER 삼원보, 신민회, 신흥 무관 학교

048 국외 항일 의병의 중심지였던 _____ 지역에서는 블라디보스토크 교외에 _____ 이 건설되었고 자치 단체인 _____ 가 조직되어 동포 사회를 이끌었다.

ANSWER 연해주, 신한촌, 권업회

049 권업회는 효과적인 독립 전쟁을 수행하기 위해 _____, 이동휘를 정·부통령으로 하는 _____ 를 조직하였다. 그러나 일제와의 관계 악화를 꺼린 _____ 가 한국인의 무장 활동을 금지하여 본격적인 활동은 어려웠다.

ANSWER 이상설, 대한 광복군 정부, 러시아

050 중국의 상하이, 베이징이나 미주 각지에서도 독립 전쟁을 준비하는 애국지사들의 움직임이 활발하였다. 이들은 일제에 맞서 직접 무장 투쟁을 전개하기는 어려웠지만, 중국과 미국 정부를 상대로 한 _____ 활동과 _____ 등에서 큰 역할을 하였다.

ANSWER 외교, 군자금 모금

051 중국의 상하이에서는 _____ 등이 애국지사들을 규합하여 _____ 를 조직하였다. 이 단체는 중국의 혁명 세력과 교류하며 독립운동에 대한 지지를 얻고자 노력하였다.

ANSWER 신규식, 동제사

052 또한 여운형 등 동제사의 젊은 활동가들이 주축이 되어 _____ 을 결성하였다. 이들의 활동은 3·1 운동이 일어나는 데 영향을 끼쳤고, _____ 수립의 기반을 조성하였다.

ANSWER 신한 청년당, 대한민국 임시 정부

053 미주 지역에서는 _____ 과 _____ 의 의거를 계기로 애국심이 고조되면서 한인 단체를 통합한 _____ 가 결성되었다(1910). 이 단체는 공개적으로 민주 공화국 수립을 주장했으며, 동포 사회의 권익을 보호하기 위해 노력하였다. 아울러 만주·연해주에 지부를 설치하고 독립군에게 군자금을 모아 전달하는 등 항일 투쟁에도 큰 역할을 하였다.

ANSWER 장인환, 전명운, 대한인 국민회

054 미주 여러 지역에서 무장 투쟁 단체가 만들어졌다. 대한인 국민회의 유력한 지도자였던 _____ 은 하와이에 _____ 을 조직하였고, 멕시코 이주 동포도 _____ 를 세워 독립군 무관을 양성하였다.

<u>ANSWER</u>
박용만,
대조선 국민군단,
숭무 학교

055 해외 각 지역의 한인 자치 단체는 민족 교육과 한인의 법적 지위 향상을 위해 노력하는 등 독립된 _____ 처럼 동포 사회를 이끌어 나갔다. 남만주 _____ 에 조직된 _____ 는 _____ 의 원칙이 적용된 중앙 조직뿐만 아니라 동포 사회를 효율적으로 이끌어 가기 위한 지방 조직도 갖추고 있었다. 또 독립군의 양성과 작전을 담당하는 군정 기구를 설치하여 무장 독립 전쟁을 준비하였다.

자치 정부,
삼원보,
한족회,
삼권분립

056 _____ 형제들은 만주로 망명하면서 전 재산을 처분하고, 이를 바탕으로 남만주 유하현의 _____ 에 신한민촌을 건설하고, _____ 를 만들어 무료로 운영하면서 민족 교육과 독립군 양성을 추진하였다.

이회영,
삼원보,
신흥 강습소

057 나라 안팎에서 항일 투쟁이 활발히 전개되는 가운데 국제 정세의 흐름에 변화가 나타났다. _____ 으로 사회주의 국가가 출현하고, 미국 대통령 윌슨이 _____ 를 제창하였다. 애국지사들은 이를 _____ 가 지배하던 약육강식의 세계사 흐름에 변화가 온 것으로 인식하였다. 이에 한국인의 _____ 의지를 전 세계에 분명히 드러냄으로써 한국 독립에 대한 열강의 지지를 얻고자 하였다.

러시아 혁명,
민족 자결주의,
제국주의,
독립

058 상하이의 _____ 은 파리 강화 회의에 _____ 을 대표로 파견하여 독립 의지를 알렸고, 국내외 여러 지역에 대표를 파견하여 독립 운동을 촉진하였다. 이에 발 맞추어 도쿄 유학생들도 _____ 을 발표하여 한국의 독립을 주장하였다.

신한 청년당,
김규식,
2·8 독립 선언

059 국내에서도 거족적으로 독립운동을 일으키려는 움직임이 일어났다. 그러던 중에 _____ 이 서거하자, 일제가 독살하였다는 소문이 퍼져 국민이 크게 분노하였다.

고종

060 이에 _____ · _____ · _____ 등 종교계 인사와 학생들은 _____ 의 국장일에 즈음하여 대규모 비폭력 평화 시위를 벌임으로써 한국인의 독립 의지를 전 세계에 알릴 계획을 세웠다.

천도교,
기독교,
불교,
고종

061 1919년 3월 1일, ____, 이승훈, 한용운 등 민족 대표는 시위가 과격해질 것을 우려하여 ____ 이라는 요릿집에 모여 ____ 를 발표하였다. ____ 에서는 학생과 시민이 모여 독립 선언서를 낭독하고 '대한 독립 만세'를 외쳤다. 여기에 수많은 시민이 가세하여 서울은 만세 소리로 뒤덮였다. 비슷한 시각 평양, 원산 등에서도 만세 시위가 전개되었고, 순식간에 ____ 주요 도시로 확산되었다.

ANSWER
손병희,
태화관,
독립 선언서,
탑골 공원,
전국

062 시위에는 학생뿐만 아니라 교사·상인·노동자 등도 가담하였다. ____ 은 가게 문을 닫고 시위에 참여했고, 노동자는 ____ 투쟁을 전개하였다. 기생이나 걸인들도 만세 시위에 가담하였다.

상인,
파업

063 평화적인 만세 시위는 ____ 으로 확산되면서 양상이 달라졌다. 농촌의 시위는 주로 장날에 장터를 중심으로 진행되었는데, 일제는 ____ 을 동원하여 무차별 사격을 가하는 등 무자비하게 탄압하였다. 이에 농민은 경찰 관서, 헌병대, 면사무소 등 식민 통치 기관을 습격, 파괴하였다. 그리하여 비폭력 평화 시위는 점차 민중이 주도하는 ____ 운동으로 발전해 갔다.

농촌,
헌병 경찰,
무력 투쟁

064 한편 만세 시위는 국외로도 확산되었다. 동포가 많이 거주하는 ____ 와 ____ 에서는 연일 대규모 시위가 전개되었다. ____ 의 필라델피아에서는 미주 각지의 동포가 모여 3일간 ____ 를 열고 시가행진을 하였다. ____ 에서도 유학생이 모여 독립 만세를 외치며 시위를 전개하였다.

만주,
연해주,
미국,
한인 자유 대회,
일본

065 박은식의 ____ 에 따르면 3·1 운동은 일제의 가혹한 탄압과 만행 속에서도 3개월에 걸쳐 전국에서 1,500회 이상 시위가 일어났으며, 약 200만 명이 참가한 것으로 추산된다.

『한국통사』

066 ____ 은 일제가 저지른 수많은 만행 중 대표적 사례이다. 1919년 4월 15일 일본군은 제암리 주민을 교회에 모이게 한 뒤, 밖에서 문을 잠그고 무차별 사격을 가하였으며 인근 교회와 민가에 불을 질러 마을 전체를 초토화 하였다.

제암리 학살

		ANSWER
067	3·1 운동은 군대까지 동원한 일제의 무자비한 탄압으로 엄청난 희생과 피해를 겪었지만 _____ 으로 곧바로 이어지지 못하였다. 그렇지만 3·1 운동은 신분과 직업, 종교의 구별 없이 도시와 농촌, 남녀노소를 가리지 않고 거의 모든 지역에서 전 계층이 참여한 우리 역사상 _____ 규모의 민족 운동이었다. 이를 통해 한국인은 단결된 독립 의지를 전 세계에 알렸다.	독립, 최대
068	3·1 운동을 계기로 민주 _____ 의 _____ 가 수립되었고, 이로써 19세기 후반부터 이어져 온 근대 국민 국가 수립 운동이 결실을 맺었다.	공화제, 대한민국 임시 정부
069	민족 운동의 주체가 학생·농민·노동자·여성 등으로 확대됨으로써 다양한 _____ 운동과 _____ 운동이 전개될 수 있는 토대가 마련되었다.	민족, 사회
070	일제는 무력만으로 한국인의 독립 운동을 막을 수 없다고 판단하여 폭압적인 _____ 통치를 _____ 통치로 전환하였다.	무단, 문화
071	세계사적 측면에서 3·1 운동은 _____ 침략에 맞서 인류의 자유와 정의, 평등과 평화를 지향한 인도주의 운동이었다. 이러한 점은 중국의 _____ 등 약소민족의 반제국주의 운동에도 영향을 주었다.	제국주의, 5·4 운동
072	또한 3·1 운동을 거치면서 _____ 스스로가 역사의 주체라는 자각이 높아졌다. 이에 따라 독립운동 참여는 물론 여성 인권과 양성평등을 주장하는 _____ 도 활성화되었다.	여성, 여성운동
073	3·1 운동 직후 국내외에서 임시 정부가 수립되었다. 연해주에서는 _____ 가, 상하이에서는 _____ 가 세워졌다. 국내에서도 _____ 의 출범이 선포되었다.	대한 국민 의회, 대한민국 임시정부, 한성 정부
074	임시 정부는 곧바로 _____ 운동을 시작하였고 마침내 _____ 의 법통을 계승하고 상하이의 대한민국 임시 정부와 대한 국민 의회를 통합한 대한민국 임시 정부가 탄생하였다. 임시 대통령에는 _____ , 국무총리에 _____ 가 선임되었다.	통합, 한성 정부, 이승만, 이동휘

Ⅵ 일제 강점기 131

075 통합 과정에서 외교부만을 ☐에 두고, 정부와 의회는 동포가 많이 살며 무장 투쟁에서 유리한 ☐나 ☐로 옮겨야 한다는 주장도 있었다.
　　상하이, 간도, 연해주

076 정부를 ☐에 둔 것은 서구 열강의 조계 지역이 많아 ☐ 활동을 펴기에 유리하고, 각 지역의 독립 운동 세력과 연락이 편리하였기 때문이다.
　　상하이, 외교

077 대한민국 임시 정부는 ☐에서 터져 나온 민족의 열망으로 수립되었으며, 나라 안팎에서 활동한 여러 독립운동 세력이 함께 참여하였다. 여기에는 ☐ 계열뿐만 아니라 이동휘 등 ☐ 계열의 인사도 있었다.
　　3·1운동, 민족주의, 사회주의

078 대한민국 임시 정부는 최초의 ☐ 정부로서 ☐의 원칙에 따라 입법 기관인 ☐, 행정 기관인 ☐, 사법 기관인 ☐으로 구성되었다.
　　민주 공화제, 삼권 분립, 임시 의정원, 국무원, 법원

079 일제의 강점으로 한국인이 ☐을 행사할 수 없었지만, 대한민국 임시 정부의 수립은 황제의 나라인 ☐에서 국민의 나라인 ☐으로 첫걸음을 내딛었음을 의미한다.
　　주권, 대한 제국, 대한민국

080 대한민국 임시 정부는 독립운동 자금을 안정적으로 확보하고, 나라 안팎의 항일 세력과 원활한 연락망을 구축하기 위해 ☐와 ☐을 설치하였다.
　　연통부, 교통국

081 ☐는 대한민국 임시 정부의 국내 비밀 행정 조직으로 재정을 확보하고, 제정되는 법령이나 공문 등을 국내에 전파하였다. ☐은 대한민국 임시 정부의 통신기관으로 정부 수집과 분석, 독립 운동 자금 모집을 관장하였다. 특히 ☐에 근거를 둔 안동(단둥) 교통국의 활약이 두드러졌다.
　　연통부, 교통국, 이륭 양행

082 대한민국 임시 정부는 독립운동 자금 마련을 위해 ☐를 발행하거나 의연금을 거두었다.
　　독립 공채

083 초기에 대한민국 임시 정부는 열강으로부터 임시 정부 승인을 받고, 독립에 대한 지원을 이끌어 내기 위해 외교 활동에 주력하였다. 파리 강화 회의에 파견되어 있던 _____ 을 대한민국 임시 정부 대표로 임명하는 등 여러 국제회의에 대표를 보내 한국인의 독립 의지를 알리고자 노력하였다. 미국에는 _____ 를 두어 대통령 이승만을 중심으로 외교 활동을 벌였다.

ANSWER
김규식,
구미 위원부

084 외교 노력의 결과 _____ 을 수반으로 한 중국 정부의 승인을 받고, 소련의 _____ 으로부터 독립운동 자금을 지원받기도 하였다. 그러나 제1차 세계대전의 승전국인 미국, 영국등이 주도하는 국제 사회에서는 한국의 독립 여론을 환기하는 데 머물렀다.

쑨원,
레닌

085 _____ 은 1917년 중국 _____ 에서 신채호, 조소앙, 신규식, 박은식 등 14인의 명의로 발표된 선언이다. 이 선언은 _____ 이 주권을 포기한 순간 한국의 주권은 이민족인 일제에 넘어간 것이 아니라 2천만 동포에게 귀속되었다고 규정하였다. 다만 일제의 불법적 국권 강탈로 국내 동포는 _____ 행사가 어려운 상황에 있으므로, 해외 독립운동가가 주권 행사의 권한을 위임받아 _____ 를 만들어야 할 권리와 책임이 있다고 주장하였다.

대동단결의 선언,
상하이
순종,
주권,
대한민국 임시 정부

086 대동단결의 선언은 임시 정부 수립의 당위성을 밝히고, _____ 의 영토·인민·주권을 계승한 새로운 _____ 국가 건설의 신호탄을 쏘아 올린 점에서 큰 의미가 있다.

대한 제국,
민주주의

087 대한민국 임시 정부에는 만주 지역의 무장 투쟁 세력도 다수 참여하였다. 임시 정부는 외교 활동에 비중을 두었지만, 독립 전쟁도 염두에 두고 있었다. 그리하여 남만주에 군무부의 직할 부대인 _____, _____ 등을 두고 무장 투쟁을 전개하였다.

광복군 사령부,
광복군 총영

088 한편 대한민국 임시 정부는 _____ 을 간행하여 독립 의식을 고취하고, 국내외 동포에게 독립운동 소식을 알렸다. 또 임시 사료 편찬 위원회를 두고 일제의 침략과 학정, 우리 민족의 독립 운동과 관련된 사료를 모아 _____ 을 간행하였다.

『독립신문』,
한일 관계 사료집

089 대한민국 임시 정부는 　　　과 　　　 조직이 일제에 발각되어 자금 조달이 어려워졌다. 또한 외교 활동에 대한 　　　　의 비판이 거세졌고, 사회주의 계열과 민족주의 계열 간의 갈등도 드러났다. 각계의 독립운동 지도자들은 이 국면을 타개하고자 　　　　를 열어 독립운동의 새로운 방향을 모색하였다(1923). 하지만 임시 정부의 진로 문제를 놓고 　　　와 　　　가 대립하여 회의는 결렬되었다.

ANSWER
교통국,
연통부,
무장 투쟁론자,
국민 대표 회의,
개조파,
창조파

090 국민 대표 회의가 결렬된 이후 대한민국 임시 정부는 한동안 침체에 빠졌다. 이에 미주 지역의 독립 자금을 독점하면서 대통령의 직무를 다하지 않는 　　　을 탄핵하고, 헌법을 고쳐 　　　 중심의 　　　　로 전환하였다.

이승만,
국무령,
내각 책임제

091 임시정부는 이동녕과 김구 등을 중심으로 체제를 정비해 나갔다. 김구는 1931년 말에 　　　　을 조직하여 항일 독립 투쟁의 새로운 활로를 개척하고자 하였다.

한인 애국단

092 　　　　은 민족 운동의 분수령이었다. 전 세계를 향해 한국이 자주 독립국임을 외쳤고, 한국인이 나라의 주인임을 분명히 하였다. 이는 대한민국 임시 정부의 수립으로 이어져 '대한민국은 　　　　' 이라는 정체성이 확립되었다.

3·1운동,
민주 공화국

093 3·1운동 이후 나라 밖에서는 　　　의 무장 투쟁이 치열하였고, 열강을 향한 　　　 활동도 전개되었다. 나라 안에서는 민족의 경제적·문화적 역량을 기르려는 　　　　 운동과 청년·학생 운동, 농민·노동 운동 등 대중 운동이 활성화되었다. 개인적 무력으로 일제에게 타격을 가하는 　　　 투쟁도 활발하였다.

독립군,
외교
실력양성,
의열

094 3·1 운동 이후 　　　　 운동이 대두하면서 항일 민족 운동은 크게 　　　　 계열과 　　　　 계열로 나뉘어 전개되었다. 이들은 일제를 몰아내고 독립을 쟁취하려는 공통적 목표(민족 해방)를 가지고 있었다.

사회주의,
민족주의,
사회주의

095 하지만 사회주의 운동은 사유 재산 제도에 바탕을 둔 자본주의 체제를 부정하고, 노동자·농민 계급의 해방(계급 해방)을 추구하였다. 사회주의자에게 　　　 해방과 　　　 해방은 분리할 수 없는 문제였다.

민족,
계급

096 이러한 까닭에 사회주의 운동은 일제의 극심한 탄압을 받았을 뿐만 아니라, _____ · _____ 가 중심이 된 _____ 운동과 갈등을 빚기도 하였다. 이에 민족 운동의 전선을 하나로 통일하여 항일 투쟁의 힘을 모으려는 _____ 운동이 전개되었다.

ANSWER
지주,
자본가,
민족주의,
민족 유일당

097 3·1 운동 이후 일제와 _____ 을 벌여 독립을 쟁취하자는 분위기가 높아지는 가운데 만주, 연해주 일대의 독립운동 기지를 중심으로 수많은 _____ 이 조직되었다. 독립군은 수시로 두만강, 압록강을 건너와 일본 군경을 습격하여 전과를 올렸다.

전쟁,
독립군

098 독립군의 국내 진공에 시달린 일본군은 1개 대대 병력으로 두만강을 건너 독립군을 공격하였다. 이를 맞아 홍범도의 _____, 안무의 _____, 최진동의 _____ 등이 연합 부대를 결성하고, 일본군을 _____ 으로 유인하여 크게 격파하였다(1920.6). 이 전투에서 독립군은 4명이 전사하였고, 일본군은 157명이 사살되고 300여 명이 부상을 입었다.

대한 독립군,
국민회군,
군무도독부군,
봉오동

099 _____ 에서 크게 패한 일제는 독립군의 활동을 식민 지배의 가장 큰 위협으로 여기고 대규모 병력을 동원하여 _____ 의 독립군을 추격해왔다.

봉오동,
만주

100 김좌진이 이끄는 _____ 과 홍범도가 이끄는 독립군 연합 부대는 일본군의 움직임을 살피면서 백두산 방향으로 이동하였다. 그러던 중 _____ 일대에서 유리한 지점을 차지하고 일본군에 일대 반격을 가하였다.

북로 군정서군,
청산리

101 독립군은 1920년 10월 21일부터 26일까지 _____, _____, _____ 등지에서 이어진 10여 차례의 크고 작은 전투에서 일본군을 크게 무찔렀다. 이것이 독립 전쟁사에 가장 빛나는 _____ 이다. 이 승리에는 온갖 어려움을 무릅쓰고 일본군의 움직임을 알려주고, 식량과 군수품 등을 지원한 _____ 동포의 지원도 큰 역할을 하였다.

백운평,
완루구,
어랑촌,
청산리 대첩,
간도

102 봉오동 전투와 청산리 대첩의 승리는 _____ 에 따라 만주, 연해주 등지에 독립운동 기지를 건설하고 독립군을 양성한 한국인의 굳은 의지와 노력으로 이루어낸 성과였다.

독립 전쟁론

103 일본군은 청산리 대첩을 전후하여 독립군의 근거지를 없앤다는 구실로 ▨▨▨의 한인 마을을 초토화하였다. 연이은 패전에 대한 보복으로 양민과 어린이까지 학살하고, 집과 학교, 교회 등을 불태우는 반인륜적 만행을 저질렀다(▨▨▨▨, 1920).

ANSWER
간도,
간도 참변

104 일본군을 무찌른 후 독립군 주력 부대 4,000여 명은 ▨▨▨에 집결하였다. 그곳에서 ▨▨을 총재로 ▨▨▨▨▨을 조직한 후, 약소민족의 독립운동을 지원하겠다는 러시아 적군(赤軍)의 약속을 믿고 시베리아로 이동하였다.

밀산부,
서일,
대한 독립군단

105 ▨▨▨에 집결한 독립군 부대를 통합하는 과정에서 한인 공산주의자 사이에 지휘권을 둘러싸고 갈등이 벌어졌다. 결국 적군은 지휘권 양도를 거부하는 한인 부대를 공격하여 강제로 ▨▨▨▨하였다. 이 과정에서 수백 명의 독립군이 희생되었다(▨▨▨▨, 1921.6).

자유시,
무장 해제
자유시 참변

106 ▨▨ 참변과 ▨▨▨ 참변을 겪으면서도 독립군은 끈질기게 투쟁하였고, 독립 전쟁을 효율적으로 수행하고자 서로 힘을 합쳐나갔다. 그 결과 1920년대 중반 만주에는 ▨▨▨, ▨▨▨, ▨▨▨라는 세 개의 독립군 정부가 성립되어 독립 전쟁을 이끌었다.

간도,
자유시,
참의부,
정의부,
신민부

107 이들 3부는 동포 사회를 이끄는 ▨▨ 조직과 독립군의 훈련 및 작전을 담당하는 ▨▨ 조직을 갖추었다. 사실상 ▨▨는 만주의 동포 사회를 이끈 공화주의적 ▨▨▨▨였다. 동포 사회에서 세금을 거두어 정부를 운영하고 독립군을 양성하였으며, 이를 토대로 활발한 무장 독립 전쟁을 전개하였다.

민정,
군정,
3부,
자치 정부

108 일제가 만주 군벌과 ▨▨▨ 협정을 맺으면서 독립군은 일본 군경뿐 아니라 현상금을 노리는 ▨▨▨▨ 경찰의 감시와 탄압도 피해야 하였다.

미쓰야,
만주 군벌

109 이러한 어려움 속에서 3부는 ▨▨ 운동을 전개하여 1920년대 말 남만주의 ▨▨▨와 북만주의 ▨▨▨▨ 두 세력으로 재편되었다.

통합,
국민부,
혁신 의회

110 국민부는 ▨▨▨▨▨을 결성하고 그 아래 조선 혁명군을 두어 남만주 일대에서 활동하였다. 북만주에서는 혁신 의회가 해체된 이후 ▨▨▨, 신숙 등이 ▨▨▨▨▨을 결성하였고, 일제가 만주를 침략하자 한국 독립군을 조직해 항전하였다.

조선 혁명당,
지청천,
한국 독립당

		ANSWER
111	1930년대 초반 만주 지역의 독립 전쟁은 _____ 과 _____ 이 주도적인 역할을 담당하였다.	조선 혁명군, 한국 독립군
112	1930년대 초 일제가 만주를 전면적으로 침략하여 _____ 을 세우면서 독립 전쟁의 어려움은 갈수록 커져갔다. 이에 민족주의 계열의 조선 혁명군과 한국 독립군은 항일 _____ 과 연합군을 결성하여 일본군에 맞섰다.	만주국, 중국군
113	남만주에서는 _____ 이 이끄는 조선 혁명군이 _____ , _____ 전투 등에서 _____ 과 힘을 합쳐 일본군을 격퇴하였다.	양세봉, 영릉가, 흥경성, 중국 의용군
114	북·동만주 일대에서도 _____ 이 이끄는 한국 독립군이 _____ 과 함께 _____ 전투, _____ 전투 등에서 큰 전과를 올렸다.	지청천, 중국 호로군, 쌍성보, 대전자령
115	하지만 일본군의 공세로 항일 중국군의 활동이 위축되면서 독립군의 활동도 큰 제약을 받았다. 조선 혁명군은 1934년 사령관 _____ 이 전사한 이후 세력이 약화되었지만, 1930년대 후반까지 항일투쟁을 지속하였다. 한국 독립군은 _____ 의 요청에 따라 지청천 등 지도부 대부분이 _____ 로 이동하였다. 이후 지청천은 _____ 창설에 주요 역할을 하였다.	양세봉, 대한민국 임시 정부, 중국 관내, 한국 광복군
116	일제가 _____ 를 침략하자 이에 맞서 수많은 항일 유격대가 조직되었는데, 이때 한인 동포들이 선도적 역할을 하였다. 중국 공산당은 항일 유격대를 한데 모아 _____ 을 편성하였고, 이는 _____ 으로 발전하였다. 이를 중심으로 한·중 두 민족이 연대하여 항일 유격 투쟁을 활발히 전개하였다.	만주, 동북 인민 혁명군, 동북 항일 연군
117	3·1운동 이후 비폭력 투쟁만으로는 독립을 쟁취하기 어렵고, 독립군을 길러 조직적인 _____ 을 전개하는 것이 최선이라는 인식이 확산되었다.	무장 투쟁
118	하지만 독립군의 군사 활동은 많은 병력과 비용이 들고, 활동의 근거지도 마련해야만 하였다. 이에 비해 개인 또는 소규모의 비밀 조직으로도 가능한 _____ 은 소수의 인원과 적은 비용으로 암살, 파괴 활동을 수행하여 독립군의 군사 활동 못지않은 성과를 낼 수 있었다.	의열 투쟁

119 이에 대한민국 임시정부는 수립 초기부터 적의 수괴, 매국노 등 처단 대상을 정하여 의열 투쟁의 가능성을 열어 놓았다. 또 _____의 요청으로 작성한 _____에서 _____는 민중의 직접 혁명을 촉발하는 선구적 투쟁 방식으로 의열단의 활동에 의미를 부여하였다.

ANSWER: 김원봉, 조선 혁명 선언, 신채호

120 3·1 운동 이후 의열 투쟁의 문을 처음 연 이는 대한 노인 동맹단 소속 당시 60대의 _____였다. 그는 새로 부임하는 조선 총독의 마차를 향해서 폭탄을 던졌으나 성공하지는 못하였다.

ANSWER: 강우규

121 이후 _____이 조선 총독부나 경찰서, 동양 척식 주식회사 등 한국인을 괴롭히는 식민 통치 기구나 수탈 기구에 대한 거사를 이어 갔다.

ANSWER: 의열단

122 * 의열단의 의열 투쟁
  _____ – 부산 경찰서에 폭탄 던짐(1920).
  _____ – 밀양 경찰서에 폭탄 던짐(1920).
  _____ – 조선 총독부에 폭탄 던짐(1921).
  _____ – 종로 경찰서에 폭탄 던짐(1923).
  _____ – 일본 왕궁(이중교)에 폭탄 던짐(1924).
  _____ – 동양 척식 주식회사, 조선 식산 은행에 폭탄 던짐(1926).

ANSWER: 박재혁, 최수봉, 김익상, 김상옥, 김지섭, 나석주

123 항일 사상 단체를 이끌다가 일왕 암살 시도 혐의로 체포된 _____이나 혈혈단신으로 타이중 의거를 감행한 _____의 거사도 있었다.

ANSWER: 박열, 조명하

124 의열 투쟁은 1930년대 초에 _____가 주도한 _____의 이봉창, 윤봉길 의거로 이어졌다.

ANSWER: 김구, 한인애국단

125 의열단은 1920년대 후반부터 개인 폭력 투쟁에 한계를 느끼고 조직적인 무장 투쟁 노선으로 전환하였다. 이에 단원들은 중국의 군관 학교에서 체계적인 군사 교육을 받았고, 1930년대에는 중국 _____ 정부의 지원으로 _____를 설립하여 군사 훈련을 실시하고 독립군 간부를 양성하였다.

ANSWER: 국민당, 조선 혁명 간부 학교

126 의열단은 중국 관내에서 활약하던 대부분의 항일 단체와 정당을 통합한 _____ 결성에 주도적 역할을 담당하였다.

ANSWER: 민족 혁명당

127 3·1 운동 이후 일본의 경제적 침투에 맞서 _____ 을 육성하려는 움직임이 활발히 일어나 한국인이 세우는 기업이 늘어났다. 하지만 일본 기업에 비해 그 수나 자본금이 훨씬 적었고, 금융을 장악한 일제와 타협하지 않고는 지속적인 성장이 어려웠다. 또한 자본과 기술이 우세한 일본 기업과 경쟁이 불가피하였다.

ANSWER
민족 산업

128 1920년 _____ 에서 _____ 등의 주도로 _____ 이 시작되었고, 각 지역의 호응 속에 전국으로 확산되었다.

평양,
조만식,
물산 장려 운동

129 물산 장려 운동은 '_____', '조선 사람 조선 것' 등의 구호를 앞세우며 민족 산업의 보호와 육성을 위해 _____ 애용, 근검저축, 금주·단연 등을 주장하였다.

내 살림 내 것으로,
토산품

130 물산 장려 운동은 한때 대중에게 폭넓은 공감과 지지를 받으며 토산품 애용 의식을 심어주었다. 하지만 일부 상인의 농간으로 상품 가격만 오르는 경우가 있었고, _____ 로부터 _____ 와 상인의 이익만을 추구하는 이기적 운동이라고 비난을 받기도 하였다.

사회주의자,
자본가

131 현대 문명의 세계적 흐름을 받아들여 신문화를 건설하려는 움직임도 활발히 일어났다.
이에 따라 _____ 이 강조되어 학교 설립 운동이 활발하였다.

신교육

132 _____ 이후 '문화 통치'를 표방한 일제가 3면 1교의 원칙을 내세워 공립 학교를 증설하였지만, 신교육의 필요성을 인식한 한국인의 향학열에는 크게 못 미쳤다. 이에 _____ 와 _____ 설립이 활발히 추진되었고, 야학, 강습소 등이 세워져 대중 교육의 부족한 부분을 채우고자 노력하였다.

3·1운동,
보통학교,
고등보통학교

133 일제의 식민지 _____ 교육을 극복하고, 전문적 지식을 지닌 인재를 양성할 수 있는 고등 교육 기관을 설립하자는 취지 아래 _____ 이 전개되었다.

우민화,
민립 대학 설립 운동

134 _____, 이승훈 등이 주도한 _____ 은 '한민족 1천만이 한 사람 1원씩' 이라는 구호를 앞세우며 전국적인 모금 운동을 펼치는 방식으로 추진되었다. 그러나 모금 실적이 예상보다 저조했고, 일제가 정치 운동이라는 구실로 탄압하여 성공하지 못하였다.

이상재,
민립 대학 설립 운동

		ANSWER
135	물산 장려 운동과 민립 대학 설립 운동이 뚜렷한 성과를 거두지 못하는 상황에서 일부 _____ 계열 인사는 일제의 식민 지배를 인정하고 그 밑에서 정치적으로 실력 양성을 해야 한다고 주장하기 시작하였다.	민족주의
136	_____, 최린, 김성수 등은 일제의 '문화 통치'에 기대를 걸면서 _____ 의 설립을 추진하는 등 한국인의 _____, 참정권을 획득하려는 운동을 전개하였다.	이광수, 조선 의회, 자치권
137	일제와 _____ 하여 한국인의 정치적 권리를 얻으려는 움직임은 1930 년대 초까지 이어졌다. 하지만 아무런 성과도 얻지 못한 채 _____ 세력의 분열만을 초래했고, 일제의 민족 분열 정책에 이용만 당하였다.	타협, 민족주의
138	1920년대 말부터 민족주의 진영은 궁핍한 농민에게 생활을 향상시킬 수 있는 능력을 키워 주는 것이 시급하다고 여겨 _____ 을 전개하였다.	농촌 계몽 운동
139	농촌 계몽 운동에 앞장선 _____, _____ 등은 _____ 퇴치와 생활 개선 등 농촌의 당면 문제를 일제가 허용하는 범위 안에서 해결하려고 하였다.	『조선일보』, 『동아일보』, 문맹
140	_____ 는 '아는 것이 힘, 배워야 산다'라는 구호와 함께 한글 교재를 보급하고, 전국 순회 강연을 개최하면서 _____ 을 펼쳤다(1929).	『조선일보』, 문자 보급 운동
141	『동아일보』도 _____ 이라는 이름으로 농촌 계몽 운동을 전개하였는데, 여름 방학을 맞은 학생을 모아 행사를 기획하고 교재를 공급하였다(1931).	브나로드 운동
142	물산 장려 운동과 민립 대학 설립 운동 등으로 대표되는 1920년대의 _____ 은 민족 경제의 자립과 근대 교육의 보급, 신문화의 건설 등을 통해 우리 사회를 서양이나 일본처럼 _____ 문명사회로 발전시키고자 한 민족 운동의 흐름이었다. 이는 우리 사회의 근대적 발전을 추구하고, 이를 통해 민족 독립의 토대를 마련하려고 했다는 점에서 긍정적 의미가 있다.	실력 양성 운동, 자본주의
143	하지만 _____ 은 일제가 허용하는 범위 안에서 전개되어 식민 통치에 직접 타격을 입힐 수 있는 적극적인 항일 투쟁과는 거리가 있었고, 일제의 탄압에 쉽게 무너지는 경향을 보였다.	실력 양성 운동

		ANSWER
144	일제 강점기에 농민은 _____ 사업과 _____ 계획의 시행으로 토지를 잃고 소작농으로 전락하는 경우가 많았다.	토지 조사, 산미 증식
145	_____ 은 50%가 넘는 높은 소작료에 지세, 공과금, 수리 조합비, 비료 대금 등 _____ 가 부담해야 하는 몫까지 떠안으며 생존권을 위협받는 상황에 놓였다.	소작농, 지주
146	일제 강점 이후 그 수가 늘어난 _____ 의 처지도 마찬가지였다. 한국 노동자의 임금은 일본 노동자의 절반밖에 되지 않았고, 열악한 작업 환경에서 장시간 노동에 시달렸다. 일본인 작업 감독의 _____ 적 학대 행위도 많았다.	노동자, 민족 차별
147	지주의 수탈에 시달리던 농민은 조합을 만들어 생존권 수호를 위한 _____ 를 전개하였다. 특히 _____ 운동의 영향 아래 _____ 이 활발히 조직되면서 소작 쟁의의 횟수와 참여 농민 수가 늘어났고, 전국적 농민 운동 단체인 _____ 도 결성되었다(1927).	소작 쟁의, 사회주의, 농민 조합, 조선 농민 총동맹
148	농민의 주된 요구는 _____ 를 인하하고 지주가 자신들에게 떠넘긴 각종 부담을 없애라는 것이었다. 이러한 요구에 _____ 의 박탈로 대응하는 경우가 많아지자 '소작권 이전 반대' 요구도 늘어났다.	소작료, 소작권
149	_____ 소작 쟁의는 고율 소작료를 징수하는 지주의 횡포에 맞서 1년여에 걸친 투쟁 끝에 농민의 요구를 대부분 관철한 대표적 쟁의였다(1923-1924).	암태도
150	한편 소작 쟁의가 발생하면 일제는 _____ 을 동원하여 _____ 의 편에서 농민의 요구를 억압하였다. 이에 농민이 일제와 무력 충돌하는 경우도 많았다.	경찰력, 지주
151	3·1 운동 이후 _____ 운동이 확산되면서 노동자의 계급 의식과 민족의식이 높아졌다. 이에 노동자의 단결과 권익 옹호를 위한 _____ 이 많이 만들어지고, 노동 쟁의 발생 건수가 크게 늘어났으며 전국적 규모의 단체도 등장하였다.	사회주의, 노동조합

		ANSWER
152	노동자의 요구는 주로 　　　 인상, 노동 시간 단축, 비인간적 대우와 작업 환경 개선 등 　　　 과 직결된 것이었다.	임금, 생존권
153	노동 쟁의가 일어나면 경찰이 개입하여 탄압하였고, 이에 쟁의는 점차 　　　 으로 변모해 갔다. 　　　 은 그 대표적인 사건이었다(1929).	항일 투쟁, 원산 총파업
154	은 한 석유 회사에서 일본인 감독이 한국인 노동자를 구타한 사건에서 비롯되었다. 감독 파면과 근무 조건 개선을 요구하며 시작한 파업에 회사가 약속을 어기고 탄압을 가하자, 원산 노동자들은 총파업에 돌입했고, 일반 사무원까지 가세하였다. 투쟁 소식이 알려지자 전국 각지에서 성금과 식량을 보내왔고, 일본의 부두 노동자가 동조 파업을 전개하였으며 중국, 소련, 프랑스의 노동자가 　　　 을 보내왔다.	원산 총파업, 격려 전문
155	원산 총파업은 일제 강점기 최고의 투쟁 강도를 보여 준 최대 규모의 　　　 였으며 일제 경찰력과 일본인 　　　 에 맞서 치열하게 투쟁한 　　　 항일 운동이었다.	노동 쟁의, 자본가, 반제국주의
156	1930년대 들어 농민·노동 운동은 급진적인 양상으로 바뀌어갔다. 일제가 　　　 와 　　　 의 편에서 농민·노동 운동에 대한 탄압을 강화하자, 농민과 노동자는 사회주의 세력과 연대하여 혁명적 　　　 과 　　　 을 만들어 저항하였다.	지주, 자본가, 농민 조합, 노동조합
157	그리하여 쟁의는 '　　　 를 농민에게!', '일본 　　　 를 타도하자!', '노동자·농민의 정부를 수립하자!' 등의 급진적 구호를 내세우며 　　　 인 폭력 투쟁으로 나아가는 경우가 많았다.	토지, 제국주의, 비합법
158	이러한 사실은 농민·노동 운동이 단순히 　　　 투쟁이 아니라 계급 해방을 추구하는 혁명 운동이자 반제국주의 　　　 투쟁으로 발전하였음을 보여준다. 그러나 농민·노동 운동은 　　　 이후 일제의 가혹한 탄압으로 점차 위축되었다.	생존권, 항일, 중·일 전쟁
159	3·1 운동 과정에서 　　　 들은 만세 시위를 주도하는 등 중요한 역할을 하였고, 이를 통해 스스로 항일 투쟁의 주체임을 자각하였다. 이에 따라 1920년대에는 많은 청년·학생 단체가 조직되어 민족 운동을 활발하게 전개하였다.	학생

		ANSWER
160	청년·학생 단체는 3·1 운동 직후 주로 덕·체·지의 수양이나 민중 계몽을 목표로 활동하였으나 [ ] 사상이 보급되면서 계급 해방을 내세우는 경우가 점차 늘어났다. 이러한 가운데 청년 운동을 통일적으로 이끌어 가기 위한 조직으로 [ ]이 창립되었다.	사회주의, 조선 청년 총동맹
161	등교 거부, 수업 거부, 교내 농성 등의 형태로 전개된 [ ] 투쟁은 6·10 만세 운동과 광주 학생 항일 운동에서 가두시위로까지 발전하였다.	동맹 휴학
162	청년·학생 운동이 활발해지는 가운데 대한 제국 마지막 황제인 [ ]이 서거하였다(1926). 이를 계기로 [ ]과 [ ], 학생 단체 등이 힘을 합쳐 대규모 만세 시위를 계획하였다. 하지만 제2의 3·1 운동이 일어날 것을 대비하여 철저히 감시하던 일제 경찰에게 계획이 발각되었다.	순종, 조선 공산당, 천도교
163	그럼에도 학생 단체의 시위는 예정대로 진행되었다. [ ]의 국장일인 6월 10일, [ ]들은 일제 경찰의 삼엄한 경비를 뚫고 장례 행렬을 따라가며 서울 시내 곳곳에서 만세 시위를 벌였고, 많은 시민이 합세하였다. 여러 지역의 학생도 시위나 동맹 휴학 투쟁으로 호응하였다.	순종, 학생
164	[ ]은 전국적인 시위로 확대되지는 못하였지만, 일제 타도를 위해 민중이 실천해야 할 구체적인 투쟁의 지침을 제시하였다. 또한 준비 과정에서 조선 공산당과 천도교 등이 연대함으로써 사회주의 세력과 민족주의 세력이 뭉쳐 [ ]을 결성할 수 있는 공감대를 형성하였다.	6·10 만세 운동, 민족 유일당
165	6·10 만세 운동 이후 학생들은 [ ]나 비밀 결사를 중심으로 일제의 식민 지배 정책을 정면 비판하는 [ ] 투쟁을 더욱 치열하게 전개하였다.	독서회, 동맹 휴학
166	1929년 10월 광주에서 나주로 향하는 통학 기차 안에서 일본인 남학생이 한국인 여학생을 희롱한 일을 계기로 양국 학생 사이에 편싸움이 일어났다. 이에 대해 경찰이 일본 학생만 두둔하자, [ ]에 분노한 [ ] 지역 학생들이 연대하여 대규모 가두시위를 전개하였다(11.3).	민족 차별, 광주

		ANSWER
167	시위가 확산되자 ___ 광주 지부를 중심으로 학생 투쟁 지도 본부가 설치되어 '우리의 투쟁 대상은 광주 중학교의 일본 학생이 아니라 일본 제국주의니 투쟁 방향을 일제로 돌리자.' 라고 결의하고 투쟁을 더욱 발전시켜 갔다.	신간회
168	이에 항일 시위는 전국적으로 확대되어 이듬해 봄까지 가두시위와 동맹 휴학 투쟁이 계속되었다. 또한 시민과 노동자가 시위에 가세하였고, 일본과 만주로까지 확산되었다. ___ 은 학생이 앞장서고 시민과 노동자가 참여한 3·1 운동 이후 최대 규모의 항일 민족 운동이었다.	광주 학생 항일 운동
169	___ 진영과 ___ 진영의 분열 속에서도 6·10 만세 운동은 그 준비 과정에서 조선 공산당과 천도교 등이 함께함으로써 양 진영이 단결할 수 있는 공감대를 형성하였다. 이를 계기로 효율적인 항일 투쟁을 위해 ___ 을 결성하려는 노력이 활발하게 추진되었다.	민족주의, 사회주의, 민족 유일당
170	중국에서는 '민족 혁명의 유일한 전선을 만들라!'라는 주장에 따라 여러 지역에 ___ 가 조직되었고, 만주에서도 민족 유일당 운동이 일어나 ___ 운동으로 이어졌다.	민족 유일당 촉성회, 3부 통합
171	국내에서는 ___ 의 제정으로 거세진 일제의 탄압에 직면한 사회주의 진영이 ___ 선언을 통해 민족주의 진영과의 연대를 주장하면서 합법적인 활동 공간을 확보하고자 하였다.	치안 유지법, 정우회
172	이상재, 안재홍 등 ___ 노선을 걷는 민족주의자도 ___ 운동을 비판하면서 사회주의 진영과 연대하여 민족 운동을 강화하고자 하였다.	비타협, 자치
173	민족 운동 전선을 통일하려는 노력의 성과로 일제 강점기 국내 최대 규모의 항일 단체인 ___ 가 창립되었다(1927.2). 여기에는 일제와 타협하지 말자고 주장하는 언론계, 불교계, 천도교계, 기독교계 등의 민족주의 진영과 사회주의 진영이 함께 참여하였다.	신간회
174	* ___ 강령 1. 우리는 정치적·경제적 각성을 촉진함. 2. 우리는 단결을 공고히 함. 3. 우리는 ___ 를 일체 부인함.	신간회, 기회주의

		ANSWER
175	신간회는 창립과 동시에 대중의 열렬한 지지를 받아 1928년 말에는 143개의 _____ 를 둔 대중적 정치·사회 단체로 성장하였다. 그리고 _____ 와 연설회, 야학 등을 통해 한국인 착취 기관 배격, 일본인의 한국 이민 반대, 한국인 본위의 교육 제도 실시, 소작·노동 쟁의나 동맹 휴학 지원, 만주 동포 지원 등 한국인의 사회적·경제적 지위를 높이기 위한 활동을 벌였다.	지회, 강연회
176	신간회는 광주 학생 항일 운동(1929) 때 _____ 을 파견하고 대규모 _____ 를 개최하려다 집행부 대부분이 구속되는 등 일제의 탄압으로 큰 타격을 입었다.	진상 조사단, 민중 대회
177	새로 구성된 신간회 집행부는 '_____ 를 일체 부인한다.' 라는 처음 강령과 달리 타협론자와 협력하려 하였다.	기회주의
178	이에 지방 지회의 사회주의자를 중심으로 _____ 이 적극 주장되었다. 이는 1920년대 말, 민족주의 세력과의 협동 전선을 부정적으로 인식하고 노동자·농민 중심의 투쟁을 강조한 국제 _____ 운동의 흐름과도 관련이 깊다.	신간회 해소론, 공산주의
179	사회주의자들은 _____ 세력의 반대에도 전체 회의를 열어 신간회의 _____ 를 결정하였다(1931). 이로써 비타협적 민족주의 진영과 사회주의 진영의 협동 전선은 무너졌고, 사회주의자의 합법적 활동 공간도 사라졌다.	비타협 민족주의, 해소
180	그 후 비타협적 민족주의 계열은 _____ 운동 등 문화·학술 활동에 주력하였고, 사회주의 계열은 혁명적 농민·노동조합을 결성하여 비합법적 반제국주의 항일 투쟁을 활발히 하였다.	조선학
181	_____,「민족적 경륜」: 지금의 조선 민족에게는 왜 정치적 생활이 없는가? …… 지금까지 해 온 정치적 운동은 모두 일본을 적대시하는 운동뿐이었다. 이런 종류의 정치 운동은 해외에서나 할 수 있는 일이고, 조선 내에서 _____ 되는 범위 내에서 일대 정치적 결사를 조직해야 한다(『동아일보』, 1924.1.3).	이광수, 허용

		ANSWER
182	이광수, 최린, 김성수 등은 우선 일본의 식민 지배를 받아들이고, 그 안에서 조선인의 ____ 를 인정받자는 ____ 민족주의를 주장한 인물이다.	자치, 타협적
183	개항기와 일제 강점기를 거치면서 근대 ____ 가 발달하였다. 개항 이후에는 먼저 서울, 평양을 비롯하여 일제 침략의 전진 기지였던 ____ 이 근대적인 도시로 바뀌어 갔다.	도시, 개항장
184	____ 가 건설되자 대전과 신의주 등이 물산의 집산지로서 신흥 도시로 떠올랐고, 일본과 교역량이 늘어나면서 군산, 목포 등 ____ 도시가 발달하였다.	철도, 항만
185	식민지 공업화의 추진과 함께 함흥, 청진 등 ____ 지방의 공업 도시도 빠르게 성장하였다.	북부
186	1930년대 후반 서울·부산·평양 등 대도시는 인구가 늘면서 급속히 팽창하였다. 반면 공주, 경주, 개성 등의 전통 도시는 식민지 지배 정책에서 소외되면서 상대적으로 성장이 더디었다. 이는 일제의 침략과 ____ 지배 정책에 따라 ____ 가 이루어졌음을 보여준다.	식민지, 도시화
187	도시에는 신작로가 뚫리고 새로운 시가지가 형성되었다. 일본인은 시가지의 중심을 차지하고 도시의 경제권을 장악하였다. 그리하여 일본인이 거주하는 도시의 중심 상권은 외형적으로 크게 변화해져 갔다. 반면 도시 변두리에는 ____ 층이 힘겹게 살아가는 ____ 도 많이 생겨났다.	빈민, 토막
188	1920~1930년대에는 ____ 문화가 빠른 속도로 밀려오면서 그 영향을 받은 ____ 가 형성되었다. 여기에는 신문, 잡지, 영화 등이 큰 역할을 하였다.	서양, 대중문화
189	신문은 음악 연주회나 전시회 등 문화 행사와 스포츠 등을 소개하며 문화의 지평을 넓혀 갔고, ____ , 『삼천리』 등의 잡지는 계절에 따른 새로운 패션이나 화장법 등을 소개하여 유행을 이끌었다. ____ 는 대중오락이자 서양 문화를 직접 받아들이는 창구이기도 하였다. 당시 서양에서 상영된 대부분의 영화는 서울에서도 관람할 수 있었다.	『신여성』, 영화

190. 대중문화는 이른바 _____, _____ 등으로 대표되는 자본주의적 소비문화였다. 그리고 이러한 대중문화의 유행은 주로 영화배우나 예술가 등 새로운 직업군이 등장한 도시, 특히 _____을 중심으로 나타난 현상이었다.

ANSWER
모던 보이, 모던 걸, 서울

191. 서울에는 _____이 세워졌으며, 거리에는 다방과 카페가 즐비하고 각종 광고를 실은 벽보가 넘쳐 났다. _____ 방송국이 생기고 레코드의 보급이 늘어나면서 유행가도 본격적으로 나타났다.

백화점, 라디오

192. 야구, 축구, 자전거, 스케이트 등 _____도 점차 대중문화의 한 영역으로 자리 잡아 갔다. 본래 _____는 외국 선교사나 외국 문물에 익숙한 사람들에 의해 신체 단련의 수단으로 보급되었다. 일제는 대중을 일사분란하게 지배할 수 있도록 훈련하는 과정으로서 _____를 장려하였다.

스포츠

193. 식민지 _____가 이루어지면서 도시화와 함께 _____ 수가 빠르게 증가하였다. 그렇지만 노동자의 상당수는 '막노동꾼', '지게꾼', '수레꾼' 등 날품팔이 미숙련 노동자였다. 이들은 도시화에 따른 문화적 혜택을 거의 누릴 수 없는 도시 빈민층으로 도시 변두리의 토막에서 거주하는 경우가 많았다.

공업화, 노동자

194. 공장 노동자들 중에도 한국인은 고급 기술을 가진 경우가 극소수였고, 대부분 _____였다. 이들은 장시간 노동과 열악한 작업 환경에 시달리면서도 낮은 _____을 받으며 생활하였다.

단순 노동자, 임금

195. 토지 조사 사업과 산미 증식 계획으로 일제의 식민지 수탈 경제 정책이 이어지면서 농민층의 분해 현상이 나타났다. 토지는 점점 일본 토지 회사나 소수의 대지주에게 집중되었고, 이에 따라 자작농과 자소작농이 줄고 _____이 크게 늘어났다. 소작농은 _____이나 도시 빈민으로 몰락하는 경우가 많았으며, _____, _____, 일본으로 이주하는 농민도 늘어났다.

소작농, 화전민, 만주, 연해주

196. 한편 대공황 이후 농민층이 몰락하고 소작 쟁의가 격렬해지자, 일제는 _____을 전개하여 농촌 통제와 식민지 체제 안정을 꾀하였다. 하지만 이 운동은 농촌의 자립 지원과는 거리가 멀었고, 빈곤의 책임을 농민에게 돌리며 '열심히 일하고 절약하면 누구나 잘살 수 있다.' 라는 식의 정신 운동으로 추진되었다.

농촌 진흥 운동

		ANSWER
197	일제의 압제와 수탈을 피해 수많은 한국인이 새 삶을 찾아 국외로 이주하였다. 이들은 낯선 땅에서 온갖 설움과 고난을 견디면서 꿋꿋이 자신의 삶을 개척하였고, ◯◯ 운동을 지원하기도 하였다. 하지만 뜻하지 않은 참변으로 큰 고통과 희생을 겪기도 하였다. ◯◯◯는 일본과 전쟁이 일어날 경우 한국인이 일본을 지원할 것이라는 구실로 ◯◯◯에 살던 한국인 수십만 명을 ◯◯◯◯◯로 강제 이주시켰다(1937).	독립, 러시아, 연해주, 중앙아시아
198	또한 일본에서 1923년 ◯◯◯◯◯이 일어나자 일본 당국과 언론은 '조선인이 방화했으며, 우물에 독약을 뿌리고 일본인을 살해한다.'라는 등의 유언비어를 퍼뜨렸다. 대지진으로 생긴 사회 불안을 한국인 탓으로 돌려 적대감을 조장하였다. 이로 인해 적어도 6,000명 이상의 재일 한국인이 학살당하였다.	관동 대지진
199	1920년대 이후 ◯◯의 사회 진출이 활발해지면서 새로운 직업군이 생겨났고 여성 노동자 수도 늘어났다. 그렇지만 전반적으로 여성의 지위는 여전히 열악하였다.	여성
200	◯◯◯◯의 가부장적인 인습이 이어졌고, 일제는 이러한 여성 차별을 법으로 규정하였다. 한국 여성에게는 재산의 ◯◯◯과 처권권이 인정되지 않았고, 재산 상속과 친권 행사에도 차별을 받았다. 결혼한 여성은 남편의 동의가 있어야만 취업할 수 있었고, 여성의 노동 ◯◯도 남성의 절반 수준이었다.	남존여비, 소유권, 임금
201	이러한 상황에서 신식 교육을 받고 사회에 진출하는 ◯◯◯이 본격적으로 등장하였다. 이들은 문화 통치 시기에 형성된 자유주의적 분위기나 사회주의의 여성 해방 사상 등을 받아들여 ◯◯ ◯◯의 신장과 양성평등을 적극 주장하였다.	신여성, 여성 인권
202	여성 계몽과 여성 차별 철폐 등을 주장하는 여성 운동도 활발하게 일어났는데, 특히 ◯◯◯의 활동이 두드러졌다.	근우회

203 1927년 창립된 근우회는 ▨▨의 자매단체로서 민족주의 계열과 사회주의 계열의 이름 있는 여성 인사가 대부분 참여하였다. '조선 여자의 공고한 단결을 도모함.' '조선 여자의 지위 향상을 도모함.' 등의 강령을 내세운 근우회는 국내와 도쿄, 간도 등에 수십 개의 지회를 두고 활동하였다. 그리고 강연회, 부인강좌, 야학 등을 통해 노동 여성의 조직화와 ▨▨▨▨에도 힘썼다.

ANSWER
신간회,
여성 계몽

204 일제 강점기에 ▨▨▨의 지위는 매우 열악하였다. 무상 의무 교육이 실시되지 않아 교육 기회가 적었고, 공장에 취업하여 낮은 임금과 장시간의 노동에 시달리기도 하였다. 이에 어린이를 온전한 인격체로 대하자는 ▨▨ 운동이 일어났다.

어린이,
소년

205 ▨▨▨는 "어린아이를 때리지 마라. 한울님을 때리는 것이니라."라고 강조한 2대 교주 최시형의 뜻을 이어받아 소년 운동을 적극 전개하였다. ▨▨▨이 활약한 천도교 소년회는 ▨▨▨을 제정하고, 잡지 『어린이』를 간행하였다.

천도교,
방정환,
어린이날

206 소년 운동이 확산되면서 전국적인 조직체로 ▨▨▨▨▨▨가 결성되기도 하였다(1927). 하지만 1930년대에 일제는 소년 운동을 민족 운동으로 간주하여 탄압했고, 중·일 전쟁 이후에는 완전히 금지하였다.

조선 소년 연합회

207 조선 시대 가장 낮은 신분이었던 ▨▨은 엄격한 신분 차별 속에서 살았다. ▨▨▨▨ 때 신분 차별은 법적으로 폐지되었지만, 백정에 대한 사회적 차별과 천대는 쉽게 사라지지 않았다. 더욱이 일제는 호적에 붉은 점 등으로 표시하여 백정 신분이 드러나게 하였다.

백정,
갑오개혁

208 백정은 자신들에 대한 차별을 폐지하여 '저울처럼 평등 ▨▨'한 세상을 만들겠다는 신념 아래, ▨▨▨에서 ▨▨▨▨▨를 창립하고 ▨▨ 운동을 전개하였다(1923). 그 후 조선 형평사는 전국으로 조직이 확대되었고, 다른 사회 운동 단체와 연대하여 항일 민족 운동을 전개하기도 하였다.

형평,
진주,
조선 형평사,
형평

		ANSWER
209	일제는 _____으로 우리 역사를 날조하여 한국 강점과 식민 통치를 합리화하려 하였다. 이에 우리 역사를 _____ 함으로써 한국사의 자율적, 주체적 발전을 부정하고, 어둡고 부정적인 면을 강조하였다.	식민 사관, 왜곡
210	식민 사관에서는 한국은 _____ 국가로서 대륙이나 해양 세력의 간섭과 지배를 받을 수밖에 없는 운명을 지녔으며, 이로 인해 한국의 역사는 늘 중국과 일본 등 외세에 의해 _____ 으로 움직여 왔다고 주장하였다.	반도, 타율적
211	한국은 고려, 조선으로 왕조가 바뀌면서도 역사의 발전은 _____ 되어 있었으며, 중세 _____ 사회를 거치지 못하였기 때문에 스스로 _____ 를 발전시켜 근대화할 수 없다고 주장하였다.	정체, 봉건, 자본주의
212	일제는 이러한 식민 사관을 체계적으로 날조하고 퍼뜨리기 위해 총독부 산하에 _____ 를 설치하였다.	조선사 편수회
213	식민 사관에 맞서 _____, _____ 등은 민족주의 사학을 정립하였다. 이들은 자주적으로 민족사를 연구하여 민족정신을 바로 세우면 언젠가 독립을 이룰 수 있다고 믿었다.	박은식, 신채호
214	대한민국 임시 정부에서 활동한 박은식은 민족정신으로서 '_____'을 강조하였으며, _____, _____ 를 저술해 일제의 침략과 민족의 독립 운동을 정리하였다.	조선 국혼, 『한국통사』, 『한국독립운동지혈사』
215	국외에서 독립운동에 몸 바쳐 활동한 신채호는 사대주의를 비판하고 민족 중심의 자주적 역사관 수립의 필요성을 역설하였다. 그리고 고대사 연구에 주력하여 _____, _____ 등을 저술하였다.	『조선상고사』, 『조선사연구초』
216	국내에서는 _____, 문일평, 안재홍 등이 일제의 민족 문화 말살 정책에 맞서 '문화가 살면 민족은 죽지 않는다.'라는 신념 아래 _____ 을 펼쳤다.	정인보, 조선학 운동
217	1930년대 중반에 본격화된 _____ 은 한국의 전통 사상과 문화 속에서 고유의 특색을 찾아내어 민족의 주체성을 유지하려는 것으로, 특히 조선 후기 _____ 에 대한 연구를 활발히 전개하였다.	조선학 운동, 실학

ANSWER

218 민족주의 사학이 민족정신을 강조한 것과는 달리 ⬚은 마르크스 유물 사관의 영향을 받아 사회 경제 사학을 내세웠다. 그는 ⬚에서 한국사도 서양이나 일본처럼 '고대 노예제 사회, 중세 봉건 사회, 근대 자본주의 사회'의 단계를 거치며 발전했다고 기술하였다. 이로써 한국은 봉건 사회를 거치지 못해 스스로 근대화할 수 없다는 식민 사관(⬚)의 주장을 비판하였다.

백남운, 『조선사회경제사』, 정체성론

219 한편 역사가의 주관적인 판단 없이 사실을 있는 그대로 기술해야 한다는 ⬚의 입장에서 한국사를 연구하는 사람들(이병도, 손진태)도 있었다. ⬚를 중심으로 활동한 이들은 문헌 고증을 통해 객관적으로 역사를 서술하려 하였다.

실증 사학, 진단 학회

220 우리말을 지키려는 노력도 펼쳐졌다. 3·1 운동 이후 만들어진 ⬚는 ⬚을 제정하고 잡지 『한글』을 간행하여 한글의 연구와 보급에 힘썼다.

조선어 연구회, 가갸날

221 조선어 연구회는 ⬚, 이극로 등이 중심이 된 ⬚로 발전하여 '⬚ 통일안'과 '⬚ 및 외래어 표기법 통일안'을 제정하는 등 한글 표준화에 기여하였다. 또 한글 강습 교재를 만들어 문맹 퇴치 운동에 적극 참여하였고, ⬚을 편찬하는 데 주력하였다.

최현배, 조선어 학회, 한글 맞춤법, 표준어, 우리말 『큰사전』

222 이에 일제는 ⬚을 조작하여 회원들을 대거 검거하고 투옥하였다(1942). 이때 일제의 가혹한 고문으로 이윤재, 한징이 옥사하였다.

조선어 학회 사건

223 일제는 1910년대에 한국인의 ⬚ 활동을 금지하였다. 3·1 운동 이후 『조선일보』, 『동아일보』 등의 신문과 ⬚, 『삼천리』 등의 잡지가 발행되었다.

언론, 『개벽』

224 언론은 ⬚ 등 새로운 사상을 전파하거나 문학·예술·역사 등을 소개하여 문화 발전에 기여하였고, 민족 운동의 방향을 제시하기도 하였다. 이로 인해 기사 삭제, 압수, ⬚ 등의 처분을 받는 경우도 많았다.

사회주의, 정간

225 일제의 식민지 ⬚ 교육에 맞서 ⬚, ⬚, 야학 등의 대중 교육 기관이 세워져 민족 교육을 담당하였다. 하지만 일제의 탄압으로 사립 학교는 일제 강점 이전의 절반 정도로 줄었고, 개량 서당도 위축되었다. 1920년대에는 청년·학생 운동이 활발히 전개되면서 ⬚이 많이 설립되었다.

우민화, 사립 학교, 개량 서당, 야학

		ANSWER
226	____은 생활이 어려운 농민, 노동자, 도시 빈민의 자녀뿐만 아니라 성인까지도 대상으로 하여 대중의 강한 교육열을 어느 정도 충족하였다. 야학은 ____ 운동의 일환으로 전개된 계몽 야학도 있었지만, 농민·노동자에게 ____ 을 고취하는 경우도 많아서 ____ 와 ____ 에도 영향을 주었다.	야학, 실력 양성, 계급 의식, 소작 쟁의, 노동 쟁의
227	종교를 식민 지배에 이용하려는 일제의 회유와 탄압 속에서도 종교인들은 민족 운동과 사회 운동을 활발히 전개하였다. ____ 등이 일으킨 대표적인 민족 종교인 ____ 는 단군 신앙을 널리 전파하여 민족의식을 고취하였다. 일제 강점 이후 종단의 중앙 기구를 간도로 옮기고 ____ 을 조직하여 적극적인 항일 무장 투쟁에 나섰다.	나철, 대종교, 중광단
228	____ 는 제2의 독립 선언 운동을 계획하기도 했으며(1922), 청년·여성·소년 운동을 활발히 전개하였다. 또한 ____, ____ 등 잡지를 발간하여 평등사상과 민족의식을 고취하였다.	천도교, 『개벽』, 『신여성』
229	불교에서는 ____ 등이 항일 운동에 참여하면서 불교의 대중화에 노력하였고, 일부 청년 승려와 ____ 를 조직하여 일본의 불교 통제에 맞서 싸웠다.	한용운, 조선 불교 유신회
230	개신교는 교육과 의료 사업 등을 활발히 전개하였고 일제가 ____ 를 강요하자 거부 운동을 벌이기도 하였다. 그 과정에서 ____ 목사처럼 고문을 당해 순교하는 경우도 있었다.	신사참배, 주기철
231	천주교는 보육원과 양로원을 세우는 등 사회사업에 힘썼고 ____ 을 조직해 항일 무장 투쟁을 전개하기도 하였다.	의민단
232	____ 이 창시한 ____ 는 허례 폐지, 근검절약, 협동 단결 등 '새 생활 운동'을 펼쳤다.	박중빈, 원불교
233	일제는 침략 전쟁을 확대하면서 한국인에게 형식적이나마 자유를 허용하던 기만적인 문화 통치의 허울을 벗고 ____ 를 실시하였다.	민족 말살 통치

		ANSWER
234	이를 위해 _____, _____ 과 같은 터무니없는 주장을 내세우며, 한국인을 일왕에 충성하는 백성으로 동화시키고자 _____ 정책을 강요하였다. 이는 한국인의 민족의식을 말살하여 저항을 잠재우고, 침략 전쟁에 효율적으로 동원하려는 것이었다.	내선일체, 일선동조론, 황국 신민화
235	일왕에 충성을 맹세하는 _____ 를 억지로 외우게 하였으며, 전국의 각 면마다 일본 왕실의 조상신이나 자기 나라에 공을 세운 자의 위패를 모아둔 _____ 를 세우고 _____ 를 강요하였다. 일제는 신사 참배를 거부하는 사람을 처벌하고, 학교를 폐쇄하였다.	황국 신민의 서사, 신사, 참배
236	또한 우리말 사용을 금지하고, 학교 수업에서 _____ 과목도 사실상 폐지하였다. 소학교의 명칭도 '황국 신민의 학교'라는 의미의 _____ 로 바꾸었다.	조선어, 국민학교
237	한편 일제는 성과 이름도 일본식으로 바꾸도록 강요하였는데(_____), 이를 거부할 경우에는 자녀를 학교에 보낼 수 없었고 식량 배급도 받지 못하였다.	창씨개명
238	일제는 언론, 학술 단체를 해산하는 등 한국인의 자유를 강력히 억압하였다. 일제의 법 테두리 안에서 우리말로 간행되던 _____, _____ 는 기회주의적 태도를 취했음에도 폐간당하였다.	『조선일보』, 『동아일보』
239	_____ 의 편찬을 준비하던 _____ 회원들은 _____ 위반으로 구속되었다(조선어 학회 사건, 1942).	우리말 『큰사전』, 조선어 학회, 치안 유지법
240	일제는 독립운동을 철저히 탄압하고자 악법도 제정하였다. _____ 은 형기를 마친 독립운동가라도 다시 구금할 수 있게 한 법이었다.	조선 사상범 예방 구금령
241	식량의 안정적 확보에 중점을 두었던 식민지 경제 정책은 대공황을 겪으면서 _____ 를 추진하는 방향으로 개편되었다. 이에 따라 한국의 값싼 노동력과 지하자원을 수탈해 성장하려는 일본 독점 자본이 대거 진출하였다. 이들이 _____ 공업과 광업 부분에 투자하면서 _____ 지방을 중심으로 대규모 공장이 세워지는 등 식민지 공업화가 빠르게 진행되었다.	공업화, 중화학, 북부

Ⅵ 일제 강점기

242 농촌에서도 _____ 정책을 실시하고 _____ 계획을 중단하였다. 남면북양 정책은 공업 원료 증산을 위해 남부 지방에서는 _____를 재배하고, 북부 지방에서는 _____을 기르도록 강요한 일제의 정책이다. 서구 열강의 보호 무역으로부터 일본의 방직 자본가를 보호하고자 하였다.

ANSWER
남면북양,
산미증식,
면화,
양

243 _____ 도발 이후 일제는 대륙 침략에 필요한 군수 물자를 공급하기 위한 _____ 정책을 적극 추진하였다. 이에 한국의 경제 구조는 _____ 산업 위주로 개편되어 갔고, 소비재 생산은 크게 위축되었다.

중·일 전쟁,
병참 기지화,
군수

244 중·일 전쟁을 도발한 일제는 _____을 제정해 직접적이고 강제적인 방식으로 인력과 물자를 수탈하기 시작하였다. 지원병제, 학도 지원병제, _____ 등을 실시해 청년들을 침략 전쟁에 투입하였으며 국민 _____을 내려 청장년들을 탄광, 철도 건설, 군수 공장 등에 끌고 가서 노예처럼 일을 시켰다.

국가 총동원법,
징병제,
징용령

245 수많은 여성을 전쟁터로 보내 _____ 라는 이름 아래 성 노예로 삼았으며, 전쟁 막바지에는 _____을 만들어 수십만 명의 여성을 군수 공장에서 일하게 하였다. _____ 라는 조직을 만들어 어린 학생마저 전쟁 물자를 조달하는 데 동원하였다.

일본군 '위안부',
여자 정신 근로령,
근로 보국대

246 일제는 침략 전쟁을 수행하기 위해 식량과 전쟁 물자를 강제로 _____ 하였다. 집집마다 목표량을 정해 쌀을 가져가고 양곡 _____를 실시하였다. 또한 무기를 만들기 위해 절이나 교회의 종, 가정에서 쓰는 놋그릇이나 숟가락까지 빼앗아 갔다.

공출,
배급제

247 한편 일제는 전쟁에 필요한 인력과 물자를 효율적으로 동원하기 위해 _____을 전개하였다. 이를 통해 지원병이나 국방헌금을 독려하고, 일본식 성명을 사용하도록 강요하거나 폐품 수집 활동을 벌이기도 했다.

국민정신 총동원 운동

248 친일 _____ 행위자는 크게 세 유형으로 나누어 볼 수 있다. 첫째는 을사늑약 등 일제의 _____에 적극 참여한 매국노이다. 이들은 매국의 대가로 일왕으로부터 귀족 작위를 받고 _____에도 참여하였다. 또한 막대한 토지와 은사금을 받아 부귀영화를 누렸으며, 대부분 이를 후손에게 대물림하였다.

한국 강점,
반민족,
중추원

249 둘째는 일제의 _____ 에 적극 협력한 자이다. 즉 고위 관료·경찰·군인·판검사 등 일제의 권력 기구에 몸담고 있으면서 자신의 출세를 위해 동포를 괴롭히고 일제의 하수인 노릇을 수행한 자들이다. 독립운동가를 검거해 고문을 일삼고 만주의 _____ 에 복무하면서 독립군을 탄압하는 데 앞장섰다. 그럼에도 이들 중 상당수는 _____ 이후 군 장성이나 경찰 고위직, 고위 관료나 정치인 등으로 활동하였다.

식민 통치, 일본군, 광복

250 친일 반민족 행위의 세 번째 유형은 일제의 _____ 에 적극 협력한 자이다. 여기에는 식민지 경제 체제 아래에서 성장한 _____ ·지주, 그리고 교육자·종교인·언론인·문인·예술가 등의 _____ 이 널리 포함되어 있다.

침략 전쟁, 자본가, 지식인

251 이들은 중·일 전쟁 이후 친일 단체의 간부 등으로 활동하면서 국방헌금 납부, 침략 전쟁 예찬, _____ 지원 권유, 징병제 찬양 등을 통해 _____ 체제에 적극 협력하였다. 이들 중에는 한때 독립운동 진영에 몸담았던 자도 있고, 여러 분야의 명망가가 많았기 때문에 대중에게 미치는 악영향이 더욱 컸다.

학도병, 전시 동원

252 중국 내 독립운동이 침체한 가운데 항일 투쟁 세력을 하나로 뭉치려는 노력도 있었지만 별다른 성과를 거두지 못하였고, 일제의 이간질로 중국인의 _____ 감정도 고조되었다. 이러한 상황에서 항일 투쟁의 안정적 기반을 마련하기 위해 _____ 과 연대해야 할 필요성이 높아졌다.

반한, 중국

253 이에 대한민국 임시 정부는 최소 희생으로 큰 성과를 얻을 수 있는 투쟁 방법을 찾아 _____ 의 책임 아래 _____ 을 조직하였다(1931).

김구, 한인 애국단

254 한인 애국단의 첫 거사로 _____ 이 도쿄에서 일왕의 마차를 향해 폭탄을 던졌으나 일왕을 처단하지는 못하였다(1932.1).

이봉창

255 _____ 에 침략하여 꼭두각시 국가를 세우려 하던 일제는 세계의 관심을 돌리기 위해 이를 보도한 중국 언론의 반일적인 태도 등을 구실로 상하이를 침략하였다(_____).

만주, 상하이 사변

256 이후 일제는 상하이 훙커우 공원에서 일왕의 생일과 상하이 사변의 승리를 축하하는 기념식을 열었다. 이때 _____ 은 기념식 단상에 폭탄을 던져 일본군 장성과 고관들을 처단하였다(1932.4). 이 거사를 두고 중국의 _____ 는 "중국의 100만 대군도 못한 일을 한국 용사가 단행하였다."라고 높이 평가하였다.

윤봉길, 장제스

257 윤봉길 의거로 중국인의 반한 감정이 크게 완화되고, 중국 ___ 정부도 한국 독립운동을 적극 지원하게 되었다. 이로써 ___ 연대의 항일 전선을 구축하는 결정적 계기가 마련되었다.

ANSWER
국민당,
한·중

258 윤봉길 의거 이후 대한민국 임시 정부 요인 등 독립운동가들은 강화된 일제의 단속과 탄압을 피해 ___ 를 떠나야 하였다. 이러한 상황에서 항일 전선을 하나로 통합하려는 움직임이 여러 차례 있었고, 그 결과 김원봉을 중심으로 ___ 이 창당되었다(난징, 1935).

상하이,
민족 혁명당

259 민족 혁명당은 ___ 과 의열단, 만주에서 이동해 온 독립 운동 세력 등 민족주의 계열과 사회주의 계열의 정당·단체들이 뭉쳐 결성한 중국 관내 최대 규모의 통일 전선 정당이었다. 하지만 ___ 등 대한민국 임시 정부를 고수하려는 독립운동가는 처음부터 불참하였다.

한국 독립당
김구

260 이후 ___ 계열이 당권을 잡자 ___, ___ 등 민족주의계 일부 인사가 탈당하여 통일 정당의 성격이 약화되었다.

의열단,
조소앙,
지청천

261 중·일 전쟁이 일어나자 중국 내 독립운동 세력은 이를 적극적인 항일 투쟁의 기회로 보았다. 그리하여 민족 혁명당의 ___ 이 주도하여 중국 관내 최초의 한인 무장 부대인 ___ 가 조직되었다.

김원봉,
조선 의용대

262 조선 의용대(1938)는 민족 혁명당의 주도 아래 사회주의 계열 독립 운동 단체가 연합한 ___ 의 무장 독립 부대이다.

조선 민족 전선 연맹

263 조선 의용대는 중국 ___ 정부의 지원을 받으며 일본군에 대한 ___ 이나 후방 공작 활동에서 큰 성과를 올렸다.

국민당,
심리전

264 하지만 중국 국민당 정부가 항일 투쟁에 소극적인 태도를 보이자, 조선 의용대의 다수 병력은 항일 투쟁을 적극적으로 펼치기 위해 중국 ___ 세력이 일본군과 싸우고 있는 ___ 지방으로 이동하였다.

공산당,
화북

265 1930년대 독립운동의 당면 과제는 ___ 연대를 굳게 다지면서 항일 세력이 하나로 뭉쳐 투쟁 역량을 강화하는 일이었다. 대한민국 임시 정부 등 항일 세력들은 중국 여러 지역을 옮겨 다니면서도 이러한 과제를 실현하려고 노력하였다.

한·중

ANSWER

266. 하지만 이념이나 통합 방법 등의 차이를 좁히지 못한 채, 1930년대 말에는 _____ 계열과 _____ 계열로 나뉘어 연합 단체를 형성하는 정도에 머무르고 있었다.

민족주의,
사회주의

267. 이러한 상황에서 1940년 _____ 에 정착한 대한민국 임시 정부는 중국 국민당 정부의 지원을 받아 체제를 재정비하여 항일 투쟁의 역량을 높여 갔다. 먼저 _____, 조소앙, 지청천 등이 각각 이끌던 민족주의 계열 정당이 통합하여 _____ 을 결성하고 대한민국 임시 정부를 이끌었다.

충칭,
김구,
한국 독립당

268. 또한 김구를 _____ 으로 선출하고 오랜 숙원 사업인 _____ 을 창설했으며, 민주 국가 건설을 위한 _____ 을 발표하였다.

주석,
한국 광복군,
건국 강령

269. _____ 이 일어나자 독립 운동가들은 일제가 분명 미국에게 패배할 것이고, 한국은 독립을 이룰 수 있다고 믿었다. 그날에 대비하여 해외의 항일 단체가 하나로 뭉쳐 통일 조직을 갖춰야 하며, 그 구심점은 _____ 가 되어야 한다는 인식이 확산되었다.

태평양 전쟁,
대한민국 임시 정부

270. 이에 따라 화북 지방으로 이동하지 않은 _____ 병력이 _____ 의 인솔 아래 한국 광복군에 합류하였다.

조선 의용대,
김원봉

271. 대한민국 임시 정부에도 김규식을 비롯한 _____ 인사와 사회주의 계열 단체의 인사들까지 참여하였다. _____ 의 형태를 이룬 대한민국 임시 정부는 그 후 화북 지방에서 항일 투쟁을 전개하는 _____ 과도 통일 전선을 이루기 위해 교섭하였으나, 성사가 되기 직전에 일제의 항복으로 중단되었다.

민족 혁명당,
좌우 합작,
조선 독립 동맹

272. 한편 대한민국 임시 정부는 미국 동포 사회의 애국 단체와도 긴밀히 협력하면서 미국, 중국 등 _____ 으로부터 대한민국 임시 정부를 한국인을 대표하는 정부로 승인받기 위해 외교적 노력을 활발히 전개하였다.

연합국

273. 1941년 12월 일제가 미국 하와이의 진주만을 기습하여 _____ 전쟁을 일으키자, 대한민국 임시 정부는 _____ 에 선전 포고하고 _____ 을 연합군의 일원으로 참전시켰다.

태평양,
일본,
한국 광복군

		ANSWER
274	한국 광복군이 중국의 항일 전선에서 적에 대한 심리전을 펼쳐 큰 성과를 올리자, 이를 활용하려는 _____ 의 요청에 따라 임시 정부는 병력 일부를 _____ 전선에 투입하기도 하였다(1943).	영국군, 인도·미얀마
275	한국 광복군은 미국과 협약을 맺고 _____ 을 조직하여 _____ 을 위한 특수 훈련을 받았다. 그리고 대원을 국내에 침투시켜 무장 투쟁의 거점을 확보하고, 미군의 상륙과 때를 맞추어 궐기해 우리 힘으로 일본군을 몰아내려는 계획을 세웠다. 하지만 준비를 마친 국내 정진군이 국내에 투입되기 직전 일제가 항복하여 작전 계획은 취소되고 말았다.	국내 정진군, 국내 진공 작전
276	적극적인 항일 투쟁을 위하여 북상한 _____ 는 타이항산을 중심으로 활동하며 _____ 전투와 반소탕전 등에서 큰 전과를 올렸다.	조선 의용대, 호가장
277	조선 의용대는 중국 공산당에 가입해 항일 투쟁을 펼치던 한국인과 함께 _____ 을 위원장으로 하는 _____ 을 결성하고, _____ 으로 재편성되었다(1942).	김두봉, 조선 독립 동맹, 조선 의용군
278	_____ 은 한국 광복군과 더불어 중국 관내에서 활동한 대표적 독립군으로, 중국 _____ 군대와 함께 수많은 대일 항전을 수행하였다.	조선 의용군, 공산당
279	만주에서 항일 유격 투쟁이 계속되는 가운데 _____ 에 소속된 한국인 항일 유격대원들은 함경도 일대 공산주의자, 천도교도 등과 함께 _____ 를 조직하였다(1936). 그리고 이들 항일 유격대의 일부는 국내 조국 광복회의 지원 아래 함경도 갑산의 _____ 로 들어와 경찰 주재소와 면사무소 등을 파괴하였다. 이 사건이 국내 신문에 보도되면서 만주에서 항일 투쟁이 지속되고 있음이 알려졌다.	동북 항일 연군, 조국 광복회, 보천보
280	동북 항일 연군은 대규모 병력의 일본군과 싸우면서 큰 희생을 치렀고, 1940년경부터 대부분 _____ 영토로 이동해 활용하였다. 이들 중 한국인 항일 유격대원들은 광복 후 _____ 정권을 수립하는 중심 세력이 되었다.	소련, 북한
281	제2차 세계 대전이 발발하자 미주 지역 동포는 _____ 를 결성하여 급변하는 국제 정세에 대응하고자 하였다(1941.4). 이 단체는 대한민국 임시 정부의 재정을 지원하고, _____ (맹호군)를 조직하여 무장 독립 전쟁을 준비하였다.	재미 한족 연합 위원회, 한인 국방 경위대

ANSWER

282 또 ▢▢▢▢▢ 를 설치하고 미국으로부터 ▢▢▢▢▢ 를 승인받기 위해 외교 활동을 펼쳤다. 그러나 미국 정부의 외면으로 별다른 성과를 거두지는 못하였다.

외교 위원회,
대한민국 임시 정부

283 태평양 전쟁이 장기화되면서 일제가 ▢▢▢▢ 에 패할 것이라는 믿음이 국내의 한국인 사이에서도 커져갔다. 이에 ▢▢▢▢▢ 의 분위기가 고조되었고, 일제의 패망을 앞둔 시기에 해외의 독립군이 진격해 오면 이에 호응해 민중 봉기를 일으켜 일제를 몰아내야 한다는 생각이 무르익었다. 그리하여 수많은 ▢▢▢▢ 가 조직되어 무장봉기를 실천에 옮기려고 노력하였다.

연합국,
반일·반전,
비밀 결사

284 광복을 1년여 앞두고 ▢▢▢▢ 의 주도로 ▢▢▢▢▢▢ 이 비밀리에 조직되었다. 사회주의 계열과 민족주의 계열이 함께 참여한 조선 건국 동맹은 일제의 패망에 대비하여 중앙과 지방 10여 지역에 체계적인 조직을 갖추었다. 또 중국 화북의 ▢▢▢▢▢ 에 연락원을 파견해 ▢▢▢▢ 과 협동 작전을 계획하기도 하였다.

여운형,
조선 건국 동맹,
조선 독립 동맹,
조선 의용군

285 태평양 전쟁이 한창이던 1943년 12월, 미·영·중 3국 최고 지도자는 ▢▢▢▢ 선언을 발표해 일본의 침략을 저지, 응징하고 일본 세력을 점령지역에서 몰아낼 것을 결의하였다. 아울러 "한국 인민의 노예 상태에 유의하여 적절한 절차를 거쳐 한국을 자유 독립하게 할 것을 결정한다."라고 명시하여 ▢▢▢▢▢ 을 처음으로 보장하였다.

카이로,
한국의 독립

286 1945년 2월에는 ▢▢▢ 회담에서 미·영·소 3국 최고 지도자가 유럽에서 독일과 전쟁이 끝난 후 3개월 이내에 ▢▢▢ 이 대일전에 참전한다는 비밀 협정을 체결하였다.

얄타,
소련

287 7월 말에는 미국의 트루먼, 영국의 처칠, 중국의 장제스 등이 ▢▢▢▢ 선언을 통해 카이로 선언을 재확인하면서 일본의 ▢▢▢▢▢ 을 촉구하였다. 뒤늦게 소련도 일본에 선전 포고하면서 이 선언에 참여한다고 밝혔다. 이로써 미·영·중·소 4개국에 의해 ▢▢▢ 선언에서 밝힌 한국의 독립 약속이 재확인되었다.

포츠담,
무조건 항복,
카이로

288 카이로 선언과 포츠담 선언의 한국 독립 약속은 나라 안팎에서 끊임없이 전개된 한국인의 독립 투쟁을 국제 사회가 인정한 것이었다. 하지만 카이로 선언에서 연합국은 '_____' 한국을 독립시킨다고 하여 일제의 항복 이후 한국 문제를 자신들에게 유리한 쪽으로 처리하려는 속내를 드러냈다.

ANSWER
적절한 절차를 거쳐

289 미국은 종전 후 한국에 대한 _____ 를 구상하였는데, 이는 한국에서 _____ 의 세력 확대를 견제하고 자국의 영향력을 확대하려는 것이었다.

신탁 통치, 소련

290 소련의 대일전 참전은 미국의 전쟁 부담을 줄이고 연합국의 전쟁 승리에 보탬이 되었지만, 향후 한반도 정세에 큰 변수로 작용하였다. 일제의 항복을 불과 일주일 앞두고 선전 포고한 소련에 의해 _____ 이북이 점령되었기 때문이다.

북위 38도선

291 스스로의 힘만으로 독립을 쟁취하지 못한 한계로, 한국의 독립 문제는 _____ 과 _____ 등 연합국의 영향을 받을 수밖에 없었다. 그러므로 한국인에게는 광복 이후 주변 강대국의 이해관계를 능동적으로 조정하여 독립운동가와 민족 구성원 다수의 의지가 반영된 새 국가를 건설해야 하는 과제가 남게 되었다.

미국, 소련

한유진 한국사 키워드 암기장

현대 사회의 발전

Ⅷ 현대 사회의 발전

ANSWER

001 1945년 8월 15일 일제의 항복과 함께 한국은 ___을 맞이하였다. 광복은 지난 수십 년간 애국선열들이 피땀 흘려 ___을 전개한 결과였다. 연합국은 이러한 노력을 인정하여 이미 ___ 선언과 ___ 선언에서 한국의 독립을 약속하였다.

광복,
독립운동,
카이로,
포츠담

002 그렇지만 광복은 연합국이 제2차 세계 대전에서 승리함으로써 얻은 결과이기도 하였기 때문에 향후 한국의 진로는 ___, ___ 등 연합국의 결정에 영향을 받았다.

미국,
소련

003 광복 당일 한국인의 봉기를 우려한 조선 총독부는 민족 지도자로 신망받던 ___과 접촉하여 행정권 이양을 교섭하였다. 이에 여운형은 정치 활동 ___ 등을 약속받고, 안재홍과 함께 좌·우익의 독립운동 세력을 모아 ___(건준)를 조직하였다.

여운형,
불간섭,
조선 건국 준비 위원회

004 건준은 전국 각지에 지부를 두고, ___를 조직하여 질서를 유지하는 데 힘썼다. 그러나 미·소가 ___을 경계로 남북을 나누어 점령한다는 사실을 안 조선 총독부가 ___ 이양을 부정하고 경찰서와 방송국 등을 다시 빼앗아 갈등이 빚어지기도 하였다(1945.8.17.).

치안대,
38도선,
행정권

005 이후 ___ 세력은 미군의 진주에 대비해 건준을 해체하고 ___을 수립하여 한국인을 대표하고자 하였다. 주석에는 ___, 부주석에는 여운형이 선임되었으나 ___은 취임을 거부하였다.

좌익,
조선 인민 공화국,
이승만,
이승만

006 ___은 중도 좌파, ___은 중도 우파를 각각 이끌며 조선 건국 준비 위원회 조직을 주도하였다. 그러나 좌익이 건준의 주도권을 장악하자 ___ 등 우익은 탈퇴하였다.

여운형,
안재홍,
안재홍

007 일제가 항복하기 직전 ___이 북한 지역으로 진출해 오자, 미국은 소련에 ___을 경계로 한반도를 나누어 점령하자고 제안하였고, 소련은 이를 받아들였다. 이로써 38도선을 경계로 남과 북에서 미국과 소련의 ___이 실시되었으며, 한국인의 주권 행사는 미루어졌다.

소련군,
북위 38도선,
군정

008 미군정은 한국에 대한 사전 지식과 준비가 부족한 상태에서 ___ 통치에 나서면서 질서 유지 등을 명분으로 ___의 행정 체제를 활용하였다. 그리하여 ___에 협력한 관료나 경찰을 그대로 등용한 반면, 한국인이 조직한 ___나 ___ 등 정치 조직을 인정하지 않았다.

직접,
조선 총독부, 일제,
대한민국 임시 정부,
조선 인민 공화국

009 소군정은 행정권을 북한 각 지역의 _____ 에 이양하는 _____ 통치 방식을 취하였다. 하지만 _____ 세력을 탄압하고 김일성 등 _____ 세력을 후원함으로써 자국에 우호적인 공산주의 정권을 수립하고자 하였다.

ANSWER
인민 위원회,
간접,
민족주의,
공산주의

010 광복 이후 독립 건설 의지가 분출되면서 수많은 정치 세력이 출현하였다. 미국에서 외교 활동을 벌이던 _____ 이 돌아왔고, 대한민국 임시 정부의 지도자들도 _____ 자격으로 귀국하였다.
_____ 는 독립운동의 역사적 법통성을 내세워 독립 국가 건설의 중심이 되고자 하였으나, _____ 아래에서 그 역할을 수행할 수 없었다.

이승만,
개인,
대한민국 임시 정부,
미군정

011 이러한 가운데 _____ 에서 열린 _____ · _____ · _____ 3국 외무 장관 회의에서는 한국에 임시 민주 정부를 수립하고 이를 지원할 _____ 를 설치하며 최대 5년간 _____ 를 실시할 것을 결의하였다.

모스크바,
미, 영, 소,
미·소 공동 위원회,
신탁 통치

012 이에 대해 _____, _____ 등 우익 진영은 신탁 통치가 한국인의 자주권을 부정하는 결정이라고 비판하며 대대적인 _____ 운동을 펼쳤다. 처음에는 반대하던 좌익 진영은 신탁 통치를 독립을 위한 지원 방안으로 받아들여 모스크바 3국 외무 장관 회의의 결정을 _____ 하였다.

김구,
이승만,
반대,
지지

013 이후 신탁 통치 문제를 둘러싸고 좌익과 우익이 격렬하게 대립하였다. 우익은 반탁을 _____ 으로 내세우며, 좌익을 소련에 나라를 파는 매국 세력이라고 비판하였다. 친일 반민족 세력도 _____ 운동에 적극 가담함으로써 애국 세력으로 변신을 도모하였다.

애국,
반탁

014 좌익과 우익의 대립이 거세지고 _____ 마저 성과를 거두지 못하자, 유력 정치인들은 어려운 시국을 해결하려는 방안을 제기하였다.

미·소 공동 위원회

015 _____ 은 통일 정부 수립이 어렵다면 남한만이라도 임시 정부를 수립하여 38도선 이북에서 소련이 물러나도록 해야 한다는 _____ 을 발표하여 큰 반향을 불러일으켰다. 이러한 주장은 당시만 해도 미국과 소련이 _____ 하여 한국 문제를 해결하려 하였기 때문에 당장 추진되지는 않았다.

이승만,
정읍 발언,
협력

016 좌익과 우익이 협력하여 갈등을 풀고, 이를 바탕으로 _____ 에 민족의 의사를 전달하려는 움직임도 나타났다. 여운형, _____ 등 중도파는 미군정의 지원 아래 _____ 를 조직하였다.

미·소 공동 위원회,
김규식,
좌우 합작 위원회

Ⅶ 현대 사회의 발전 **165**

017 좌우 합작 위원회는 '▮▮▮ 임시 정부 수립, 유상매입과 무상 분배 원칙 하의 토지 개혁, 반민족 행위자 처벌' 등을 주요 내용으로 하는 '▮▮▮▮▮'을 발표하였다(1946.10).

ANSWER
통일,
좌우 합작 7원칙

018 그러나 '좌우 합작 7원칙'을 실현하기에는 어려움이 많았다. ▮▮▮는 지지 입장을 표명하였지만 ▮▮▮은 모호한 태도를 보였고, ▮▮▮ 등 우익은 친일 반민족 행위 처벌 문제 등을 이유로 반대하였다. 좌익도 ▮▮▮ · ▮▮▮의 토지 개혁과 친일파 즉각 청산을 요구하며 반대하였다.

김구,
이승만
한국 민주당,
무상 몰수,
무상 분배

019 한국 민주당은 광복 직후 ▮▮▮ 등 자본가, 지주 출신의 인사들이 중심이 되어 조직한 보수적인 민족주의 계열의 정당이다.

김성수

020 ▮▮▮▮이 발표되어 냉전 체제가 본격화되는 가운데 ▮▮▮가 열렸으나 이견을 좁히지 못한 채 막을 내렸다. 이러한 상황에서 ▮▮▮이 암살되면서 좌우 합작 운동은 사실상 중단되었다.

트루먼 독트린,
제2차 미·소 공동 위원회,
여운형

021 미·소 공동 위원회에서 합의가 어렵다고 본 미국은 한국 문제를 ▮▮▮에 넘겼다. 유엔은 미국의 제안대로 ▮▮▮에 의한 ▮▮▮를 통해 한국 정부를 수립하기로 의결하고, 이를 관리 감독할 유엔 한국 임시 위원단을 파견하였다.

유엔,
인구 비례,
총선거

022 그러나 ▮▮▮이 위원단의 입북을 거부하자, 선거가 가능한 지역에서만 총선거를 실시하도록 다시 결의하였다. 유엔의 ▮▮▮ 결정에 대부분 정치 지도자들은 반대하였으나, ▮▮▮과 한국 민주당은 적극 환영하였다.

소련,
단독 선거,
이승만

023 남한만의 단독 선거가 결정되자, ▮▮▮와 ▮▮▮ 등은 통일 정부 수립을 위한 ▮▮▮을 추진하였다. 그리하여 평양에서 '전 조선 제 정당·사회단체 대표자 연석 회의(▮▮▮)'가 개최되었다(1948.4).

김구,
김규식,
남북 협상,
남북 연석 회의

024 그 진행 과정에서 김구와 김규식은 ▮▮▮, ▮▮▮ 등과 남한 단독 선거에 반대하는 공동 성명을 발표하였다. 그러나 미국과 소련, 그리고 이들을 등에 업고 남북에 각각 단독 정부 수립을 추진하는 세력이 있어 통일 정부 수립 운동은 성공하지 못하였다.

김일성,
김두봉

		ANSWER
025	결국 남한에서 총선거가 예정대로 실시되었다. _____ 은 통일 운동의 첫걸음을 내디딘 것으로 정부 수립 이후에도 계속되었지만, _____ 가 암살당하며 중단되었다.	남북 협상, 김구
026	남한의 단독 선거가 결정되자 좌익 세력의 주도 아래 총파업, 동맹 휴교 등 치열한 반대 투쟁이 일어났고, 무장 봉기로까지 이어졌다. _____ 과 _____ 이 대표적이다.	제주 4·3 사건, 여수·순천 10·19 사건
027	1947년 제주 도민의 3·1절 기념행사가 끝나고 시위를 구경하던 사람들에게 경찰이 발포하여 사상자가 발생하자 주민들이 항의 시위를 벌였다. 시위자를 검거하는 과정에서 수많은 일반인이 체포되자 주민의 반감이 높아졌다. 이러한 분위기 속에서 제주도의 _____ 세력과 일부 주민은 _____ 저지와 _____ 수립을 내세우며 무장봉기하였다(1948.4.3.).	좌익, 단독 선거, 통일 정부
028	미군정은 군대와 경찰, _____ 등을 동원하여 탄압하였다. 이로 인해 제주도에서는 _____ 가 정상적으로 치러지지 못하였다.	서북 청년회, 5·10 총선거
029	정부 수립 이후에는 _____ 을 선포하면서 더욱 무차별적으로 진압하였다. 불과 수백 명의 무장봉기 세력을 진압하는 과정에서 무고한 양민들을 집단 사살하기도 하였다.	계엄령
030	_____ 정부는 무장봉기를 진압하기 위해 _____ 에 주둔한 군부대에 제주도로 출동하라고 명령하였다. 그러나 부대 내의 좌익 세력은 '제주도 출동 반대', '통일 정부 수립'을 내세우며 무장봉기하여 _____ 지역을 장악하였다. 정부군은 미국 군사 고문단의 협조와 화력 지원에 힘입어 신속하게 반군을 진압하였다. 이 과정에서도 수많은 민간인이 희생당하였다.	이승만, 여수, 여수·순천
031	1948년 ___ 월 ___ 일, 38도선 이남 지역에 유엔 한국 임시 위원단의 감시 아래 최초의 민주적인 총선거가 실시되었다. 그러나 _____ 와 _____ 등 남북 협상파와 _____ 세력은 단독 선거를 반대하며 선거에 참여하지 않았다.	5, 10, 김구, 김규식, 좌익
032	선거 결과 _____ 2곳을 제외한 선거구에서 198명의 국회의원이 선출되었다. 초대 국회는 국호를 _____ 으로 정하고, _____ 을 제정·공포하였다(1948.7.17.).	제주도, 대한민국, 헌법

033 _____ 은 전문에 '_____ 으로 대한민국을 건립하여 세계에 선포한 독립 정신을 계승하여 민주 독립 국가를 재건한다.' 라고 명시하여, 대한민국 정부가 대한민국 _____ 의 법통을 계승하였음을 밝혔다.

ANSWER
제헌 헌법,
3·1 운동,
임시 정부

034 또한 _____ 수립, 균등 사회의 실현, 친일 _____ 행위자 청산, _____ 개혁 등 독립운동가들이 새 국가 건설을 위해 구상한 주요 목표를 담았다.

민주 공화국,
반민족,
농지

035 헌법을 공포한 제헌 국회는 이후 헌법에 명시된 절차에 따라 대통령에 _____, 부통령에 _____ 을 선출하였다. 이승만은 행정부를 구성하고 미군정 종식과 함께 _____ 수립을 국내외에 선포하였다(1948. 8. 15.).

이승만,
이시영,
대한민국 정부

036 그해 12월 _____ 총회는 대한민국 정부를 유엔 한국 임시 위원단의 선거 관리가 가능했던 한반도 내에서 유일한 _____ 정부로 승인하였다. 이후 대한민국은 미국을 비롯한 여러 나라로부터 승인을 받음으로써 국제 사회의 일원으로 자리 잡게 되었다.

유엔,
합법

037 광복 이후 식민지 잔재를 청산하고 _____ 행위자를 처단하여 사회 정의를 바로 세우는 일은 국민 대다수가 요구하는 시대적 과제였다. 하지만 _____ 은 질서 유지의 명분으로 일제에 협력한 관료, 경찰 등을 그대로 기용하는 등 반민족 행위자에 대한 처벌을 가로막았다.

친일 반민족,
미군정

038 제헌 국회는 _____ 을 제정하고(1948.9.), 국회 직속의 _____ (반민 특위)를 구성하였다. 반민 특위는 반민족 행위를 광범위하게 조사하고 사법 처리에 나섰다.

반민족 행위 처벌법,
반민족 행위 특별 조사 위원회

039 그러나 이승만 정부는 _____ 을 앞세워 친일 반민족 행위자 청산을 _____ 하였다. 대통령 이승만은 반민 특위를 견제하는 담화를 여러 차례 발표하고, 국회에 반민족 행위 처벌법 개정을 요구하였다.

반공,
방해

040 반민 특위가 일제의 고문 경찰로 악명 높던 _____ 을 검거하자, '_____ 반란 분자들이 살인, 방화를 저지르는 상황에서 경험 있는 경찰관을 마구 잡아들여서는 안 된다.' 라는 내용의 특별 담화를 발표하였다.

노덕술,
좌익

041 경찰이 _____ 를 습격하는 사건이 발생하였고(1949.6.6.), _____ 과 내통했다는 혐의로 반민 특위 소속 국회의원들이 구속되기도 하였다. 결국 반민 특위는 그 역할을 다하지 못하고 해체되었고, 친일 반민족 행위 청산의 과제는 뒤로 미루어졌다.

ANSWER
반민 특위,
공산당

042 광복 이후에도 남한의 경제 상황은 여전히 어려웠다. 남북 간 경제의 _____ 관계가 무너지면서 원료와 자원이 부족하고 산업 기반 시설이 취약한 남한 경제는 크게 위축되고 실업자가 대거 발생하였다.

상호 보완

043 이러한 가운데 미군정이 재정 적자를 메우기 위하여 _____ 를 과도하게 발행하여 물가가 폭등하였다. _____ 정책을 폈지만, 상인과 지주의 매점매석으로 양곡 가격이 크게 올랐다.

화폐,
미곡 자유화

044 미군정은 식량 수집과 배급을 통제하였으나, 식량 수급은 여전히 원활하지 못하여 수많은 사람이 굶주림에 시달렸다. 이러한 경제 정책 실패는 대구 _____ 의 주요 원인이 되었다.

10·1 사건

045 자기 땅을 갖는 것은 농민의 오랜 염원이었다. 이에 대한민국 임시 정부와 여러 항일 단체들을 _____ 개혁을 광복 이후의 주요 과제로 제시하였다. 미군정은 _____ 소유의 토지를 몰수하여 관리하다가 1948년에야 농민에게 _____ 으로 매각하였다.

토지,
일본인,
유상

046 본격적인 농지 개혁은 정부 수립 후 제정된 농지 개혁법의 _____ 원칙에 따라 _____ 상한으로 _____ · _____ 의 자본주의적 방법으로 실시되었다(1950). 농지 개혁으로 _____ 가 거의 사라졌으며, 대부분의 농민이 자기 소유의 토지를 갖게 되었다.

경자 유전,
3정보,
유상 매수,
유상 분배,
지주·소작제

047 그러나 농지가 아닌 _____ 는 개혁 대상에서 제외되었고, _____ 의 토지 몰수도 이루어지지 않았다. 유상 분배에 따른 부담으로 농민이 농지를 되팔고 다시 _____ 이 되기도 하였다.

토지,
반민족 행위자,
소작농

048 38도선 이북을 점령한 소련군은 각 지역에서 좌우 합작으로 결성된 _____ 에 행정권을 이양하였다. 하지만 모스크바 3국 외무 장관 회의 이후에는 신탁 통치에 반대하는 _____ 등 민족주의 세력을 억압하였다.

인민 위원회,
조만식

Ⅶ 현대 사회의 발전 **169**

049 그 후 소련의 후원을 받는 _____을 위원장으로 하는 _____가 조직되며 공산주의 정권 수립 작업이 진행되었다(1946.2.).

김일성,
북조선 임시 인민 위원회

050 북조선 임시 인민 위원회는 각종 개혁 작업에 착수하였다. 먼저 '토지를 밭갈이 하는 농민에게' 라는 구호 아래 _____·_____의 사회주의적 방식으로 토지 개혁을 실시하였다. 분배된 토지의 매매·소작·저당은 _____되었지만, 이는 임시 인민 위원회가 농민층의 지지를 받는 계기가 되었다.

무상 몰수,
무상 분배,
금지

051 8시간제를 규정한 노동법과 남녀 평등법을 제정하고, 주요 산업을 _____하여 사회주의 경제의 기반을 다졌다.

국유화

052 대한민국 정부 수립 후, 북한에서는 총선거를 실시하여 국회에 해당하는 _____를 구성하였다. 그리고 최고 인민 회의가 헌법을 제정하고 _____을 초대 수상으로 선출함으로써 _____이 출범하였다(1948.9.9.). 이에 남북 양쪽에 이념과 체제를 달리하는 정권이 등장하여 서로 대립하는 상황이 전개되었다.

최고 인민 회의,
김일성,
조선 민주주의 인민 공화국

053 남과 북에 이념과 체제를 달리하는 정권이 수립되면서 갈등이 고조되었다. 남과 북은 각각 _____통일과 남조선 _____을 내세우며 38도선 부근에서 잦은 무력 충돌을 빚었다. _____일대에서는 좌익 세력이 무장 활동을 펼치며 남한 사회에 혼란을 야기하였다.

북진,
해방,
지리산

054 북한은 남침을 위해 _____으로부터 전차와 비행기 등 신무기와 군사적 지원을 받았으며, 중국 내전에 참여했던 _____ 등을 북한군에 편입하였다.

소련,
조선 의용군

055 1950년 초 소련은 북한의 _____계획을 승인하였고, _____도 미국이 전쟁에 개입해 전세가 불리해질 경우 참전할 것을 약속하였다.

남침,
중국

056 남한은 _____를 모체로 국군을 창설해 치안을 확보하고 국방력을 강화하였다. 이 무렵 미국은 한국을 미국의 태평양 지역 방위선에서 제외한 _____을 발표하였으며, 한국의 요청으로 _____을 맺었다.

조선 경비대,
애치슨 선언,
한·미 상호 방위 원조 협정

057 1950년 6월 25일 새벽, 북한은 38도선을 넘어 기습 _____을 감행하였다. 북한군은 전차를 앞세워 3일 만에 _____을 점령하고, 기세를 몰아 _____까지 진출하였다.

남침,
서울,
낙동강

058 소련이 불참한 가운데 열린 유엔 안전 보장 이사회는 _____의 행위를 침략으로 규정하고, 한국을 지원하기 위해 _____의 참전을 결의하였다. 이에 따라 미국을 비롯해 _____으로 구성된 유엔군이 참전하였다. 대통령 이승만은 전쟁을 효과적으로 수행하기 위해 국군의 작전 지휘권을 _____에게 넘겼다.

ANSWER
북한,
유엔군,
16개국,
유엔군 사령관

059 국군과 유엔군은 _____에 방어선을 구축하고 북한군의 남하를 저지하였다. 이어 _____을 감행하여 서울을 수복하고, 38도선을 돌파해 _____까지 진격하였다. 중국은 군대를 파병해 북한을 지원하였다. 이로써 6·25 전쟁은 자본주의 진영과 사회주의 진영이 대결하는 _____의 양상을 띠게 되었다.

낙동강,
인천 상륙 작전,
압록강,
국제전

060 압록강을 건너온 _____은 대규모 병력을 앞세워 순식간에 남하하였다. 국군과 유엔군은 다시 서울을 내주었지만(= _____), 전열을 가다듬어 70여 일 만에 서울을 재탈환하였고, 이후 전선은 _____ 부근에서 교착 상태에 빠졌다.

중국군,
1·4 후퇴,
38도선

061 소모적인 전투가 계속되는 가운데 _____의 제의로 _____ 회담이 시작되었다(1951.6.). 하지만 _____ 설정과 _____ 방식을 둘러싸고 쉽사리 합의에 이르지 못하였다.

소련,
정전,
휴전선,
포로 교환

062 회담이 진행되는 가운데 38도선 부근에서는 치열한 공방전이 계속되어 인명 피해가 크게 늘어났다. 정전 회담이 무르익어 갈 무렵 대통령 _____은 북한으로 돌아가지 않겠다는 _____를 석방하였다(1953.6.18.). 이로 인해 다소 지연되었지만 회담이 시작된 지 2년여 만에 _____이 체결되었다.

이승만,
반공 포로,
정전 협정

063 정전 협정에서는 _____을 확정하고, _____ 설치, 군사 정전 위원회와 중립국 감시 위원단 설치 등을 규정하였으며, 포로 교환은 포로의 _____를 존중하기로 하였다.

휴전선,
비무장 지대,
자유의사

064 대통령 이승만은 _____을 주장하며 정전 협정에 서명하지 않았지만, 협정 내용을 준수하겠다고 밝혔다.

북진 통일

065   3년여 동안 이어진 6·25 전쟁으로 수많은 인명 피해는 물론 전쟁고아와 _____이 발생하였다. 남북한의 물적 피해도 엄청났다. 남한은 생산 시설의 절반 가까이가 파괴되었고, 북한의 피해는 더 심하였다. 전쟁 기간 중 많은 사람이 고향을 떠나 이동하면서 _____ 문화가 해체되었고, 미군을 통해 미국의 _____ 문화가 빠르게 유입되었다.

ANSWER: 이산가족, 전통, 대중

066   전쟁으로 남과 북의 적대감은 더욱 깊어졌다. 남북의 지도자 이승만과 김일성은 이를 _____ 권력 강화에 이용하였고, _____ 체제는 고착화되었다.

ANSWER: 독재, 분단

067   전쟁이 끝난 후 체결된 _____에 따라 미군은 한국에 계속 주둔하게 되었다. 그 결과 한반도를 비롯한 동북아시아에서 _____의 영향력은 한층 강화되었다.

ANSWER: 한·미 상호 방위 조약, 미국

068   북한에서는 군대를 지원한 _____의 영향력이 소련보다 커졌다. 한편 _____은 6·25 전쟁의 특수로 경제가 발전하였고, 아시아의 반공 거점 국가로 자리 잡았다.

ANSWER: 중국, 일본

069   6·25 전쟁은 동족상잔의 비극이자 _____ 시대 최대 규모의 국제전이었다. 남과 북 모두에게 큰 상처를 입혔고, 무력으로는 서로 하나가 될 수 없다는 교훈을 남겼다. 또한 이산가족의 아픔과 전쟁 중 일어난 _____ 학살로 인한 고통, 귀환하지 못한 국군 _____ 문제 등은 오늘날까지도 이어지고 있다.

ANSWER: 냉전, 민간인, 포로

070   6·25 전쟁 중 무고한 민간인이 희생되는 사건이 다수 발생하였다. 국군에 의한 _____ 양민 학살 사건이나 미군에 의한 _____ 학살 사건과 같이 무장한 병력이 비무장의 민간인을 학살한 사건이 벌어졌다.

ANSWER: 거창, 노근리

071   전쟁 초기 이승만 정권은 좌익에 가담하였다가 전향한 사람들을 계도하기 위해 전국적으로 조직된 단체인 _____이 북한군에 협력할 가능성이 있다는 이유로 군대와 경찰을 동원하여 집단 학살하였다.

ANSWER: 국민 보도 연맹원

072   6·25 전쟁이 발발하기 직전에 실시된 제2대 국회 의원 선거에서 _____ 성향의 후보들이 대거 당선되었다. 이승만 정부가 각종 비리를 저지르고 반민족 행위자를 옹호하여 국민의 기대를 저버린 결과였다.

ANSWER: 반이승만

		ANSWER
073	더욱이 _____ 사건과 거창 양민 학살 사건이 폭로되면서 이승만이 국회에서 대통령에 재선될 가능성은 더욱 낮아졌다.	국민 방위군
074	이에 이승만은 _____ 을 창당하여 지지 세력을 결집하고 대통령 _____ 개헌을 추진하였다. 개헌에 반대하는 국회의원을 폭력으로 협박하고, 간첩으로 몰아 구속하는 등 공포 분위기를 조성하였다. 개헌안은 경찰과 군인이 국회를 포위한 가운데 토론 없이 기립 투표로 통과되었다(_____, 1952). 이어 실시된 제2대 대통령 선거에서 이승만이 당선되었다.	자유당, 직선제, 발췌 개헌
075	재선에 성공한 이승만은 관권을 동원하여 1954년 총선거에서 압승을 거두었고, 이어 자유당은 초대 대통령에 한하여 '_____' 조항을 적용하지 않는 개헌안을 발의하였다. 국회의 표결 결과 의결 정족수에 1명이 모자라 부결이 선언 되었으나, 이틀 후 국회 의장은 사사오입을 적용하여 개헌안이 통과되었다고 선포하였다(_____, 1954).	3선 금지, 사사오입 개헌
076	이처럼 법과 절차를 무시한 _____ 을 통해 이승만은 횟수의 제한 없이 대통령 출마가 가능해져 장기 _____ 의 기반을 마련하였고, 민주주의의 원칙은 크게 훼손되었다.	개헌, 독재
077	6·25 전쟁 이후 이승만은 권력 기반을 강화하기 위해 _____ 이념을 적극적으로 활용하고 국가 권력을 사유물처럼 여기면서 장기 독재를 꾀하였다. 이에 국민의 불신과 불만은 점차 커져 갔다. 신익희, 장면 등의 정치인들도 이승만의 종신 집권을 위해 이루어진 개헌에 반대하며, _____ 을 창당하여 이승만 정부와 자유당에 저항하였다.	반공, 민주당
078	1956년 제3대 대통령 선거에 출마한 이승만은 민주당의 _____ 후보가 갑자기 사망하는 상황에서 대통령에 당선되었다. 하지만 진보 성향의 무소속 후보 _____ 이 유효 표의 30%를 차지하며 돌풍을 일으켰고, 부통령에는 민주당의 _____ 이 자유당의 이기붕을 누르고 당선되었다.	신익희, 조봉암, 장면
079	이승만 정부는 반공 이념을 앞세워 반대 세력을 강력히 억압하였다. 조봉암이 _____ 을 주장하며 _____ 을 창당하자, 간첩죄와 _____ 위반 등의 혐의를 씌워 조봉암과 진보당 간부들을 구속하였다.	평화 통일론, 진보당, 국가 보안법

080 진보당은 정당 등록이 취소되고, 조봉암은 사형을 당하였다( ). 또한 비판 세력을 탄압하고자 야당의 반대를 무릅쓰고 _____ 을 개정하였으며, 정부에 비판적이었던 _____ 을 폐간하는 등 언론을 통제하면서 독재 체제를 강화하였다.

ANSWER: 진보당 사건, 국가 보안법, 『경향신문』

081 이승만 정부는 전쟁으로 파괴된 _____ 시설을 복구하는 데 많은 노력을 기울였다. 주요 공장과 산업 기반 시설이 갖추어지면서 경제는 점차 회복되었다. _____ 과정에서 경제 성장률과 국민 총소득이 꾸준히 증가하였지만, 국민 대다수는 여전히 빈곤에 시달렸다.

ANSWER: 산업, 전후 복구

082 전후 한국 경제는 _____ 의 원조를 토대로 재건되었다. 한국 정부는 철강과 기계 등 _____ 지원을 희망했으나, 미국은 잉여 농산물을 제공하였다. 이에 잉여 농산물을 가공하는 제분·제당·면방직의 _____ 이 발달했지만, 생산재 산업의 성장은 저조하였다.

ANSWER: 미국, 생산재, 삼백 산업

083 이승만 정부는 _____ 을 제정하여(1949) 일제 강점기 일본인이 소유하던 공장 등을 민간에 불하하였다. 원조 물자를 기업에 배정함으로써 민간 자본에 의한 경제 발전도 추구하였다.

ANSWER: 귀속 재산 처리법

084 하지만 귀속 재산 불하와 원조 물자 배정 과정에서 특정 기업에 혜택이 편중되면서 _____ 이나 독점과 같은 부작용이 나타났다.

ANSWER: 정경 유착

085 미국의 경제 상황이 나빠지면서 1950년대 말 한국에 대한 미국의 원조가 줄어들었고, _____ 원조가 _____ 으로 바뀌었다. 미국의 원조에 의존하던 한국 경제는 불황에 빠져들었고, 경제 성장률은 크게 떨어졌다. 하지만 이러한 경제적 위기 상황에 이승만 정부는 제대로 대처하지 못하였다.

ANSWER: 무상, 유상 차관

086 6·25 전쟁 이후 식량을 비롯한 생필품이 크게 부족해졌고, 전쟁 비용을 조달하기 위해 증가한 재정 지출로 _____ 가 폭등하였다. _____ 문제도 심각하였다. 하지만 어려운 여건 속에서도 전쟁 피해를 복구하고 가난을 극복하려는 노력은 계속되었다. 이 과정에서 한국 사회는 조금씩 역동성을 회복하였고, 생활 모습도 바뀌어 갔다.

ANSWER: 물가, 실업

087　6·25 전쟁 이후 ◯◯◯를 중심으로 전후 복구 사업이 이루어지면서 인구의 ◯◯◯ 집중이 심화되었다. 인구가 급격히 늘면서 도시에서는 주택 문제, 취업 문제, 교통 문제 등이 나타났다.

ANSWER
도시

088　전쟁 이후 어려운 사회 현실 속에서도 교육 활동은 멈추지 않았다. 1954년에는 초등학교 ◯◯◯◯이 실시되어 취학률이 크게 증가하였다. 열악한 환경이지만 교육을 받은 ◯◯ 세대가 탄생한 것은 이후 사회 변화에 큰 역동성을 부여하였다.

의무교육, 한글

089　북한은 ◯◯◯의 주도 아래 여러 세력이 ◯◯ 정권을 이루고 있었다. 6·25 전쟁 후 김일성은 경쟁자들을 제거하며 권력 기반을 강화하고, 각지에 자신의 동상을 세우는 등 ◯◯◯ 작업을 진행하였다.

김일성, 연합, 우상화

090　소련에서 스탈린의 독재 체제에 대한 비판이 등장하자, 북한에서도 김일성 개인숭배와 경제 정책을 비판하는 사건이 일어났다. 이를 빌미로 김일성은 비판 세력을 대대적으로 ◯◯ 하고 ◯◯◯◯ 체제를 강화하였다. 김일성은 북한식 ◯◯◯◯ 체제를 구축하면서 자신의 권력을 공고히 하였다.

숙청, 1인 독재, 사회주의

091　북한은 소련과 중국 등으로부터 ◯◯ 원조, 기술 지원 등의 도움을 받았다. 이를 토대로 경제 부흥 3개년 계획(1953~1956)과 제1차 5개년 계획(1957~1961)을 시행하여 국가 주도로 전후 복구 작업을 진행하고 본격적인 ◯◯◯◯ 경제 건설에 나섰다.

무상, 사회주의

092　먼저 농업과 상공업의 ◯◯◯ 작업이 추진되었다. 모든 농민을 ◯◯◯◯에 가입하도록 하고, 농토는 ◯◯◯◯이 소유하도록 하였다. 소규모의 개인 상공업도 생산 협동조합으로 바꾸는 작업이 추진되었다.

집단화, 협동조합, 협동조합

093　토지를 비롯한 ◯◯◯◯은 협동조합의 소유가 되어 ◯◯가 허용되지 않았으며, 조합원은 공동으로 노동하고 그에 따라 분배를 받았다. 이로써 북한은 사회주의 경제 체제를 확립하게 되었다.

생산 수단, 사유

094　아울러 북한은 1956년부터 대중의 정신력을 강화하여 노동 생산성을 높이려는 ◯◯◯ 운동을 전개하였다. 본 운동을 통해 대중의 노동력을 동원하여 한때 경제 성장을 이루었지만, 기술 혁신과 물질적인 뒷받침이 부족하여 한계에 부딪혔다.

천리마

095 대통령 이승만의 반공 독재가 계속되는 가운데 경제적 어려움이 더해지자 민심은 정부에 등을 돌렸다. 이승만 정부와 자유당은 다가오는 정·부통령 선거에서 대대적인 _____ 를 저질러서라도 권력을 유지하고자 하였다. 85세 고령의 이승만에게 건강상의 문제가 생기면 _____ 에게 대통령직이 승계되기 때문에 반드시 자유당 후보인 _____ 을 부통령에 당선시키려 하였다.

ANSWER 부정 선거, 부통령, 이기붕

096 그리하여 공무원, 마을 이장, 경찰 등 관권을 동원하여 온갖 부정을 저질렀다. 야당 후보의 선거 유세를 방해하였고, 3인조·5인조 _____ 를 하거나 선거 당일에 투표함을 통째로 바꿔치기도 하였다.

공개 투표

097 이러한 부정 선거에 항의하는 시위가 전국 각지에서 일어났다. _____ 에서는 시위대에게 경찰이 발포하여 수십 명의 사상자가 발생하였다 (1960. __. __.).

마산, 03.15

098 _____ 에 항의하는 시위가 확산되는 가운데 선거 관리 책임자인 내무부 장관이 사임하면서 상황은 잠시 진정되었다. 그러나 경찰이 쏜 최루탄에 사망한 _____ 학생의 시신이 _____ 앞 바다에서 발견되자 시민의 분노가 폭발하였다(4.11.).

부정선거, 김주열, 마산

099 이승만 정부는 시위의 배후에 _____ 이 있다고 발표하여 분노한 민심을 가라앉히려 하였지만, 시위는 전국으로 빠르게 확산되었다.

공산당

100 시위가 확산되는 가운데 __ 월 __ 일 서울에서는 대학생과 중고생, 시민 등 수만 명이 이승만 독재와 부정 선거를 규탄하며 대통령이 있는 _____ 로 향하였다. 이때 경찰이 시위대를 향해 무차별 총격을 가하여 많은 사상자가 발생하였다. 하지만 시위는 전국적으로 계속해서 이어졌다.

4, 19, 경무대

101 정부는 _____ 을 선포하고 군대까지 동원하였지만, 학생과 시민의 자발적인 참여와 저항을 막을 수 없었다. 초등학생과 할머니, 할아버지까지 시위에 가세하였고, 대학교수도 "학생의 피에 보답하라."라고 외치면서 이승만의 _____ 을 요구하였다. 심지어 계엄군까지도 시위대에 동조하는 태도를 보였다.

계엄령, 퇴진

		ANSWER
102	결국 국민적 요구에 굴복한 이승만은 "국민이 원한다면 물러나겠다." 라는 설명을 발표하고 _____ 직에서 물러난 뒤(4.26.) _____ 으로 망명하였다.	대통령, 미국
103	_____ 은 학생들이 앞장서고 회사원, 노동자, 도시 하층민 등 시민이 폭넓게 참여하여 _____ 독재 정권을 무너뜨린 민주 혁명이었다. 학생과 시민은 국민의 생명과 자유를 위협한 독재 권력에 맞서 투쟁하였다.	4·19 혁명, 이승만
104	독재를 타도하고 _____ 를 이루어 냈다는 자부심은 이후 계속된 반독재 민주화 운동과 _____ 운동의 주춧돌이 되었다.	민주주의, 평화 통일
105	4·19 혁명을 계기로 민주화를 요구하는 각계각층의 움직임이 활발하게 일어났다. 학생은 _____ 폐지와 학원 민주화를 주장하고, 교사는 _____ 를 결성하였다. 농민은 농산물의 가격 유지를, 노동자는 임금 인상과 처우 개선을 요구하였다.	학도 호국단, 교원 노조
106	이승만의 반공 정책에 억눌려 있던 평화 통일 운동도 활발히 전개되었다. 학생은 _____ 을 요구하고, 민간은 _____ 통일론을 내세우며 남북 정당과 사회단체의 정치 협상을 주장하였다. 6·25 전쟁 중 발생한 _____ 에 대한 진상 조사를 요구하는 목소리도 높아졌다.	남북 학생 회담, 중립화, 양민 학살 사건
107	4·19 혁명 이후 _____ 와 _____ 국회 구성을 주요 내용으로 하는 헌법 개정이 이루어졌다. 이어 실시된 총선거에서 민주당이 압승을 거두었고, 그 결과 _____ 내각이 출범하였다.	내각 책임제, 양원제, 장면
108	장면 내각은 _____ 와 공무원 _____ 제도를 실시하고, _____ 을 수립하는 등 개혁에 나섰다. 하지만 각계각층에서 다양하게 분출된 민주화 요구를 제대로 수용하지 못하였고, _____ 책임자와 부정 축재자 처벌에도 소극적이었다.	지방 자치제, 공개 채용, 경제 개발 계획, 부정선거
109	장면 내각은 출범한 지 1년도 안되어 _____ 으로 붕괴되었다. 이로 인해 혁명 정신을 계승한 민주적 정책은 지속되지 못하였고, 4·19 혁명으로 분출된 국민의 요구도 가로막히고 말았다.	5·16 군사 정변

		ANSWER
110	▢▢▢ 가 중심이 된 군사 정변 세력은 헌정 질서를 짓밟고 ▢▢▢ 를 구성하여 군정을 실시하였다. 특히 ▢▢▢ 을 앞세워 4·19 혁명으로 분출된 민주적 요구를 억압하면서 언론을 탄압하고 정치인의 활동을 금지하였다.	박정희, 국가 재건 최고 회의, 반공
111	군사 정부는 ▢▢▢ 를 설치하여 권력 기반을 강화하고, ▢▢▢ 로 헌법을 개정하였다. 군 본연의 임무에 복귀한다고 약속했던 박정희는 이를 어기고 제5대 대통령 선거에 ▢▢▢ 후보로 출마하여 당선되었다(1963).	중앙정보부, 대통령 중심제, 민주 공화당
112	박정희 정부는 군사 정변의 정당성을 확보하기 위해 경제 발전을 추진하였다. 이에 경제 발전 자금을 마련하고자 ▢▢▢ 과의 국교 정상화를 서둘렀다. 미국도 북한·소련·중국에 대응하는 ▢▢▢ · ▢▢▢ · ▢▢▢ 의 동맹 체제를 구축하기 위해 이를 요구하고 있었다.	일본, 한국, 미국, 일본
113	국교 정상화를 위한 ▢▢▢ 이 시작되었지만, 일본의 식민 지배에 대한 사죄와 배상, 약탈 문화재 반환 등이 무시된 채 진행되었다. 이를 굴욕 외교로 여긴 학생과 시민은 대대적인 반대 시위를 전개하였다(▢▢▢, 1964).	한·일 회담, 6·3 시위
114	박정희 정부는 ▢▢▢ 을 선포하고, 군대를 동원해 시위를 탄압하면서 한·일 협정(▢▢▢) 을 체결하였다(1965).	비상계엄령, 한·일 기본 조약
115	그 결과 박정희 정부는 경제 개발에 필요한 자금을 일부 확보했지만, 일본의 ▢▢▢ 에 대한 사죄와 배상은 받아내지 못하였다.	식민 지배
116	한·일 국교 ▢▢▢ 로 한·미·일 지역 집단 안보 체제를 구축한 미국의 요청으로 박정희 정부는 ▢▢▢ 에 파병하였다. 파병은 영국, 프랑스 등이 미국의 요청을 거부하는 등 국제적으로 지지를 받지 못하였고, 야당을 비롯한 국내 여론도 ▢▢▢ 적이었다.	정상화, 베트남, 부정
117	베트남 파병으로 ▢▢▢ 의 전력이 증강되고(브라운 각서), ▢▢▢ 업체의 해외 진출과 인력 수출 등이 활발해져 경제 성장을 위한 발판이 마련되었다. 그러나 전쟁에서 수많은 젊은이가 희생되었다. 또한 일부 한국군에 의해 많은 베트남 양민이 희생되기도 하였으며, 한국인 혼혈인 ▢▢▢ 이 남겨졌다.	국군, 건설, 라이따이한

		ANSWER
118	박정희는 의 성과를 내세워 재선에 성공한 후, 대통령의 을 허용하는 개헌을 추진해 장기 집권을 도모하였다. 국민과 야당은 이를 반대하며 전국적인 시위를 전개하였다.	경제 발전, 3회 연임
119	정부와 여당은 태세 강화와 국가 발전을 구실로 반대 여론을 억압한 채 을 단행하였다(1969).	반공, 3선 개헌
120	개정된 헌법에 따라 치른 제7대 대통령 선거에서 박정희는 야당 후보 을 힘겹게 누르고 대통령에 당선되었다(1971). 이후 국민의 자유를 억압하는 체제가 강화되었다.	김대중, 반공 독재
121	대통령 박정희는 3선에 성공하였으나 나라 안팎에서 위기를 맞았다. 으로 냉전 체제가 완화되면서 반공을 앞세운 정권의 기반이 약화되었고, 장기 집권과 경기 침체에 대한 국민의 불만도 커졌다.	닉슨 독트린
122	이런 가운데 박정희 정권은 북한과의 대화에 나섰고, · · 의 통일 원칙을 명시한 이 발표되었다(1972).	자주, 평화, 민족대단결, 7·4 남북 공동 성명
123	남북통일에 대한 국민의 관심이 높아지는 가운데 박정희 정권은 안보 위기와 평화 통일에 대비한다는 구실로 을 단행하였다(1972.10.). 을 선포하여 억압적인 분위기를 조성하고 를 해산한 뒤, 비상 국무 회의에서 제정한 을 국민 투표로 확정하였다.	10월 유신, 비상계엄령, 국회, 유신 헌법
124	유신 헌법에 의해 에서 선출되는 대통령은 임기가 이고, 제한이 없어 종신 집권이 가능하였다.	통일 주체 국민 회의, 6년, 중임
125	대통령은 국회의원 3분의 1의 추천권과 국회 을 행사하였으며, 과 법관의 임명권도 행사하여 사법부도 장악하였다. 이로써 은 사실상 무력화 되었다.	해산권, 대법원장, 삼권 분립
126	국민의 기본권까지 제한할 수 있는 도 행사하였는데, 이를 이용해 반대 세력을 억압하였다.	긴급 조치권
127	이처럼 체제는 박정희의 종신 집권을 실현하고 의 권한을 비정상적으로 강화하는 등 민주 정치의 기본 원리를 무시한 권위주의적 체제였다.	유신, 대통령, 독재

128 유신 반대 운동은 [김대중] 이 일본에서 유신 체제를 비판하다가 [중앙정보부] 에 의해 국내로 납치된 사건(1973)을 계기로 활발해졌다.

129 [장준하], 백기완 등의 인사들은 [개헌 청원] 100만 인 서명을 펼쳤고, 대학생은 유신 헌법 폐지와 노동 악법 철폐를 요구하는 시위를 벌였다. 언론계, 종교계, 노동계 등에서도 유신에 반대하는 목소리를 높여 갔다.

130 반[독재]·반[유신] 민주화 운동이 확산되자, 박정희 정권은 [긴급조치]를 연이어 발표해 이를 억압하였다. 또한 학생 운동의 배후에 국가 전복을 노리는 [인민 혁명당] 이 존재한다며 관련자들을 잡아들였다. 이들 중 8명에게 사형을 선고하고 곧바로 형을 집행하였다([2차 인혁당] 사건).

131 억압적 분위기 속에서도 민주화 요구는 계속되었다. 천주교 신부들은 [정의 구현 사제단] 을 조직하고, 유신에 반대하다가 해직된 언론인들은 [언론 자유 수호] 투쟁을 전개하였다.

132 함석헌, 김대중 등도 [명동 성당] 에 모여 유신 체제 논리를 정면으로 비판하는 [3·1 민주 구국 선언] 을 발표하였다.

133 1970년대 말, 유신 체제는 커다란 위기에 직면하였다. 유신 반대 운동이 계속되는 가운데 국회의원 선거에서 야당인 [신민당] 의 득표율이 여당인 [민주 공화당] 을 앞질렀다(1978).

134 또한 제2차 [석유 파동] 으로 인한 원유 가격 상승으로 경제가 심각한 위기를 맞이하여 국민의 불만이 더욱 높아졌다. 미국을 비롯한 국제 사회도 박정희의 장기 독재와 인권 탄압을 비판하였다.

135 이러한 가운데 [YH 무역] 사건이 발생하였다. YH 무역 사건을 계기로 야당이 유신 독재에 대한 비판의 목소리를 높이자, 여당은 신민당 총재 [김영삼] 을 국회 의원직에서 제명하였다.

136 그러자 김영삼의 정치적 본거지인 [부산] 과 [마산](창원) 일대에서 학생을 중심으로 대규모 시위가 일어났다([부·마 민주 항쟁]). 박정희 정권은 군대를 동원해 진압에 나섰지만, 경기 침체로 어려움을 겪던 시민과 노동자들이 동참하며 시위는 인근 지역으로 급속히 확산되었다.

	ANSWER
137	이와 같은 상황에서 대통령 박정희가 중앙정보부장 ___ 에게 피살됨으로써(___, 1979) 유신 체제는 사실상 붕괴되었다.
	김재규, 10·26 사태
138	10·26 사태가 발생하여 대통령 박정희가 사망하자, 국민은 유신 독재가 끝나고 ___ 가 실현될 것으로 기대하였다. 비상계엄이 선포된 가운데 국무총리 ___ 가 ___ 를 통해 대통령으로 선출되었다.
	민주주의, 최규하, 통일 주체 국민 회의
139	하지만 ___ 이 이끄는 일부 군인들이 군사 반란을 일으켜 정권을 장악하였다(___, 1979). ___ 라 불린 이들 군인은 유신 헌법 체제를 계승하여 군사 독재를 이어 가려 하였다.
	전두환, 12·12 군사 쿠데타, 신군부
140	신군부의 등장으로 군사 독재가 이어질 것이라는 우려가 커졌다. 이에 1980년 봄, ___ 철폐와 ___ 퇴진을 요구하는 대대적인 민주화 운동이 일어났다(___).
	유신, 신군부, 서울의 봄
141	대학생은 서울역 앞에서 대규모 집회를 연이어 개최하고 ___ 철폐와 유신 헌법 개정을 요구하였다. 하지만 사회 혼란을 빌미로 신군부가 정치 표면에 등장할 것을 우려하여 자진 해산하였다. 그럼에도 신군부는 비상계엄을 ___ 으로 확대하고 ___ 을 비롯한 민주 인사들과 학생 대표를 체포하였으며 집회와 시위를 금지하는 조치를 내렸다(5.17.)
	계엄, 전국, 김대중
142	비상계엄이 전국으로 확대된 가운데 5월 18일 ___ 에서는 ___ 철폐와 ___ 퇴진을 요구하는 시위가 발생하였다. 신군부는 ___ 부대까지 동원하여 시위대에게 무차별 폭력을 가하고 학생과 시민을 대거 잡아들였다.
	광주, 계엄, 신군부, 공수
143	분노한 시민들이 ___ 앞에 모여 ___ 의 만행을 비판하고 신군부의 퇴진을 요구하는 대규모 집회를 열었다. 계엄군은 시위대를 향해 발포해 수많은 사상자가 발생하였다. 이에 일부 시민은 경찰서와 군부대의 무기고를 습격하여 무장하고 ___ 을 조직하여 맞섰다. 민주화 운동은 점차 광주 주변 지역으로 확대되어 갔다.
	전남 도청, 계엄군, 시민군
144	신군부는 계엄군을 일단 광주 외곽으로 철수하였지만, ___ 을 통제하며 광주 시민을 폭도로 몰아갔고 광주로 통하는 교통과 통신을 차단하였다. 광주 인근 지역에서도 계엄군이 무고한 주민에게 총격을 가해 많은 사상자가 발생하였다.
	언론

Ⅶ 현대 사회의 발전 **181**

145 이런 상황에서 광주 시민은 시민 수습 대책 위원회를 구성하여 자발적으로 무기를 회수하고, 정부에 평화적 협상을 요구하고 나섰다(5.22.). 그러나 계엄군은 ____ 와 헬기까지 동원하여 무자비한 학살을 자행하면서 시민군이 모여 있던 ____ 을 장악하였다(5.27.).

ANSWER: 탱크, 전남 도청

146 ____ 은 신군부의 불법적 정권 탈취에 맞선 민주화 운동이었다. ____ 등 1980년대 민주화 운동의 토대가 되었으며, 필리핀을 비롯한 아시아 국가들의 민주화 운동에도 영향을 주었다.

ANSWER: 5·18 민주화 운동, 6월 민주 항쟁

147 또한 부산 ____ 방화와 서울 미국 문화원 점거 등 일부 대학생을 중심으로 ____ 운동이 시작되는 계기가 되었다. 신군부의 병력 동원이 한국군에 대한 ____ 을 가진 미국의 묵인 아래 이루어졌다고 보았기 때문이다.

ANSWER: 미국 문화원, 반미, 작전권

148 국가 폭력에 대한 민중의 저항을 담은 5·18 민주화 운동 관련 기록물은 그 의미와 가치가 인정되어 ____ 으로 등재되었다(2011).

ANSWER: 유네스코 세계 기록 유산

149 5·18 민주화 운동을 무력으로 억누른 전두환 등 신군부는 ____ 를 구성하여 실권을 장악하였다.

ANSWER: 국가 보위 비상 대책 위원회

150 이어 국가 기강을 확립한다는 구실로 공포 분위기를 조성해 ____ 를 운영하고 정치인들의 활동을 통제했으며, 언론을 통폐합하였다.

ANSWER: 삼청 교육대

151 집권 준비를 마친 전두환은 ____ 를 통해 제11대 대통령으로 선출되었다(1980). 그러나 국민의 반발과 약화된 국제 여론을 의식하여 영구 집권이 가능한 유신 헌법의 일부를 고쳐 이 ____ 년의 대통령을 ____ 선거로 선출하는 개헌을 단행하였다. 새 헌법에 따라 실시된 선거에서 전두환은 다시 대통령에 당선되었다(1981).

ANSWER: 통일 주체 국민 회의, 선거인단, 7, 단임, 간접

152 권력을 장악한 전두환 정권은 폭력성을 감추고자 ____ 정책을 실시하기도 하였다. ____ 를 폐지하고, 중고생의 두발과 교복을 ____ 했으며, ____ 을 창단하였다.

ANSWER: 유화, 야간 통행금지, 자율화, 프로 야구단

ANSWER

153 그러나 정권 장악 과정에서 불법성과 비도덕성, 연이어 드러난 친인척 비리로 국민의 저항에 부딪혔다. 5·18 민주화 운동의 진상 규명을 요구하는 시위가 이어졌고, _____ 운동과 _____ 운동이 활발하게 일어났다.

학생,
노동

154 궁지에 몰린 전두환 정권은 학생 운동과 노동 운동을 _____ 과 연관된 세력들의 행동으로 조작하고자 _____ 수사도 서슴지 않았다. 또한 '_____ 사건'을 조작해 위기를 조성하고, 대학생의 시위를 강경 탄압하였다. 그럼에도 민주화를 요구하는 국민의 목소리는 점차 높아졌다.

간첩,
고문
금강산 댐

155 5·16 군사 정변 후 박정희 정권은 정변의 정당성을 확보하기 위해 _____ 제일주의를 내세웠다. 이를 위해 _____ 내각의 경제 개발 계획을 보완하여 _____ 계획을 수립하고, 정부 주도 아래 적극적으로 추진하였다. 특히 성장을 우선시하는 경제 정책을 세우고 _____ 을 통해 이를 달성하고자 하였다.

경제,
장면,
경제 개발 5개년,
수출

156 1960년대 제1,2차 경제 계발 시기에는 자본과 기술 부족으로 외국 자본을 끌어들여 _____ 산업을 육성하였는데, 신발, 의류, 가발 등 낮은 임금을 이용한 _____ 산업이 수출을 주도 하였다.

수출,
노동 집약적

157 당시 세계 경제가 호황을 누리던 상황에서 수출액이 크게 늘어났고, 여기에 _____ 에 따른 특수가 더해지면서 경제는 빠르게 성장하였다. 이후 축적된 자본을 바탕으로 시멘트, 정유 산업 등을 육성하고, _____ 등 사회 간접 자본을 확충함으로써 경제 성장의 기반을 다졌다.

베트남 파병,
경부 고속 국도

158 호황을 누리던 세계 경제는 1960년대 말부터 침체 국면을 맞이하였다. 이로 인해 수출이 어려워졌고, 환율이 상승하여 상환해야 할 외채 부담도 크게 늘어났다. 정부는 _____ (마산) 일대에 _____ 를 조성하여 외국인의 직접 투자를 유도하였다.

창원,
자유 무역 단지

159 또한 부실기업을 정리하는 한편, 부도 위기에 직면한 대기업에게 파격적인 금융 혜택을 제공하였다(_____).

8·3 조치

160 1970년대 제3,4차 경제 개발 계획 시기에는 이전 시기의 경제적 성과를 바탕으로 ▩▩ 공업을 적극 육성하였다. 포항, ▩▩, 창원 등 경상도 해안 지역에 제철, 조선, 자동차, 정유 등 대규모 공업 단지를 조성하였고, 부족한 전력을 해결하기 위해 그 주변에 ▩▩ 발전소를 건설하였다.

ANSWER
중화학, 울산, 원자력

161 그 결과 ▩▩ 공업이 크게 성장하여, 1970년대 말에는 공업 구조에서 중화학 공업이 차지하는 비중이 ▩▩을 앞지르게 되었다.

중화학, 경공업

162 한국 경제는 두 차례의 ▩▩으로 큰 시련을 겪었다. 1973년 중동 전쟁으로 유가가 폭등하여 제1차 석유 파동이 발생하였다. 이때 중동 산유국이 유가 폭등으로 얻은 이익을 자국의 건설 사업에 투자하자, 기업이 대거 중동에 진출하여 '▩▩'를 획득함으로써 경제 위기를 극복할 수 있었다.

석유 파동, 오일머니

163 그러나 1978년에 ▩▩으로 국가 경제는 커다란 타격을 입었다. 중화학 공업에 대한 과잉 중복 투자로 인해 국가 재정이 어려워지고 기업의 부담도 늘어났다. 물가마저 폭등해 국민 생활이 어려워지면서 ▩▩ 체제에 대한 국민의 불만이 점점 높아졌다.

제2차 석유 파동, 유신

164 1960~1970년대 한국은 높은 경제 성장률을 보이며 고도성장을 이룩하였다. 정부가 경제 개발에 역점을 두고 ▩▩을 도입하여 ▩▩ 산업을 적극 육성하고, 기업인도 국제적인 인지도가 낮은 여건 속에서 국외 시장을 개척하기 위해 노력한 결과였다. 국민의 근면함과 높은 교육열, 그리고 값싼 ▩▩ 제공도 큰 원동력이 되었다.

외국 자본, 수출, 노동력

165 하지만 성장에 상응하는 ▩▩가 제대로 이루어지지 않았다. 노동자는 여전히 낮은 임금과 열악한 작업 환경에 시달렸고, ▩▩도 커졌다. 또한 정부가 대규모 산업 시설을 영남 지방에 집중적으로 건설함으로써 ▩▩ 간 격차가 발생하였다. 산업이 급속히 성장한 도시와 개발에서 소외된 ▩▩ 간의 소득 격차도 커졌다.

분배, 빈부 격차, 지역, 농촌

166 정부가 경제 성장의 주도권을 쥐고 정책을 추진해 가는 과정에서 정부와 대기업 간의 부적절한 밀착 관계를 형성한 ▩▩이 지속되었다. 정부의 특혜를 받은 기업들은 주요 산업을 독점하고 다양한 업종의 계열사를 거느리며 '▩▩'이라는 한국만의 독특한 기업 문화를 낳았다.

정경 유착, 재벌

		ANSWER
167	한편 외국 자본을 유치하여 성장을 추진하면서 _____ 부담이 증가하고, 내수보다 _____ 의 비중이 커지면서 경제의 대외 의존도가 심화되었다. 따라서 한국 경제는 세계 경제의 변화에 큰 영향을 받게 되었다.	외채, 무역
168	경제 성장 과정에서 _____ 은 상대적으로 소외되었다. 특히 정부가 저임금 유지를 위해 쌀의 가격을 물가 상승률보다 낮게 책정하는 _____ 정책을 펼치면서 농민의 경제적 어려움이 가중되었다.	농촌, 저곡가
169	도시와 농어촌 간의 소득과 문화 격차가 갈수록 커지자, 정부는 농촌의 환경 개선과 균형 발전을 내세우며 _____ 을 추진하였다(1970). _____ · _____ · _____ 을 강조한 새마을 운동은 도시까지 확대되었고, 점차 국민정신 운동으로 변화하면서 _____ 체제 유지에도 이용되었다.	새마을 운동, 근면, 자조, 협동, 유신
170	생존권 보장을 요구하는 농민 운동도 시작되었다. _____ 투쟁을 계기로 전국적 농민 단체가 조직되어 농민 운동이 활발히 전개되었다.	함평 고구마 피해 보상
171	박정희 정부는 수출품의 가격 경쟁력을 유지하기 위해 _____ 상승을 억제하였다. 이에 노동자는 _____ 과 _____ 의 노동에 시달리며 생존권을 위협받았다.	임금, 저임금, 장시간
172	평화 시장 노동자 _____ 의 분신을 계기로 노동자는 물론 지식인과 대학생도 노동 문제에 대한 관심을 가지면서 노동 운동이 본격화되었다.	전태일
173	노동 운동은 박정희 정부가 _____ 운동으로 몰아가며 강력히 탄압했음에도 갈수록 활발해졌다. 그러한 가운데 큰 파문을 불러온 _____ 사건으로 유신 체제가 흔들리기 시작하였다.	반정부, YH 무역
174	산업화의 진전과 함께 젊은이들이 일자리를 찾아 서울, 부산을 비롯한 대도시와 _____ 로 몰려들면서 농어촌 인구는 줄고 도시 인구는 급격히 늘었다. 서울 등 대도시에는 고층 빌딩이 즐비하게 들어서고, 도로가 재정비되었다. 하지만 도시의 화려한 성장 뒤에는 _____ 이나 도시 _____ 문제와 같은 시급하게 해결해야 할 과제가 생겨났다.	신흥 공업 도시, 주택난, 빈민

VII 현대 사회의 발전 **185**

		ANSWER
175	도시로 몰려든 사람들은 도시의 변두리나 높은 지대에 정착하여 빈민촌을 형성하였다. 이들 도시 빈민은 _____ 으로 주거지에서 쫓겨나 생존권을 위협받기도 하였다. 1971년에 일어난 _____ 사건은 그 대표적인 사례이다.	도시 계획, 광주 대단지
176	소득 수준이 높아지면서 소비 생활에도 많은 변화가 나타났다. 라디오, 텔레비전, 세탁기 등의 가전제품이 가정에 보급되고, 주거 형태에도 변화가 일어나 한옥을 대신하여 _____ 와 _____ 등이 등장하였다. 아파트는 가정생활이 안방 중심에서 거실 중심으로 변화하는 데 영향을 주었다.	아파트, 연립 주택
177	박정희 정부는 쌀 부족 문제를 해결하기 위해 _____ 과 _____ 을 장려하고, 생산성이 높은 _____ 를 보급하였다. 그 결과 1970년대 중반에는 쌀의 자급이 이루어졌다.	혼식, 분식, 통일벼
178	인구가 증가하고 경제가 성장하면서 _____ 의 양적 증가 현상이 나타났다. 중학생과 고등학생의 수는 1960년에서 1979년까지 각각 2배, 6배로 증가하였다. 이러한 학교 교육의 확장과 높은 교육열은 한국 경제 발전의 원동력이 되었지만, 이로 인해 과도한 _____ 경쟁이 벌어지기도 하였다.	교육, 입시
179	이른바 일류 대학, 일류 고등학교, 일류 중학교에 진학하기 위한 _____ 열풍이 일었다. 정부는 중학교 _____ 를 도입하고(1969), 대도시에서는 _____ 를 실시하여(1973) 입시 과열로 인한 부작용을 줄이고자 하였다.	사교육, 무시험 추첨제, 고교 평준화
180	1960년대 이후 신문의 발행 부수가 많아지면서 신문의 언론 기능이 확대되고, _____ 도 많이 보급되었다. 1970년대에는 텔레비전을 보유한 가정이 늘면서 _____ 문화가 확산되었다.	라디오, 대중
181	청소년들 사이에 서구 문화가 빠르게 전파되었고, _____ 와 _____ 로 대변되는 청년 문화가 생겨났다. 대중문화가 발달하면서 한국적 정서를 담은 영화와 대중가요가 큰 인기를 끌었다.	통기타, 청바지

ANSWER

182 한편 유신 정권은 갖가지 기준을 붙여 영화를 사전 _____ 하고, 많은 대중가요를 _____ 으로 지정하였다. 이로써 창작의 자유가 크게 억압당하였다.

검열,
금지곡

183 불법으로 권력을 장악한 전두환 정권은 자신들의 폭압성을 은폐하기 위해 유화 정책을 실시하기도 하였다. 그렇지만 _____ 헌법을 폐기하고 개정한 헌법에서도 여전히 대통령은 국민의 뜻과 어긋나는 반민주적 _____ 선거로 선출하도록 규정되어 있었다.

유신,
간접

184 이에 군사 독재를 끝내고 _____ 를 이루기 위해서는 국민의 손으로 직접 대통령을 선출해야 한다는 인식이 확산되었다. 학생, 민주 인사, 일부 정치인을 중심으로 대통령 _____ 개헌을 요구하기 시작하였고, 이를 공약으로 내건 _____ 은 창당 25일 만에 치러진 국회의원 선거에서 후보를 대거 당선시켰다(1985).

민주화,
직선제,
신한 민주당

185 직선제 개헌 운동이 본격적으로 전개되자, 전두환 정권은 _____ 사건을 날조해 이를 억압하였다. 노동 운동과 학생 운동 세력은 간첩과 연관된 불순 세력으로 매도되고, 경찰은 증거를 조작하면서 고문 수사를 자행하였다.

공안

186 그 과정에서 부천 경찰서 _____ 사건에 이어 대학생 _____ 이 수사 과정에서 사망하는 사건이 일어났다(1987.1.).

성 고문,
박종철

187 전두환 정권은 언론에 _____ 을 내려 사건의 진상을 은폐하고, 박종철의 사망 원인도 갑작스러운 심장마비라며 사실을 왜곡하였다. 이에 대한 의혹이 높아지는 가운데 대통령 전두환은 개헌에 대한 정치권의 합의가 이루어지지 않았다는 구실로 직선제 논의 자체를 금지하는 _____ 를 발표하였다.

보도 지침,
4·13 호헌 조치

188 4·13 호헌 조치 이후 _____ 개헌을 향한 국민의 열망은 갈수록 높아졌다. 더욱이 _____ 정의 구현 사제단이 _____ 이 물고문으로 사망했다는 사실을 폭로하자, 정권의 폭력성과 부도덕성에 대한 국민의 분노가 폭발하였다.

직선제,
천주교,
박종철

189 이러한 가운데 _____ 국민운동 본부가 결성되어 전국적으로 대통령 직선제 개헌과 고문 살인 정권 퇴진 운동을 전개하였다.

민주 헌법 쟁취

190 민주화 시위가 확산되어 가던 중에 대학생 _____ 이 경찰의 최루탄에 맞아 뇌사 상태에 빠졌다. 이에 아랑곳하지 않고 집권 여당인 _____ 은 _____ 를 간선제 대통령 후보로 지명해 국민의 뜻을 외면하였다.

이한열,
민주 정의당,
노태우

191 민주 헌법 쟁취 국민운동 본부는 _____ 를 개최해 범국민 민주 항쟁을 선언하였고, 전국 각지에서는 대규모 시위가 벌어졌다(6.10.). 강력한 탄압에도 민주화를 요구하는 시위가 계속되자, 이에 굴복한 _____ 정권은 노태우를 통해 _____ 개헌 요구를 수용한다는 선언을 발표하였다(6.29. 민주화 선언).

국민 대회,
전두환,
직선제

192 _____ 은 학생과 시민이 평화 시위를 벌여 군사 독재를 끝내고 평화적 정권 교체의 길을 열어 놓았다는 점에서 큰 의미를 지닌다. _____ 을 거치며 높아진 시민 의식은 이후 민주화가 진전되는 밑거름이 되었다.

6월 민주 항쟁

193 정부 수립 이후 약 40년간 독재 정권이 이어지면서 평화적 정권 교체는 단 한번도 이루어지지 않았다. _____ 이후에는 국민이 대통령을 직접 뽑을 기회마저 없어졌다. 이러한 상황에서 6월 민주 항쟁으로 _____ 개헌이 이루어지자 국민은 군사 독재가 끝나고 민주 정부가 수립될 것으로 기대하였다.

10월 유신,
대통령 직선제

194 그러나 대통령 선거에서 민주 세력을 대표하던 _____ 과 _____ 이 후보 단일화를 이루지 못하면서 여당 후보인 _____ 가 역대 최저 득표율로 당선되어 정권 교체에 실패하였다. 이듬해 국회 의원 선거에서는 3개 야당이 의석의 과반수를 차지하여 _____ 정국이 형성되었다.

김영삼,
김대중,
노태우,
여소야대

195 그러나 국정의 주도권을 쥐려는 여당과 김영삼, _____ 이 이끄는 두 야당이 합당하여 거대 여당인 _____ 을 창당하였다. 이후 민주 자유당 후보로 나온 _____ 이 대통령에 당선되어 정권이 연장되었다(1993).

김종필,
민주 자유당,
김영삼

196 김영삼 정부는 31년 만에 들어선 민간 정부로 여러 가지 개혁 정책을 폈지만, 임기 말 _____ 를 맞아 국가 경제가 혼란에 빠졌다(1997).

외환 위기

		ANSWER
197	외환 위기 속에서 치러진 대통령 선거에서는 야당의 _____ 이 당선되어 정부 수립 이후 최초로 평화적인 _____ 정권 교체가 이루어졌다(1998).	김대중, 여야
198	이어서 권위주의 청산을 주장한 여당의 _____ 이 집권하였다(2003). 17대 대통령 선거에서는 경제 성장을 내세운 야당의 _____ 이 당선되어 10년 만에 다시 여야 정권 교체가 이루어졌다(2008).	노무현, 이명박
199	평화적 정권 교체의 정착은 6월 민주 항쟁 이후 정치적 측면에서 _____ 제도가 확립되었음을 보여 준다. 이를 통해 한국 민주주의도 점차 성숙해져 갔다.	민주주의
200	민주화를 향한 국민적 열망에 부응해 _____ 가 실시되는 등 민주화가 진전되었다. _____ 는 국민의 높아진 정치적 관심과 민주적 절차를 중시하는 사회 분위기, 시민 단체와 정치권의 요구가 결합되면서 34년 만에 전면적으로 실시되었다(1995).	지방 자치제
201	지방 자치제의 실시로 중앙 정부가 주관하던 획일적인 지방 행정이 사라지면서 지방 정부는 지역 실정에 맞는 정책을 자율적으로 시행할 수 있게 되었다. 주민이 대표를 _____ 선출하면서 자기 지역에 대한 관심도 더욱 높아졌다. 또한 _____ 제도가 마련되는 등 주민의 정치 참여 기회가 점차 늘어나고 있다.	직접, 주민 투표
202	한편 _____ 이 개정되어 고위 공무원은 자신의 재산을 공개하도록 하고 부정한 방법으로 재산을 늘리는 것이 금지되었다.	공직자 윤리법
203	투명한 금융 거래를 정착시키고 부당한 정치 자금의 거래 등을 막기 위한 _____ 도 실시되었다.	금융 실명제
204	민주화의 진전과 높아진 인권에 대한 관심은 _____ 와 과거사 청산 작업으로 이어졌다. 과거 독재 정권이 저지른 국가 폭력, 인권 탄압 사건이나 친일 반민족 행위에 대한 _____ 작업이 전개되었다.	역사 바로 세우기, 진상 규명
205	이 과정에서 _____, 노태우 두 전직 대통령에게 반란·내란의 죄목으로 실형이 선고되었다.	전두환

		ANSWER
206	또한 과거사 청산을 위한 법률과 진상 규명 위원회들이 설치되어 활동하였다. _____ 정부는 과거사 청산을 국정 개혁의 과제로 설정하고 이를 해결하기 위해 노력하였다.	노무현
207	민주화의 진전과 더불어 누구나 인간다운 삶을 누릴 수 있도록 _____ 을 확립해야 한다는 목소리가 높아졌다. 이에 따라 국민의 인권을 보호하여 민주적 기본 질서를 굳건히 하자는 취지 아래 _____ 가 설립되었다.	인권, 국가 인권 위원회
208	_____ 가 설치되어 여성의 권익을 보호하고 양성평등을 실현하는 데에도 힘썼다. 최근에는 학생 인권에 대한 관심이 높아지면서 일부 지역에서 _____ 가 제정되기도 하였다.	여성부, 학생 인권 조례
209	국민 생활의 안정을 보장하기 위한 복지 정책도 추진되었다. _____ 제도가 실시되어 노후에 소득의 일정 부분을 보장받고 있으며, _____ 도 확대되어 전 국민이 양질의 의료 서비스를 누리고 있다. 아울러 빈곤층과 노인, 장애인 등 사회적 취약 계층을 보호하기 위한 사회 보장 제도도 확대되고 있다.	국민 연금, 의료 보험
210	경제는 크게 성장하였지만, 그 주역의 한 축인 노동자는 장시간 노동과 저임금에 시달리며 인권을 무시당하기도 하였다. 6월 민주 항쟁으로 노동자의 사회의식이 높아지면서 열악한 노동 환경과 처우를 개선하려는 '_____'이 전개되었다(1987).	노동자 대투쟁
211	3개월여 동안 이어진 '노동자 대투쟁'을 거치며 짧은 기간에 전국에 1,000개가 넘는 _____ 이 만들어졌고, 임금과 노동 환경도 점차 개선되었다.	노동조합
212	노동 운동이 더욱 활발해지면서 노동자와 _____ 를 대표하는 전국적인 노동조합이 만들어졌고, 노동자의 이익을 대변하는 정당이 국회에 진출하기도 하였다. 그렇지만 _____ 문제 등 여전히 해결해야 할 과제가 남아 있다.	교사, 비정규직
213	반공 정책으로 억압받던 민간의 _____ 운동은 냉전 체제가 붕괴되고 민주적인 사회 분위기가 형성되면서 활기를 되찾았다. 종교계와 문화계를 중심으로 통일 운동이 활발하게 전개되는 가운데, _____ 목사와 대학생 임수경의 북한 방문은 통일에 대한 국민적 관심을 높였다.	통일, 문익환

ANSWER

214 노태우 정부도 남북 대화에 적극적으로 나서 _____ 가 체결되는 등 남북 관계가 개선되었다. 그러나 창구 단일화를 내세우며 민간의 통일 운동을 통제하고 _____ 으로 탄압하기도 하였다. 민간의 통일 운동은 정권의 성향에 따라 크게 영향을 받으며 전개되었다.

남북 기본 합의서, 국가 보안법

215 독재 정권에 억압받던 시민 사회의 활동 공간이 확대되면서 _____ 이 활성화되었다. 시민운동 단체는 합법적이고 평화적 방법으로 정치·경제·여성·환경·인권 등 여러 영역에서 공정한 사회 질서를 확립하고 인간다운 삶을 보장받기 위해 힘쓰고 있다.

시민운동

216 또한 정부 정책이나 사회 문제를 비판하고 대안을 제시하면서 그 영향력을 확대하고 있다.
_____ 폐지 운동이나 낙천·낙선 운동은 대표적인 사례이다.

호주제

217 2000년대 이후 시민운동은 _____ 기술의 발달과 함께 온라인으로 활동 영역을 넓혀 갔다. 이에 따라 시민 단체의 수가 크게 증가하고, 활동 분야도 더욱 다양해졌을 뿐 아니라 의사 결정 과정도 신속히 이루어지고 있다.

정보 통신

218 2007년에 치러진 대통령 선거에서 야당의 _____ 이 큰 표 차이로 당선되면서 10년 만에 다시 정권 교체가 이루어졌다. 뒤를 이어 _____ 가 당선되면서 정권이 연장되었다.

이명박, 박근혜

219 이명박 정부는 실용주의를 내세워 경제 성장과 일자리 창출 등을 주요 과제로 추진하였다. 또한 한·미 동맹의 강화에 노력하면서 _____ 를 개최하여 우리나라의 국제적 위상을 높였다. 그러나 임기 초 미국산 _____ 수입 재개 협상과 _____ 정비 사업 추진 등으로 촛불 시위가 열리는 등 많은 국민의 저항을 받았다. 복지 정책의 축소와 공기업 _____ 추진도 사회적 갈등을 초래하였다.

G20 정상 회의, 쇠고기, 4대강, 민영화

220 박근혜 정부는 창조 경제와 문화 융성을 내세우며 국민 행복 시대를 열겠다고 강조하였다. 그렇지만 _____ 사건 등 국가적 재난에 대응하는 과정에서 부족함이 드러났다. 이에 국민의 생명과 안전을 보호해야 하는 국가가 그 역할을 소홀히 한 것에 대해 실망과 분노를 느끼는 국민이 늘어났다. 역사 교과서 _____ 추진, 한·일 일본군 '_____' 합의 등도 국민의 저항을 불러왔다.

세월호, 국정화, '위안부'

		ANSWER
221	2016년 10월, 박근혜 대통령이 지위와 권한을 사적으로 남용하고, 대통령과 친분이 있는 사람의 이권 추구를 도와준 사실이 드러났다. 시민들은 대통령의 사과를 요구하며 _____ 를 시작하였다. 박근혜 대통령은 여러 차례 담화문을 발표하였지만 국민의 비판을 피할 수 없었다.	촛불 시위
222	시민 단체들은 '박근혜 정권 퇴진 비상 국민 행동'을 조직하여 주말마다 촛불 시위를 주관하였고, 전국 곳곳에서 수많은 시민이 참여하여 대통령 _____ 등을 요구하였다. 이에 헌법적 절차에 따라 국회는 대통령 탄핵 소추안을 가결하였고, 헌법 재판소도 '공익 실현 의무 위반' 등을 근거로 하여 박근혜 대통령을 파면하였다(2017.3.10.).	탄핵
223	촛불 시위는 평화와 질서 속에 많은 시민의 자발적인 참여로 끊임없는 이어지면서 한국 사회의 성숙한 _____ 을 보여 주었다.	시민 의식
224	이후 들어선 _____ 정부는 '국민의 나라 정의로운 대한민국' 이라는 국가 비전 아래 '국민이 주인인 정부, 더불어 잘사는 경제, 평화와 번영의 한반도' 등을 국정목표로 제시하였다.	문재인
225	제2차 석유 파동으로 시련을 겪던 한국 경제는 _____ 정부가 중화학 공업의 중복 투자와 부실기업을 정리하고 금융 시장 일부를 개방하면서 서서히 회복되었다.	전두환
226	1980년대 중반 이후에는 _____ 으로 수출이 늘어나고 연평균 10%가 넘는 고도 성장을 기록하며 자본을 축적하였다.	3저 호황
227	이러한 바탕 위에서 반도체와 자동차 등 _____ 집약적 산업이 크게 성장하여 한국 경제의 중심 산업으로 자리 잡았다. 그러나 부실기업을 정리하는 과정에서 _____ 에 따른 비자금 의혹이 발생하고, 1980년대 말 3저 호황이 막을 내리면서 경제 상황은 다시 어려운 국면을 맞았다.	기술, 정경 유착
228	1990년대 김영삼 정부는 시장 개방의 압력 속에서 세계화를 내세우며 _____ 정책을 펼쳤다. 공기업을 _____ 하고 금융업에 대한 규제를 완화하였으며, 쌀을 제외한 대부분 농산물의 수입도 순차적으로 개방하였다. 경제 협력 개발 기구(_____) 에도 가입하였다.	신자유주의, 민영화, OECD

		ANSWER
229	그러나 정경 유착을 배경으로 방만하게 운영되던 기업들이 _____ 가 나면서 국가 신용도가 떨어지고, 동남아시아의 외환 위기까지 겹치면서 경제에 대한 위기감이 높아졌다.	부도
230	한국에 투자했던 _____ 이 급속히 해외로 빠져나갔고, 이에 대처하는 과정에서 외환 보유고가 급격히 줄어들었다. 결국 _____ 가 일어났고, 국제 통화 기금(_____)과 양해 각서를 체결하면서 국가 부도 사태를 피할 수 있었다(1997).	외국 자본, 외환 위기, IMF
231	외환 위기 속에 출범한 _____ 정부는 국제 통화 기금의 지원금과 국민의 자발적인 _____ 운동 등을 통하여 국가 부도의 위기 상황을 극복하고자 노력하였다.	김대중, 금 모으기
232	_____ 으로 부실기업을 정리하고, 기업의 부채도 줄어들면서 경제 상황이 빠르게 안정을 찾아갔다. 그 결과 한국은 _____ 의 지원금을 조기 상환하고, 외환 보유고도 크게 증가하였다.	구조 조정, 국제 통화 기금
233	그러나 일부 은행과 대기업이 해외에 매각되고, 특정 사업을 독과점한 _____ 에게 경제력이 집중되었다. 대량 해고가 이어지고 _____ 채용이 늘면서 고용 안정성이 떨어지고 소득 격차가 커졌다.	재벌, 비정규직
234	_____ 정부는 독점 기업에 대한 규제를 강화하고 빈부 격차를 해소하기 위해 복지 정책을 추진했으나 큰 효과를 거두지는 못하였다. 또한 미국과 자유 무역 협정(_____)을 체결하는 등 지속해서 _____ 정책을 추진하였다.	노무현, FTA, 신자유주의
235	이명박 정부는 경제 성장을 앞세우며 친기업 정책을 적극 추진하였으나, 한국 경제는 _____ 로 어려움을 겪었다. 박근혜 정부는 _____ 와 _____ 를 내세웠지만, 정책 방향은 이명박 정부 때와 크게 달라지지 않았다.	세계 금융 위기, 경제 민주화, 창조 경제
236	재벌에 대한 규제가 완화되고 세금 감면 혜택이 주어지면서 한국 경제에서 재벌이 차지하는 비중은 더욱 커졌다. 그런데도 경제 성장률은 낮아지고 _____ 은 갈수록 심해졌다.	소득 불균형

		ANSWER
237	한국 경제는 _____ 이후 많은 변화를 겪었다. 기업은 부실 계열사를 정리해 _____ 비율을 줄이는 등 경영의 효율성을 높이기 위해 노력하였다. 자본 시장이 전면 개방되면서 외국 자본의 국내 투자도 늘어났다.	외환 위기, 부채
238	_____ 를 시작으로 유럽 연합(EU)·미국 등 세계 여러 나라와 _____ 을 체결해 주력 산업인 반도체·전자·자동차 등 제조업 시장이 넓어졌다. 무역 규모가 확대되면서 세계 경제에서 차지하는 비중이 증가하였고, 무역 수지 _____ 도 크게 늘어났다.	칠레, 자유 무역 협정, 흑자
239	하지만 _____ 시장이 개방되어 값싼 외국산 수입이 크게 늘면서 농민 경제는 어려움에 처하였다. 기업이 효율성을 추구하는 과정에서 고용 안정성이 흔들리고 비정규직이 증가하였다. 대기업이 사업 영역을 확대하면서 골목 상권까지 침해하여 소상공인과 자영업자의 생계를 위협하기도 하였다.	농축산물
240	이에 _____ 를 이루어야 한다는 국민적인 공감대가 형성되었다. 누구나 균등하게 _____ 를 보장받고, 공정하게 경쟁하며 경제적인 이유 등으로 차별받지 않아야 한다는 목소리도 높아지고 있다.	경제 민주화, 기회
241	한국은 _____ 에 성공하면서 경제가 빠르게 성장하고, 국민의 생활 수준도 크게 향상되었다. 그러나 경제 성장에 따른 성과가 공정한 _____ 로 이어지지 못하였다. 이로 인해 기업·지역·계층 등 사회 전 영역에서 불평등이 심화되는 사회 _____ 현상이 나타났다.	산업화, 분배, 양극화
242	대기업과 중소기업 간의 격차는 더욱 벌어지고, 대도시와 농촌 간에는 의료, 교육, 문화 등의 분야에서 _____ 가 커지고 있다. 부의 대물림과 학력 차이, 정규직과 비정규직 간의 임금 차이 등으로 개인 간의 소득 불균형도 심해졌다. 일을 해도 _____ 에서 벗어나지 못하는 근로 빈곤층도 증가하고 있다.	지역 격차, 빈곤
243	정부는 국가의 _____ 을 강화해 독점 기업의 무분별한 사업 확장을 막고, 중소기업이나 소상공인을 보호하기 위해 자금 지원을 확대하며 전통 시장과 골목 상권을 활성화하는 방안 등을 마련하고 있다. 또한 농업 보조금 지급, _____ 인상, 저소득층 세금 감면 등 소득 _____ 정책을 강화하고 있다.	공공성, 최저 임금, 재분배

		ANSWER
244	시민 단체도 사회 양극화를 해소하기 위해 노력하고 있다. 저소득층에 대한 _____ 확대와 비정규직 축소, 재벌에 대한 규제 강화 등 방안 마련을 촉구하며 다양한 활동을 펼치고 있다.	복지
245	그렇지만 청년 _____ 문제 해결, 고용 안정성 확보, 도시와 농촌 간의 소득 격차 해소 등 당면한 해결 과제들이 아직 많이 남아 있다.	실업
246	_____의 사회 진출이 활발해지면서 여성의 지위도 향상되고 있다. 그러나 여전히 가정 내에서 출산과 육아를 도맡고 있으며, 회사에서는 고용과 승진 등에서 차별을 받기도 한다. 이에 실질적인 _____을 실현하려는 움직임이 확대되고 있다.	여성, 양성평등
247	장애인 등 _____를 보호하려는 제도 역시 확충되고 있다. 장애인은 취업이나 임금에서 차별을 받고 있으며 편의 시설도 부족한 실정이다. 이들이 동등한 대우를 받고 생활에 불편함을 느끼지 않도록 배려해야 한다는 분위기가 확산되고 있다.	사회적 약자
248	한편 성(性) _____와 양심적 _____ 거부자도 자신들의 목소리를 내면서 사회적 동의를 얻기 위해 노력하고 있다.	소수자, 병역
249	한국 사회는 세계화와 다원화의 흐름 속에서 점차 _____ 사회로 변화하고 있다. 국제 결혼으로 다문화 가정이 늘었으며, 외국인 노동자와 새터민, 중국 동포 등의 유입이 증가하면서 사회 구성원뿐만 아니라 인종과 종교, 문화도 다양해졌다.	다문화
250	다문화 가족과 외국인들은 낯선 문화적 환경 속에서도 한국 사회에 적응하기 위해 노력하고 있으나, 의사소통 문제나 사회적인 _____ 등으로 어려움을 겪기도 한다. 이러한 문제를 해결하고자 정부와 시민 사회는 법률을 마련하거나 사회 인식을 개선하기 위한 캠페인을 벌이는 등 다양한 노력을 기울이고 있다.	편견
251	결혼이나 가족에 대한 가치관이 바뀌고 삶의 질을 높이려는 경향이 두드러지면서 _____·_____ 문제와 _____ 문제, 안전에 대한 관심이 높아지고 있다.	저출산, 고령화, 환경

252 낮은 취업률과 높은 주거 비용, 육아 부담 등으로 [　　]과 [　　]을 기피하는 경우가 많아졌고, 이에 따라 취학 아동의 수도 급감하고 있다. 반면 노인 인구는 빠르게 증가하여 [　　] 사회로 진입하였다. 노후 생활에 대한 대비가 부족한 노인은 질병, 빈곤, 고독 등의 문제에 직면하고 있다.

> 혼인, 출산, 고령화

253 무분별한 개발로 인한 [　　] 문제도 심각하다. 이명박 정부 시기 추진한 [　　] 사업은 생태 환경을 크게 훼손했다는 평가를 받기도 한다.

> 환경, 4대강

254 최근에는 대기 오염을 일으키는 원인으로 [　　]의 위험성이 커지고 있다. 부실 공사나 부주의로 인한 사고가 늘면서 안전에 대한 관심도 높아지고 있다. 한편 부족한 일자리와 사회에 대한 인식 차이 등으로 [　　] 간 갈등이 심해지고 있다.

> 미세 먼지, 세대

255 한국은 6월 민주 항쟁을 거치며 대통령 [　　] 등 민주적인 제도가 마련되고 시민 사회도 성장하였다. 그러나 [　　] 위기를 극복하는 과정에서 사회 구조가 크게 바뀌었다. 경쟁은 심해졌으며, 개인의 이익만을 추구하고 물질적인 풍요로움이 행복을 정하는 기준이 되기도 하였다.

> 직선제, 외환 위기

256 [　　]은 6·25 전쟁을 거치면서 경쟁자를 제거하고 권력을 강화하였다. 또한 중국과 소련이 갈등을 겪는 상황에서 두 나라의 영향력에서 벗어나려는 [　　] 노선을 추구하였다.

> 김일성, 자주

257 이러한 과정에서 김일성 [　　] 지배 체제가 확립되고 이를 뒷받침하는 중심 이념인 [　　]이 등장하였다. 나아가 [　　] 헌법이 제정되어 주체사상이 국가 통치 이념으로 공식화되고, 김일성은 신설된 [　　] 자리에 취임해 1인 독재 체제를 강화하였다(1972).

> 유일, 주체사상, 사회주의, 주석

258 이후 김일성 우상화와 주체사상의 체계화를 주도한 [　　]이 후계자로 공식화되었다. 1994년 김일성이 사망하자 김정일은 주석 자리는 비워 놓은 채 [　　]의 직함으로 북한을 통치하였다.

> 김정일, 국방 위원장

259 이 시기 북한은 [　　]과 미사일을 개발하여 국제적으로 고립되었고, 경제 침체와 식량난이 계속되며 큰 어려움을 겪었다. 김정일은 군이 중심이 되어 사회를 이끈다는 '[　　]'를 내세워 북한 사회를 통제하며 대내외적인 위기를 극복하려 하였다. 그러한 가운데 두 차례의 [　　]에 나서기도 하였다.

> 핵, 선군 정치, 남북 정상 회담

260 김정일이 사망하자 그의 아들 _____ 이 권력을 세습하여 3대째 북한 사회를 이끌고 있다. 김정은은 한동안 '경제 – 핵 병진 노선'을 내세우며 여러 차례 _____ 을 감행하여 군사적 긴장 관계를 고조하였다.
ANSWER
김정은, 핵실험

261 하지만 최근에는 _____ 를 전제로 남북 정상 회담과 _____ 정상 회담에 적극 나서는 등 변화를 모색하고 있다.
비핵화, 북·미

262 북한은 1960년대 이후 경제 성장을 지속하기 위해 경제 계획을 수립하여 기술 혁신, 식량 및 소비재 생산의 확대에 주력하였다. 하지만 지나친 _____ 경제 노선 속에 과중한 국방비 부담과 에너지 부족 등으로 경제는 침체에 빠졌다.
자립

263 경제 침체를 극복하기 위해 _____ (합작 회사 경영법)을 제정하여 외국의 자본과 기술을 유치하고자 하였다(1984). 그러나 동유럽 _____ 정권의 붕괴와 미국의 제재로 북한 경제는 커다란 타격을 입었고, 심각한 식량난까지 겹쳐졌다. 이러한 상황 속에서 일부 주민이 굶주림을 피하여 탈북하기도 하였다.
합영법, 사회주의

264 1990년대 말부터 남북 관계가 개선되면서 _____ 관광 사업, _____ 건설 등 남한과 경제 교류가 활발해졌다.
금강산, 개성 공단

265 2000년대 들어 북한은 경제난을 극복하기 위해 경영의 자율성을 확대하고 주민들 간의 생필품 교류 시장을 허용하는 등 _____ 를 부분적으로 도입하였다.
시장 경제

266 최근에는 신의주 등에 시장 경제 체제를 부분 수용한 _____ 를 확대하여 개방 정책을 펼치는 등 변화의 움직임이 나타나고 있다. 그러나 _____ 포격 사건 등으로 남북 간의 긴장이 고조되었고, 여러 차례 핵 실험과 미사일 발사를 실시하여 유엔을 비롯하여 국제 사회의 제재가 이어지고 있다.
경제특구, 연평도

267 6·25 전쟁 이후 남북 간에는 적개심이 고조되었고, 남북의 지도자인 _____ 과 _____ 은 이를 활용해 자신의 독재 권력을 강화하였다.
이승만, 김일성

		ANSWER
268	4·19 혁명으로 이승만 정권이 무너지자 _____ 운동이 분출되었다. 하지만 _____ 이후 반공 정책이 강화되면서 평화 통일 운동은 탄압을 받았다. 박정희 정부는 강경한 대북 정책을 펼쳤고, 북한도 특수 부대 남파 등 군사 도발을 일으켰다. 이로 인해 남북 간 긴장이 고조되었다.	평화 통일, 5·16 군사 정변
269	_____ 이후 냉전 체제가 완화되면서 남북 관계에도 변화가 일어났다. 먼저 남북 _____ 회담에서 이산가족 상봉이 논의되었다. 이어서 특사들이 비밀리에 서로 오고 간 결과, _____·_____·_____ 의 통일 3대 원칙에 합의한 7·4 남북 공동 성명이 서울과 평양에서 동시에 발표되었다.	닉슨 독트린, 적십자, 자주, 평화, 민족적 대단결
270	_____ 은 남북한이 최초로 합의한 평화 통일 원칙으로, 남북 간 통일의 방향을 설정하였다는 점에서 큰 의의를 지닌다. 하지만 후속 성과를 남기지 못한 채 대립과 갈등이 지속되었고, 오히려 _____ 권력 강화에 이용되기도 하였다.	7·4 남북 공동 성명, 독재
271	1984년 _____ 정부 때 남한에 수해가 발생하자 북한이 남한에 원조 물자를 제공한 것이 계기가 되어 _____ 고향 방문, 예술 공연단 교환 방문 등 교류가 이루어졌다. 그렇지만 일회성 행사에 그치고 말았다.	전두환, 이산가족
272	6월 민주 항쟁 이후 민주화가 진전되면서 민간의 통일 운동이 활발하였다. _____ 정부도 냉전이 해체되는 국제 정세의 변화 속에서 남북 대화에 나섰다. 그리하여 남북한이 _____ 에 동시 가입하고 _____ 를 채택하는 성과를 이루었다(1991).	노태우, 유엔, 남북 기본 합의서
273	남북 기본 합의서는 남북한 정부 간에 이루어진 최초의 공식 합의로, 서로의 체제를 _____ 하고 _____ 에 합의하였다는 점에서 큰 의의를 지닌다.	인정, 상호 불가침
274	_____ 정부는 남북 정상 회담에 합의하였으나, 김일성의 갑작스러운 사망으로 무산되었다. 그 후 남북 간 상호 신뢰에 금이 가면서 남북 관계는 다시 냉각되었다.	김영삼

		ANSWER
275	남북 관계는 김대중 정부의 대북 화해 협력 정책(　　　)을 계기로 전환점을 맞이하였다. 남북 화해의 분위기 속에 기업가 　　　이 소 떼를 몰고 북한을 방문하였고, 　　　 관광도 시작되었다. 이어 　　　 대통령이 평양을 방문하여 김정일 국방 위원장을 만났다.	햇볕 정책, 정주영, 금강산, 김대중
276	분단 이후 개최된 최초의 남북 정상 회담에서 통일 방안과 경제 협력 등의 내용을 담은 　　　 이 발표되었다. 이후 이산가족 상봉과 서신 교류가 이루어지고, 남북 간 교역도 빠르게 확대되었다.	6·15 남북 공동 선언
277	민간 차원의 교류도 활성화되어 종교 및 시민 단체 등이 남북 교류와 인도적 지원 사업을 지속해서 추진하였다. 김대중 대통령은 남북 화해와 평화를 위한 노력을 인정받아 　　　 을 수상하였다.	노벨 평화상
278	정부는 대북 화해 협력 정책을 계승·발전시켜 　　　 사업을 시작하고, 경의선과 동해선 철도를 연결하는 등 교류를 더욱 확대하였다.	노무현, 개성 공단
279	나아가 평양에서 열린 남북 정상 회담에서 '남북 관계 발전과 　　　'을 채택하여 6·15 남북 공동 선언을 구현할 구체적인 방안들을 현실화하고자 하였다(2007). 이 시기에 북핵 문제 해결을 위한 6자 회담이 여러 차례 개최되었으나 성과를 거두지 못하였고, 북한은 1차 　　　 을 감행하였다.	평화 번영을 위한 선언, 핵 실험
280	북한이 핵 실험과 미사일 발사를 계속해서 진행하였고, 이명박 정부와 박근혜 정부가 대북 　　　 정책을 고수하면서, 남북 관계가 다시 긴장 상태에 접어들었다. 남북 관계의 경색 속에서 남북 협력의 상징과도 같았던 　　　 관광과 　　　 사업이 중단되었다.	강경, 금강산, 개성 공단
281	정부 출범 이후 남북 관계에 변화가 일어났다. 문재인 정부는 북한의 핵 포기를 종용하면서도 한반도의 항구적 평화 정착을 위한 남북 대화의 의지를 표명하고, 북한도 이에 호응하여 2018 　　　 에 선수단을 파견하였다.	문재인, 평창 동계 올림픽
282	남북 정상 회담도 개최되어 한반도의 평화와 번영, 통일을 위한 　　　 이 발표되었다.	판문점 선언

283 북한과 _____ 사이에도 정상 회담이 개최되어 비핵화 문제가 논의되는 등 한반도 평화를 위한 다양한 노력이 전개되고 있다.

미국

284 한반도의 _____ 는 남북 간의 공동 번영은 물론 동아시아의 안정과 평화를 위해서 반드시 이루어야 할 과제이다.

평화

285 중국은 2000년대 들어서 '통일적 _____ 론'을 내세워 중국 내의 모든 민족이 중화 민족이고, 그들의 역사도 중국의 역사라는 논리를 펴고 있다. 그리하여 만주 지역의 _____ 와 _____ 역사도 중국의 역사라는 억지 주장을 펼치며 이를 교과서에 반영하고 있다(동북공정).

다민족 국가, 고구려, 발해

286 일본은 불법적 식민 지배와 침략 전쟁으로 많은 아시아인에게 큰 피해를 남겼다. 하지만 공식적인 사죄나 강제 _____ 및 _____ 피해자 등에 대한 배상을 외면하여 주변국의 비난을 받고 있다. 실체가 밝혀진 일본군 '_____' 강제 동원에 대해서도 이를 부인하며 반성하지 않고 있다. 일본의 일부 정치인은 한국 식민 지배를 정당화하거나 침략 전쟁을 옹호하는 망언을 일삼고 있다.

징병, 징용, 위안부